Les compétences du nouveau-né

Dr Marie Thirion

Les compétences du nouveau-né

Nouvelle édition

Albin Michel

Collection « Bibliothèque de la famille »
dirigée par Mahaut-Mathilde Nobécourt

Illustrations des pages 95 et 166
par Christiane Schaeffer.

22, rue Huyghens, 75014 Paris

www.albin-michel.fr

ISBN 2-226-13410-7
ISSN 1251-6791

Avertissement

Ne parler que du nouveau-né sain, éviter soigneusement tous les chapitres sur la pathologie, aussi bien la prématurité que la pathologie obstétricale, malformative ou infectieuse, tel est le parti pris de ce livre.

Cela ne signifie pas que je nie la réalité du nouveau-né malade, des risques de la naissance et la nécessité de la pédiatrie néonatale dont les progrès récents ont transformé les statistiques de morbidité et de mortalité des premières semaines de vie. Je ne cherche en rien à produire un document « écolo-mystique » sur la « bonne nature » et à prêcher un retour à des pratiques que certains baptisent « naturelles » et que je réprouve totalement. La sécurité de la naissance et des premiers soins à l'enfant ne permet aucune compromission.

Je veux parler du nouveau-né qui va bien, et uniquement de lui. Parce qu'il y a tant à dire, tant à comprendre, tant à découvrir, et que cette seule ambition me paraît donner largement matière à un ouvrage d'information et de réflexion.

Introduction

Parler de nouveau-nés, tenter de raconter avec des mots et des images la survenue au monde d'un petit d'homme, parler de ce qu'il connaît, d'où il vient, où il va, esquisser un tableau précis de ce que l'on sait de lui, c'est retrouver derrière ce qui peut se décrire en termes médicaux, scientifiques, biologiques ou psychanalytiques, l'incroyable diversité de la vie humaine et de sa richesse.

Chaque nouveau-né est unique au monde. Conçu dans l'amour, la tendresse, la peur, l'angoisse, le désespoir ou la joie, issu d'un lien profond ou d'une rencontre de hasard, porté de longs mois par une femme émerveillée, affolée ou indifférente, reconnu dès avant sa naissance par un père attentif et présent ou oublié tout ce temps dans sa solitude utérine, l'enfant humain n'est pas seulement le fruit d'une rencontre fortuite entre deux gamètes, un ovule et un spermatozoïde. S'il vient au monde, c'est riche de toute l'histoire de sa conception, de ses longues semaines de vie intra-utérine, riche de son désir à exister, riche d'une extraordinaire pulsion de vie qui le fait croître et évoluer, riche d'être cet enfant-là, né à ce moment-là.

Or cette richesse, nul, jusqu'à ces dernières années, n'a semblé y prêter intérêt. Tout au long des siècles et dans toutes les civilisations, les nouveau-nés ont été sans vergogne tués, abandonnés, vendus, au gré de la volonté des pères, du pouvoir de l'État ou du désespoir des femmes.

À Sparte, le bébé, propriété de l'État, n'était conservé que s'il était robuste et bien formé. Les autres étaient jetés dans le Taygète.

À Athènes, l'infanticide et le sacrifice des enfants aux divinités étaient courants. Pour obtenir des vents favorables à son voyage pour Troie, où il partait reconquérir Hélène, femme de son frère Ménélas, Agamemnon sacrifia aux dieux sa fille Iphigénie, sur les rivages de l'Aulide… Dans la démocratie athénienne, les enfants abandonnés devenaient esclaves, ce qui leur enlevait tout statut d'homme pour en faire légalement des instruments.

À Rome, tout nouveau-né masculin était présenté à son père qui, en vertu d'un droit absolu, l'acceptait pour fils ou le condamnait. Là encore, s'il survivait, il devenait esclave. Les sacrifices humains furent interdits en 97 avant J.-C., mais l'infanticide et l'exposition continuèrent pendant les six ou sept premiers siècles de notre ère. Sous le règne de Justinien (527-565), une législation, reprenant des tentatives multiples des gouvernements précédents, tenta de faire disparaître ces pratiques, en punissant sévèrement l'exposition des enfants et en assimilant (enfin !) l'infanticide à un homicide, donc à un crime.

Dans l'Ancien Testament, le sacrifice rituel est illustré par trois histoires : tout le monde connaît celle du sacrifice d'Abraham, offrant à Yahvé son fils Isaac. Mesha, roi de Moab, et Ahaz, roi de Jérusalem, vécurent, eux aussi, une telle aventure.

Dans les pays arabes, le Coran va interdire officiellement les meurtres de nouveau-nés, qui ne portaient d'ailleurs pratiquement que sur les filles.

La Chine ancienne a connu aussi l'infanticide et son équivalent mineur, la vente des enfants. De nombreux édits entre 1650 et 1848 ont tenté de faire disparaître ces pratiques imposées par la misère et la famine. On les a vues pourtant réapparaître au Japon au début de ce siècle, dans la grande détresse économique qui a suivi la guerre russo-japonaise de 1905 et, récemment, les journaux occidentaux se sont fait l'écho de la destruction de nouveau-nées filles en Chine populaire.

Dans les civilisations précolombiennes, les rites religieux comportaient de nombreux sacrifices de tout petits enfants : pour obtenir des dieux la guérison des souverains incas, pour gagner une bataille ou pour faire tomber la pluie...!

Tout le Moyen Âge occidental et la Renaissance sont des périodes sinistres pour les nouveau-nés. Les infanticides sont nombreux et les abandons d'enfants tellement fréquents que des vasques de marbre à cet effet sont prévues devant les porches des églises. Le premier hospice pour enfants abandonnés est créé à Milan en 787. À Rome, en 1204, Innocent III construit l'hôpital du Saint-Esprit pour sauver les nouveau-nés de la noyade dans le Tibre et institue l'emploi du « tour » permettant aux mères, aux parents, un abandon anonyme, sans se montrer, seul moyen semble-t-il de limiter les meurtres des enfants. En France, le premier établissement pour enfants abandonnés est une pauvre maison, nommée Maison de la Couche, fondée en 1552 par l'évêque de Paris. À partir de 1600 environ, Vincent de Paul va tenter de recueillir et de sauver ces enfants. Il crée, avec l'aide des Filles de la Charité, l'hôpital des Enfants Trouvés, où l'on se préoccupe de la mortalité effroyable de ces enfants, mortalité due, on le comprend enfin, à leur entassement dans des conditions d'hygiène épouvantables et à une alimentation non adaptée à leur âge.

Malgré la prise de position des assemblées révolutionnaires qui, dans la constitution de 1791, décrètent que « l'État prend à sa charge le secours de tous les malheureux, y compris les enfants abandonnés », l'infanticide reste très fréquent en Europe pendant tout le XIXe siècle. La législation française, théoriquement très sévère, est mollement appliquée : 3 exécutions pour 5 591 infanticides jugés entre 1833 et 1862. Les abandons sont extrêmement nombreux, surtout dans les villes, conséquence de la misère des femmes et des naissances illégitimes. L'usage du tour ne sera aboli en France qu'en 1881, où l'admission à bureaux ouverts des nouveau-nés devient la règle.

Et il ne faut pas se leurrer. À l'heure actuelle, malgré l'extraordinaire évolution du niveau de vie des nations industrialisées, malgré la diffusion de la contraception et la légalisation de l'avortement, malgré la multiplication, en un siècle, des services sociaux et des services d'aide à l'enfance, l'infanticide n'a pas vraiment disparu de nos régions. En mai 1985, le ministère des Affaires sociales et de la Solidarité nationale a lancé une grande campagne d'information et de responsabilisation des médecins et des travailleurs sociaux sur le problème des enfants maltraités. Dans le dossier adressé aux médecins, les pouvoirs publics estiment qu'il y a, chaque année, en France, entre 300 et 600 infanticides – presque tous des nouveau-nés et des nourrissons de moins d'un an, et que les enfants battus, victimes de sévices, sont près de 50 000 ! La honte cachée, niée, le drame que personne ne veut admettre, issu d'une si longue histoire...

Par contre, dès la plus haute antiquité, certaines civilisations ont édicté de merveilleuses règles de vie concernant la femme enceinte, percevant intuitivement la grandeur de l'enfant à naître et l'importance capitale de la relation du fœtus et du jeune enfant avec sa mère et avec tout son environnement. En Chine, en Inde dans la société brahmanique, on retrouve de nombreuses traditions permettant à la jeune mère de vivre l'attente de l'enfant dans la sérénité et la beauté.

« Dès que la femme est enceinte, elle doit veiller à être constamment allègre, parée, vêtue de blanc, se laisser aller au contentement et au bonheur... Elle ne doit toucher à aucune chose souillée ou méprisable. Elle se gardera de la peur, des discours bruyants, et de tout ce qui pourrait tuer le fœtus... Le cœur de la mère et celui de l'enfant doivent battre à l'unisson et c'est pourquoi il faut accorder à la gestante tout ce qu'elle désire.[1] »

---

1. In *Histoire illustrée de la puériculture*, P. Huard et R. Laplane, Éd. Dacosta, Paris, 1979, p. 31-33.

Une fois l'enfant né, les prescriptions concernant les soins qu'il nécessite sont d'une étonnante similitude dans tous les pays du monde et à toutes les époques, jusqu'au début de ce siècle. Il est conseillé de le laver, de le baigner, de le frictionner, de l'envelopper de vêtements chauds, de le purger avec une décoction de plantes, de lait ou de miel. Ce qui est plus curieux, c'est qu'il est partout, ou presque, recommandé de ne pas lui donner le lait de sa mère pendant quelques jours ou quelques semaines ! Que ce soit dans la Rome antique ou au Moyen Âge en France, le colostrum, lait des vingt premiers jours, est considéré comme dangereux pour le nouveau-né, indigeste car trop épais, et les jeunes accouchées doivent donner le sein à un autre enfant plus âgé ou vider leurs seins par les méthodes les plus saugrenues : faire téter un jeune animal, une servante dévouée, quelquefois le mari, le médecin, voire des personnes de compétence encore plus discutable... !

En revanche, deux conceptions se sont opposées tout au long de l'histoire entre les partisans des vêtements souples laissant aux tout-petits leur liberté de mouvements, et les tenants des maillots serrés, des bandelettes, modelant étroitement l'enfant, de crainte de le voir se déformer pendant les premiers mois. On retrouve dans de nombreux pays, en Amérique, en Océanie, en Afrique tropicale, en Asie centrale et même en France jusqu'au début du XIXe siècle, des traditions de déformations crâniennes, obtenues par massages, pétrissages-modelages, bandages circulaires ou fixation du crâne à l'aide de planchettes, dont on connaît mal la signification rituelle, esthétique ou sanitaire.

Mais, pendant tout ce temps, que font les médecins ? Apparemment, ils connaissent peu les enfants et pas du tout les nouveau-nés. L'opinion, dans son écrasante majorité, juge qu'il s'agit là d'affaires de femmes et que le tout-petit, « ne pouvant répondre aux questions du docteur », n'a pas besoin de lui...! On connaît bien quelques papyrus égyptiens du XIVe siècle avant J.-C. donnant des recettes médicinales pour soigner les nouveau-nés ; par exemple, le décocté de pavot pour apaiser les cris, qui restera en vigueur en Europe jusque vers 1920. Hippocrate aborde de nombreux points de la santé des enfants, mais ses conseils sur le nouveau-né se bornent à proposer « du vin dilué pour prévenir la formation de calculs dus au lait malsain ». La première documentation précise et détaillée sur les soins après la naissance nous est donnée par Soranus d'Éphèse (98-138 après J.-C.). Il décrit la double ligature du cordon ombilical, le lavage des yeux à l'huile, les moyens d'examen de l'enfant pour dépister une malformation, une prématurité ou une débilité particulière. Après lui s'installe un long silence de quinze siècles. Les quelques médecins qui écriront sur ce sujet ne feront que reprendre, pratiquement sans les modifier, les prescriptions de Soranus.

Le XVIIIe siècle va marquer, en France, le premier tournant de l'histoire des nouveau-nés. On commence à s'intéresser au fœtus et à sa physiologie, à la circulation ombilicale, et les théories s'affrontent sur les origines de la reproduction humaine : prévalence du rôle du père et de sa semence, controversée par les partisans de la priorité des ovules maternels. Dans le *Traité de la formation du fœtus*, Descartes démontre formellement que les humains ne se reproduisent qu'entre eux et que la semence humaine ne peut engendrer que des fœtus humains. Jusque-là, l'existence d'êtres mi-animaux, mi-humains était une croyance solidement enracinée...

En 1754, dans un *Essai sur l'éducation médicinale des enfants*, le médecin du roi, Brouzet, soucieux des déplorables conditions d'élevage des tout-petits confiés à des nourrices, des mères « dépositaires fidèles de mille petites pratiques inutiles ou pernicieuses » envisage pour la première fois la nécessité d'un « corps de doctrine » rassemblant en un ouvrage scientifique toutes les connaissances sur la grossesse, l'accouchement, mais aussi le nouveau-né, sa toilette, son alimentation, ses vêtements, son sommeil. Vingt ans plus tard, deux ouvrages, *Les Enfants élevés dans l'ordre de la nature* et *Avis aux mères qui veulent nourrir leur enfant* vont redonner les premiers principes des soins indispensables aux nouveau-nés : laver entièrement le bébé chaque jour, supprimer le maillot et les vêtements trop chauds, et imposer l'allaitement maternel.

À la même époque apparaissent les premiers hôpitaux de soins réservés aux enfants (l'hôpital des Enfants Malades est créé en 1802, rue de Sèvres, à Paris) et les premières écoles de sages-femmes. En 1806, Napoléon confie à Baudelocque, premier titulaire de la chaire, l'enseignement officiel de l'obstétrique. Peu admis par la morale et les bonnes mœurs à approcher les femmes enceintes et les accouchements, sauf en cas d'urgence « chirurgicale », il va s'efforcer d'améliorer la formation professionnelle des sages-femmes. Ses écrits, comme par exemple *L'Art des accouchements*, édité cinq fois entre 1789 et 1815, ne parlent en rien des nouveau-nés, pas plus que des soins qu'ils peuvent requérir.

Il faudra encore plus d'un siècle pour aborder réellement ce que j'ai envie d'appeler **l'ère de la pédiatrie.**

Tout commence avec l'œuvre de Granger, élève et ami de Pasteur qui développe et fait accepter par ses collègues, en 1877, l'idée que les hôpitaux d'enfants doivent avoir une architecture et une organisation spéciales pour lutter contre la contagion.

Au même moment, en 1878, Tarnier, accoucheur, visite au Jardin d'acclimatation les nouveaux incubateurs à poulets que l'on expérimente à partir de plans très anciens découverts dans les hiéroglyphes récemment traduits. Il a l'idée d'appliquer la méthode aux nouveau-nés et fait construire les premières couveuses qui sont essayées à la maternité de l'hôpital Port-Royal en 1880. Avec ses élèves, il pose les bases essentielles de la réanimation néonatale et des soins aux prématurés : hygiène rigoureuse, isolement des enfants, alimentation suffisante par gavage, élevage dans une atmosphère humide, à température constante.

En 1892, Pierre Budin crée, à la maternité de l'hôpital de la Charité où il est accoucheur, une consultation des premiers mois pour les enfants nés dans le service. L'amélioration des statistiques de mortalité est tellement évidente que ces consultations vont se multiplier partout, en très peu d'années, tant en France qu'à l'étranger.

L'enseignement de la pédiatrie va être officialisé en France en 1879, le premier titulaire de la chaire étant Granger. Mais tout ce qui concerne le nouveau-né va rester du domaine des maternités, donc des accoucheurs jusqu'après la seconde guerre mondiale. Introduite dans les hôpitaux parisiens après 1950, la pédiatrie néonatale proprement dite est une science toute neuve. La surveillance des nouveau-nés en maternité, avec une consultation médicale au cours des huit premiers jours, n'est obligatoire que depuis 1970. Et le premier traité de médecine néonatale en langue française, rédigé sous la direction de Paul Vert et Léo Stern, est paru à Paris en novembre 1984 !...

Les connaissances sur le nouveau-né malade progressent à une vitesse spectaculaire. La mortalité des tout-petits est trente fois moindre qu'au début du siècle. Les problèmes techniques des accouchements difficiles sont presque tous résolus et la césarienne est devenue partout en France un geste quotidien, presque banal. L'enregistrement continu des bruits du cœur fœtal en fin de grossesse et pendant l'accouchement a permis de dépister précocement les souffrances fœtales et d'intervenir dans les plus brefs délais. Les techniques de réanimation ont fait en quelques années des progrès incroyables, évitant le plus souvent les séquelles cérébrales définitives. Les modalités d'élevage des prématurés ont transformé le pronostic des naissances avant terme. L'échographie fœtale, grande révolution de 1975, permet enfin d'observer le fœtus vivant dans sa bulle amniotique, ses mouvements, ses habitudes, ses réactions. Elle permet aussi de dépister *in utero* des malformations curables, favorisant une meilleure prise en charge des enfants atteints, dès la salle d'accouchement. On entrevoit la possibilité de traitement chirurgical des fœtus pendant la gestation. Le dépistage des maladies métaboliques et leur traitement précoce, lorsqu'il est possible, deviennent des réalités quotidiennes. Chaque jour sont décrits de nouveaux moyens d'atteindre le fœtus pour des explorations biochimiques et génétiques : amniocentèse, biopsie de villosités choriales, amnioscopie, ponction de sang fœtal...

Le grand inconnu reste le nouveau-né en bonne santé, celui qui naît à terme, après une grossesse normale ; l'enfant dans les bras de sa mère, dans son premier bain ; celui qui s'installe à la vie aérienne en modifiant son circuit cardio-circulatoire, qui cherche sa nourriture, qui régule sa température corporelle ; celui qui découvre l'espace et donc la liberté de se mouvoir, de s'étirer après les longues semaines de repli utérin ; celui qui regarde, écoute, perçoit les odeurs et les goûts, celui qui découvre les caresses, la tendresse et les mots.

Toutes les recherches sur lui n'en sont qu'à leur balbutiement. Si l'on s'intéresse au nouveau-né, si l'on fait des recherches sophistiquées sur ses capacités physiques et relationnelles, c'est qu'en même temps progressent les connaissances sur son autre lui-même, son double, son alter ego, l'enfant fœtal, le tout-petit avant la naissance, les progrès des connaissances sur l'enfant né étant le corollaire direct des découvertes concernant l'enfant avant la naissance. Nous identifions peu à peu, de façon parcellaire, incomplète, fragmentée par les disciplines multiples qui abordent cette étude (biologie, génétique, médecine de soins, explorations écho ou radiographiques, biochimie, histoire, sociologie, psychologie et psychanalyse...) un être ignoré, étonnant de capacité à s'assumer lui-même et de possibilités d'évolution et d'adaptation. N'a-t-il pas fallu, par exemple, attendre les échographies récentes pour découvrir que les fœtus *in utero* ont des mouvements respiratoires, que leur cage thoracique se prépare à la mécanique musculaire de la respiration depuis de longs mois, que ces mouvements sont d'autant plus réguliers et puissants que l'on approche du terme.

Sur presque toutes les réactions physiologiques des tout-petits, leur préparation *in utero* et leur réalisation au moment de la naissance, nous avons tout à apprendre. Les médecins, préoccupés prioritairement par les problèmes pathologiques, n'ont pas toujours l'impression que ces découvertes sont essentielles. Essentielles à la compréhension du petit d'homme, essentielles pour mieux l'accueillir à sa naissance, essentielles pour lui donner les meilleures chances de réussir son adaptation, essentielles pour que l'attachement mutuel entre un tout-petit et les adultes qui le reçoivent s'enracine dans un désir de vie.

Un exemple qui m'a fait longtemps rêver, et qui est peut-être à l'origine de ce livre, est celui de l'étude de la succion chez le nouveau-né. L'analyse la plus complète et d'une précision merveilleuse du comportement neurologique des enfants à terme ou aux différents stades de prématurité a été réalisée par André Thomas, puis par Mme Saint-Anne Dargassies, dans le service de médecine néonatale de l'hôpital de Port-Royal à Paris. Leurs travaux sont mondialement connus et servent de référence absolue pour tout examen neurologique de nouveau-nés. Dans l'ouvrage de Mme Saint-Anne Dargassies sur *Le Développement neurologique du nouveau-né à terme et prématuré*[1], on peut lire concernant la succion :

« Le réflexe des points cardinaux est ainsi appelé car son mode de recherche est une suite de légères stimulations péribuccales réparties selon cette distribution géographique, c'est-à-dire aux commissures labiales droite et gauche, puis aux parties médianes des lèvres supérieure et inférieure. La réponse est d'autant plus rapide que l'enfant est loin d'une prise alimentaire ; elle porte à la fois sur la langue et les lèvres qui sont attirées vers le même point excité et elle entraîne la tête dans ce mouvement attractif... Selon notre expérience de l'enfant prématuré, lorsque le réflexe des points cardinaux est devenu parfait, le réflexe de succion (qui doit être synchrone du réflexe de déglutition) est suffisamment sûr pour permettre l'alimentation par biberon. »

De toute évidence, ce très grand médecin, neurologue de réputation mondiale, ne connaît que les situations expérimentales et a toujours examiné des nouveau-nés sur une table, en cherchant à leur faire sucer le bout d'un doigt ou d'une tétine en caoutchouc. Si elle avait eu l'occasion de poser l'enfant sur le ventre de sa mère, si elle avait pu observer ce qui se passe lorsqu'il est près des seins, la description de ce réflexe serait devenue un tout autre enseignement.

Le nouveau-né ainsi « motivé » – et s'il a faim, bien sûr, sinon pourquoi le ferait-il ? – va manifester une énergie, une précision de gestes, une complexité de réalisations concrètes qui ne peuvent que laisser ébahi le spectateur attentif. Il cherche avec ses lèvres, son nez, l'odeur de peau, de lait qui le guidera. Il s'appuie sur les mains, tente de ramper, soulève et oriente sa tête, approche sa bouche du mamelon, ouvre les yeux. Lorsqu'il trouve enfin le sein, il ouvre grand la bouche, baisse sa langue, cherche à saisir... et enfin, calmement, vigoureusement, se met à téter. Si rien n'entrave sa recherche, le petit humain, comme tous les autres mammifères, a le pouvoir de se nourrir, il en a la compétence.

Retrouver ou découvrir ce regard sur le nouveau-né dans tous les gestes et toutes les situations de sa vie quotidienne, tel se veut le but de ce livre. Depuis vingt ans, j'observe des bébés dès les premières minutes de vie, en salle d'accouchement, puis pendant tout leur séjour en maternité et parfois pendant les premiers mois. J'ai tenté aussi de faire le point de la littérature scientifique sur ce que l'on sait, sur ce que l'on cherche, sur tout ce que nous ignorons

1. Masson, Paris, 1979, p. 79-80.

encore totalement de la réalité du bébé pendant sa vie intra-utérine, au moment de sa naissance et dans les premières semaines de vie autonome.

Parler du petit d'homme, dire ce que je sais de lui, accepter l'émotion de moi-adulte devant la vie qui éclôt, reconnaître mon insuffisance de médecin qui a tout à apprendre, rêver d'une humanité meilleure parce que plus consciente de la grandeur de ce qu'elle crée, c'est tout cela que, tant bien que mal, je vais tenter ici...

Chapitre 1

COMPÉTENCES, vous avez dit compétences...?

Un petit être concret mais qui renferme l'infini.

Fanny et Alexandre, Ingmar Bergman

Il y a seulement quelques décennies, il n'était pas rare d'entendre un grand-père attendri ou une voisine bavarde traiter un nouveau-né de « larve », de « petit merdeux » ou de « tube digestif ». Le petit d'homme, oublié dans les jupons des femmes, dans son silence, n'éveillait au mieux que de la compassion. On jaugeait son poids, sa taille, la couleur des cheveux, voire la taille de son sexe, d'un point de vue égrillard, et la « connaissance » était faite. Qui n'a pas entendu ces épithètes railleuses, franchement péjoratives, résonner au-dessus des berceaux ?

Depuis quelques années la recherche scientifique s'est penchée sur le petit humain, a tenté de tester ses capacités de reconnaissance et d'apprentissage dès les premiers jours de vie. Et ce qui nous apparaît, à travers les découvertes encore très partielles et incomplètes, c'est un être d'une infinie potentialité de sensibilité, de capacité de connaissances et d'adaptation. L'étude du comportement des nouveau-nés, de leurs réactions aux stimulations, amène à découvrir qu'ils ont de grandes capacités « cognitives » (capables de connaître) et que leur environnement néonatal peut avoir d'importantes conséquences sur leur développement ultérieur, pouvant, selon les cas, l'améliorer ou le détériorer.

Il est très difficile de se faire une opinion « éclairée » et objective sur ce qu'est réellement un nouveau-né, sur ce dont il est capable, sur les grandes transformations physiologiques de son adaptation à la vie extra-utérine, sur les risques qu'il court en naissant et sur les armes avec lesquelles il peut traverser cette période dangereuse, sur ce qu'il connaît déjà et sur le sens de ses premières acquisitions, sur son envie d'évoluer et sur les moyens dont il dispose pour grandir. Qui est donc ce petit d'homme en train de naître, qui sort de son œuf, sort de lui-même, pour rejoindre les autres humains de son espèce ?

Le décrire nécessite qu'on s'étende longuement sur des processus physiques de physiologie et de biochimie. Je sais que cela paraîtra ardu et complexe à un certain nombre de lecteurs et risque de les rebuter. Mais il n'est pas possible à mon sens d'aborder la connaissance d'un tout-petit sans franchir cette étape.

Il serait plus facile de ne parler que de relation, de tendresse, ou, au contraire, de raconter quelques recettes simples sur la façon de se bien comporter en parents ou en soignants. Beaucoup de livres l'ont déjà fait. Mon ambition est plus élevée. Faire partager le maximum de connaissances théoriques, même difficiles, pour que chacun et chacune ait un regard plus vrai, plus personnel sur les nouveau-nés. Une information détaillée est la condition nécessaire et absolue d'une compréhension « libre », dégagée des mythes et des racontars.

Qu'est-ce qu'une compétence de nouveau-né ?

Avant d'aborder des chapitres plus techniques, essayons de dégager quelques points fondamentaux sur la notion de compétence appliquée aux nouveau-nés.

Selon le Petit Robert, la compétence est :

– une aptitude reconnue légalement à une autorité publique de faire tel ou tel acte dans des conditions déterminées, etc., définition qui, ici, ne nous concerne pas ;

– une connaissance approfondie, reconnue, qui confère le droit de juger ou de décider en certaines matières...

Nous allons nous attarder sur cette deuxième définition qui me paraît du plus haut intérêt.

Le petit humain, à sa naissance, n'arrive pas du néant

Il se prépare depuis longtemps au moment crucial de sa naissance et aux années qui vont suivre. Comme n'importe quel petit mammifère, il naît « prêt à vivre ». La grossesse n'est pas seulement un temps de croissance staturo-pondérale et de parasitisme inconscient. De toute évidence, tout au long de ces neuf mois, le fœtus se prépare à quitter son œuf utérin, s'organise pour respirer, digérer, éliminer lui-même ses déchets dès que cela sera nécessaire, c'est-à-dire dès qu'il changera de mode relationnel avec le corps de sa mère. Il met également en route, dans les semaines qui précèdent l'accouchement, des dispositifs spécifiques de sécurité qui lui permettront de traverser indemne ce moment « à risques ». Il crée déjà les liens relationnels qui conditionneront sa survie.

Au départ, il y a une formidable pulsion de vie, une envie d'exister dont la programmation génétique est remarquablement précise. La fécondation, la nidation de l'œuf, la formation du placenta et des annexes, la construction du fœtus lui-même, dans chacun de ses organes, chacune de ses cellules, sont des processus d'une complexité que l'on ne peut guère imaginer. La moindre opération est mise en œuvre par des processus biochimiques dans lesquels interviennent des codes génétiques de fabrication (ADN) et, dans chaque cellule, des systèmes de transmission de l'information (ARN) qui programment la fabrication de tous les organites cellulaires, enzymes, protéines, etc.

Expliquer ces mécanismes nécessiterait un ouvrage énorme, passionnant, mais extrêmement technique. Je ne l'aborderai pas dans ces chapitres pour ne pas nuire à la compréhension des autres questions. Un jour, peut-être, nous y reviendrons.

Tout démarre avec la rencontre de deux cellules parentales mâle et femelle

Elles vont commencer à se multiplier, puis à se différencier les unes des autres. Elles vont changer de place et, à partir de leurs nouveaux lieux de prédilection, ébaucher, puis construire les différents organes. Quelques cellules qui ont migré vers la « tête » du futur fœtus vont s'occuper du cerveau, puis de la moelle et des nerfs. D'autres vont s'occuper du cœur primitif. D'autres encore seront responsables des reins, du sang, du foie, des organes sexuels, du tube digestif...

Cette construction est un tout. Les organes, pour achever leur construction, dépendent les uns des autres. Par exemple, la formation de la moelle épinière induit la formation des vertèbres qui l'entourent, et la formation des vertèbres induit à son tour la création de la peau et des tissus musculaires qui les recouvrent. Si une anomalie se produit dans la fermeture du canal médullaire, donc la moelle lombaire basse, les vertèbres et la peau correspondantes ne se formeront pas. L'enfant naîtra avec une anomalie sévère de toute la base du dos, la moelle épinière ouverte à l'air libre ou vaguement recouverte d'une fragile membrane. C'est ce que l'on appelle un spina-bifida.

Or, si l'on songe à la complexité, jour après jour et pendant des mois, de cette « machinerie à fabriquer un bébé », la fréquence des enfants bien portants, parfaitement constitués, est merveilleuse. Toute la phase de construction, ce que l'on appelle l'embryogenèse, dure environ trois mois. Ensuite, si l'embryon a réussi son parcours, s'il est bien formé, il devient

« fœtus », passe six mois à grandir et grossir, et à se préparer à vivre sans son placenta, à vivre à l'air libre.

La vie tend indéfiniment à se reproduire. La vitalité extraordinaire du fœtus se manifeste pour moi dans la fréquence des « réussites ». 950 enfants sur 1 000 naissent normalement constitués, parfaitement aptes à la vie, pourcentage fascinant si l'on songe aux milliards d'étapes de fabrication qu'il a dû traverser. Parmi la cinquantaine qui connaît des problèmes, la plupart n'a que des ennuis mineurs permettant une vie décente, au prix de traitements soit précoces, soit au long cours. Seuls 5 ou 6 d'entre eux présentent une anomalie, d'emblée ou en quelques jours, incompatible avec la vie. 5 sur 1 000, c'est très peu. Le nouveau-né est un véritable vainqueur de course d'obstacles.

Le vrai problème pour les petits se situe au moment de la naissance et après

C'est là que la mortalité infantile a fait, au long des siècles, des ravages. Il y a encore bien peu d'années, 1 enfant sur 4 ou sur 5 ne vivait pas. Ce taux dramatique se voit encore dans certaines régions du globe : près de 300 morts pour 1 000 naissances dans les régions tropicales les plus défavorisées, 150 à 200 pour 1 000 dans bon nombre de pays touchés par le mal-développement. En revanche, dans les pays où le niveau sanitaire est élevé, ces chiffres deviennent minimes : 5 à 6 pour 1 000 dans plusieurs pays occidentaux.

Évolution du risque de mortalité périnatale pour les enfants nés en France (pour 1 000 naissances)

	1970	1980	1990	1994	1996
Mortinatalité (morts-nés)	13,3	8,6	5,9	5,2	5,2
Mortalité néonatale (0 à 1 mois)	12,2	5,8	3,6	3,2	3

Depuis 1985, ces chiffres ne sont plus directement comparables du fait de la fréquence des diagnostics anténataux entraînant souvent des interruptions de grossesse.

Pourquoi de telles différences ? D'abord et avant tout, en raison des problèmes socio-économiques, la faim, le manque d'hygiène, les infections massives, les épidémies. Et puis, aussi, les risques de l'accouchement avec, dans l'ordre d'importance, d'abord la prématurité, puis les souffrances fœtales, les traumatismes obstétricaux... Tous ces facteurs hostiles se conjuguent autour des nouveau-nés, mettant leur vie en danger. Autant l'enfant utérin se prépare à être « bien », autant les ennuis commencent avec la naissance... et vont nécessiter de la part de l'enfant une série d'adaptations, de réparations, de compensations. Et il en est capable : c'est exactement ce que j'appelle compétence et que je voudrais analyser.

La première des compétences, c'est de créer des liens

C'est celle de s'attacher à la mère qui l'a porté et pour un temps de l'attacher à lui. Le nouveau-né est terriblement immature. Pour de longs mois, sa survie ne dépend que des adultes qui l'entourent et, pour des raisons biologiques évidentes, en priorité de sa mère. Par quels moyens, au prix de quels liens, de quelles émotions, de quels accords avec elle, se fera-t-il une place sur la planète des humains ?...

Il était à l'abri dans son œuf, prêt à vivre. La fantastique transformation de la naissance l'obligera à recréer un « autre œuf », un lieu de sécurité totale où il pourra évoluer jusqu'à son autonomie. Cet autre œuf, c'est un lieu où il sera nourri, bercé, réchauffé, nettoyé, un lieu où il entendra parler un langage humain, un lieu de caresses, un lieu qui lui offrira peu à peu l'espace nécessaire à son évolution, un lieu qui le protégera des dangers d'être né.

Tout comme il a été responsable de sa nidation et du bon déroulement de la grossesse, ce que nous analyserons au chapitre IV, il sera responsable, après la naissance, de sa survie.

> **Sa compétence, c'est d'obtenir que ses besoins fondamentaux soient assurés, besoins physiologiques, besoins de tendresse et besoins de relations.**

Tout est intimement lié, tout s'imbrique, tout peut être raconté avec des mots très proches : avant et après la naissance, avec sa mère et avec d'autres adultes, les besoins de son corps et le lien affectif qui va le soutenir dans son développement, le corps de sa mère et les besoins essentiels de son corps de nouveau-né...

Pour vivre après sa naissance, à l'exacte ressemblance des tout premiers jours après la fécondation où sa nidation utérine conditionnait immédiatement sa survie ou son élimination, **un nouveau-né doit s'enraciner dans quelque chose qui vit.** Il doit s'implanter dans une relation humaine.

Plus vite il saura créer des liens, mieux il se fera accepter et plus sa survie sera assurée. Les longs mois de dépendance dans les bras d'adultes chaleureux où il se nide chaudement sont « sa chance » d'exister.

Son adaptation physiologique des premiers instants, telle que nous la décrirons aux chapitres suivants, a pour finalité absolue la création de cet « autre œuf ». Il n'y a pas de scissure entre les besoins physiologiques, les réactions du corps de sa mère et la capacité de créer des liens.

Pour réussir ces liens, il dispose de moyens étonnants. Je n'en donnerai ici que deux exemples caractéristiques. La suite de cet ouvrage sera une longue explication de mille autres capacités.

L'intérêt primordial d'un nouveau-né va aux visages humains

C'est eux qu'il regarde en naissant et, dans les premières heures, c'est sur eux qu'il va fixer son regard, chercher à capter le leur, sollicitant lui-même l'ineffable échange. C'est l'odeur de sa mère qu'il va chercher, c'est sa voix qu'il écoute attentivement, c'est son visage qu'il reconnaîtra, entre tous, en quelques heures.

Les chercheurs scientifiques l'ont parfaitement démontré :

• Si l'on présente à un bébé de quelques heures un dessin géométrique et le dessin d'un visage humain, c'est le visage qu'il suit des yeux.

• Si on lui présente le dessin d'un visage et le visage réel de sa mère, c'est elle qui va attirer son attention, même si elle ne parle ni ne bouge.

• Si on place de chaque côté du berceau deux femmes qui lui parlent tour à tour, d'un côté sa mère et de l'autre une inconnue, personnel du service par exemple, c'est la voix de sa mère qui lui fait tourner la tête.

• Si, enfin, on demande à une mère de regarder son enfant de façon neutre, mécanique, avec un regard vide et inexpressif, celui-ci, en quelques instants, manifeste un malaise intense, gémit, se tortille, pleure et cherche, par tous les moyens, à « redonner vie » à ce visage insupportable, à attirer son intérêt.

Tous ces facteurs longuement décrits par les chercheurs n'illustrent-ils pas ce que j'ai écrit plus haut : l'enfant cherche à s'enraciner dans une relation humaine vivante, en tout premier lieu celle de sa mère. Il sait la reconnaître, il sait attirer son attachement, sa tendresse par des marques évidentes d'intérêt.

L'intrication des besoins du tout-petit et des réactions du corps de sa mère

Là encore, la recherche scientifique vient confirmer ce que les parents attentifs savaient depuis longtemps. Lorsque le bébé crie, les seins de sa mère gonflent, augmentent de chaleur et, souvent, se mettent à couler, bien avant qu'elle ne soit allée prendre son bébé dans les bras. La montée laiteuse est provoquée par les pleurs du nouveau-né, la fabrication du lait et l'entretien de la lactation seront presque uniquement liés à la succion du mamelon par la bouche de l'enfant. Entre eux se tisse un lien physiologique, une « inter-action des corps » donnant au tout-petit un lieu de sécurité merveilleux.

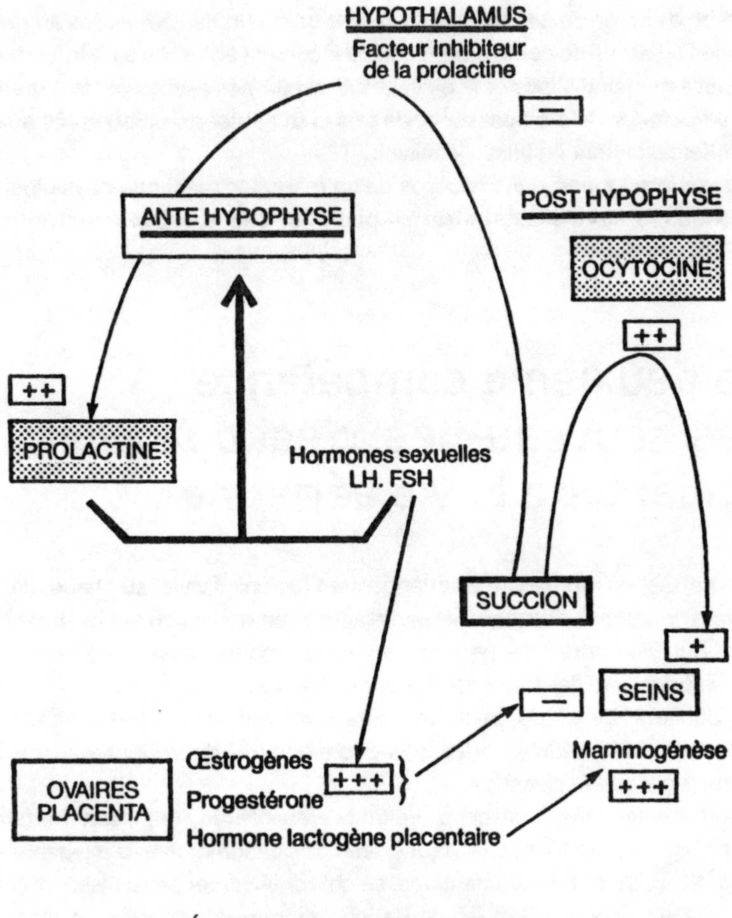

Équilibre hormonal de la lactation

Voilà un élément de confiance absolue pour les jeunes mères qui désirent allaiter. Un bébé capable de traverser les mille et un risques de la naissance est tout à fait capable de se servir astucieusement du « libre-service » alimentaire que le corps de sa mère met à sa disposition. S'il a besoin de lait, de plus de lait, il saura provoquer la sécrétion des seins de sa mère. Si, à la moindre difficulté, les jeunes femmes, au lieu de se désoler de « n'avoir plus de lait », regard très dur et négatif sur leur propre corps, savaient encourager leur bébé, lui faire confiance, les problèmes s'effaceraient d'eux-mêmes. Un « vas-y mon vieux, il faut te débrouiller, tète un peu plus fort, je te laisserai essayer aujourd'hui jusqu'à ce que tu t'y retrouves... » vaut mille fois mieux que le biberon de complément, solution courante de nos jours à toutes les angoisses.

Si les biberons de complément étaient indispensables, il y a belle lurette que l'espèce humaine n'existerait plus. Les nouveau-nés allaités par leur mère ont la compétence de s'en passer et de très bien se nourrir uniquement au sein, si toutefois on leur en laisse le loisir !...

Savoir provoquer, dans le corps de sa mère, les réactions physiologiques répondant à ses besoins, n'est-ce pas une preuve capitale des liens que l'enfant sait créer ?

La deuxième compétence des nouveau-nés, c'est de savoir s'adapter à la vie aérienne

La naissance représente un changement radical. Il vivait au chaud, dans un univers aquatique, branché par son placenta en dérivation sur le corps de sa mère qui lui apportait en permanence l'oxygène et les aliments dont il avait besoin pour vivre (faire fonctionner ses cellules, grandir, grossir...), qui épurait ses déchets. Le corps de sa mère se chargeait de tout et lui permettait d'atteindre sa « maturité fœtale », meilleure garantie de s'adapter au mieux au moment clé de la naissance.

L'adaptation des premiers instants représente des transformations radicales : respirer, vivre à un haut niveau de consommation d'oxygène, lutter contre le froid, contre les infections, se nourrir, éliminer des selles, épurer ses déchets par une fonction rénale de jour en jour plus efficace et, en même temps, découvrir les humains qui l'entourent et chercher à communiquer.

Un certain nombre de ces transformations ne dépend que de lui

Par exemple, il est seul responsable de la mise en route de sa respiration et de la modification parallèle des circuits cardio-circulatoires. Au moment de la naissance, il a moins de quinze minutes pour réaliser cette transformation sous peine de mettre son cerveau et sa vie en danger. Or, nous verrons que le corps de l'enfant est remarquablement programmé pour une telle mutation. Il a une compétence innée pour se mettre à respirer dès sa naissance... et le plus souvent, il y réussit parfaitement.

Deuxième exemple : contrairement à une idée très répandue, l'enfant joue aussi, au moment de la naissance, un rôle très actif dans le maintien de sa température. Un nouveau-né à terme, en bonne santé, dispose d'un mécanisme de régulation thermique efficace qui se met en place dès sa sortie de l'utérus et fonctionne de façon utile en moins de quarante-huit heures. Ce mécanisme, totalement méconnu à notre époque de chauffage central et de couveuses, a sûrement permis aux petits humains de survivre au cours des siècles sous toutes latitudes... Bien sûr, c'est une compétence limitée et qui ne permet pas à un nouveau-né de maintenir sa température dans un univers glacé. Elle est presque inexistante si l'enfant est prématuré ou de très petit poids à terme. Mais, chez l'enfant qui va très bien, qui naît au-delà de quarante semaines de grossesse, dans une maternité moderne bien chauffée, ne faudrait-il pas en tenir compte avant de l'enfouir dans son berceau, vêtu de deux brassières de laine, sous une épaisse couverture pliée en quatre ou en huit ?

D'autres adaptations de l'enfant ne dépendent pas de lui seul

Elles dépendent également du lien qu'il va créer avec les adultes qui l'entourent. Il sait se nourrir, il sait téter, mais ne saura pas partir à la recherche de nourriture. Son intestin fonctionne, il sait, au-delà de la naissance, épurer ses déchets, mais restera tributaire d'un adulte pour les soins cutanés que cela entraîne...

L'exemple qui me paraît le plus extraordinaire est celui de sa lutte contre les infections. Arrivant d'un univers stérile, il n'a pu pendant la vie fœtale fabriquer ses propres anticorps de défense, mais il a reçu par le placenta ceux de sa mère, donc ceux qu'elle fabrique ou a fabriqués tout au long de sa vie, contre ses microbes à elle. Ces nombreux anticorps circulent dans le sang du bébé, prêts à repérer tout antigène (viral ou microbien) qui apparaîtrait.

À la naissance, le nouveau-né est brutalement envahi de microbes, qui colonisent en quelques heures tout son corps. La bouche, le nez, la gorge, le tube digestif, les bronches ; tout ce qui dans l'organisme s'ouvre sur l'extérieur s'inonde de germes. Comment va-t-il les maîtriser ? Il y a là une adaptation mère-enfant dont personne n'a réellement idée : l'enfant, au moment de sa naissance, croise des zones du corps de sa mère, vagin et région anale, où pullulent des germes dit saprophytes, c'est-à-dire non dangereux, banals, ceux que chacun d'entre nous porte en permanence dans tous les recoins de son corps. Il absorbe des colonies entières de germes de sa mère. Ceux-ci vont occuper le terrain, se multiplier, remplir les moindres espaces utilisables de peau et de muqueuse. Ce faisant, ils empêchent d'autres microbes dit eux pathogènes, porteurs de maladies, de s'installer. La colonisation microbienne, comme toutes les colonisations (!), c'est l'occupation du terrain par celui qui prend le plus vite la place, toute la place, et s'y maintient par la force du nombre. En ce qui concerne notre nouveau-né, être porteur des germes saprophytes de sa mère constitue une protection contre des microbes plus virulents et lui permet de résister aux germes de l'environnement. Et puisqu'il dispose de tous les anticorps nécessaires pour freiner ou détruire ces germes en cas de besoin, il ne risque presque rien.

Cette adaptation mère-nouveau-né est déjà à elle seule une merveille. Mais ce n'est pas tout.

Le nouveau-né allaité par sa mère disposera d'un facteur de défense supplémentaire, apporté par le lait de sa mère, lui permettant de limiter, de mieux contrôler, la pullulation des germes saprophytes. Le nouveau-né allaité par sa mère reçoit des anticorps contre ces germes, anticorps fabriqués par la mère dans son intestin ou ses bronches à elle, contre les microbes dont elle est porteuse et contre tous les nouveaux qu'elle avale ou inhale chaque jour. Ces anticorps voyagent par voie lymphatique dans tout son organisme, jusqu'à la glande mammaire où ils passent dans le lait.

Pour parfaire ces défenses, le lait contient, surtout les premiers jours, des quantités de cellules vivantes...) « offertes » par la mère à son petit. Les macrophages assurent le nettoyage microbien de l'intestin au fur et à mesure de la prolifération des germes, les lymphocytes fabriquent sur place les anticorps spécifiques de défense.

N'y a-t-il pas là une « compétence mère-enfant » tout à fait exceptionnelle ? L'enfant, grâce à sa mère, reçoit des germes les moins dangereux possible et les moyens spécifiques de se défendre contre eux. Nous l'avons trop oublié dans notre civilisation de propreté artificielle et d'antibiotiques. Mais c'est l'un des processus qui expliquent l'énorme différence de mortalité dans les pays du Tiers Monde entre les nouveau-nés allaités par leur mère et ceux qui ne le sont pas...

Pour le nouveau-né, tout est lié

J'examinerai longuement les différentes connaissances sur l'adaptation physiologique des nouveau-nés aux chapitres 2 et 3 ; le chapitre 4 reprendra les connaissances sur « créer des liens ». Tout se tient : la qualité de son adaptation et la qualité des liens qu'il crée, l'éveil sensoriel et la maturation de ses organes, la tendresse et la lutte contre les infections...

C'est là une des redécouvertes de ces dernières années. Même pour le fonctionnement physiologique élémentaire de ses organes, il a besoin de

« chaleur humaine ». Un nouveau-né posé seul de longs mois dans une couveuse silencieuse, manipulé par un robot qui assurerait tous ses besoins d'hygiène et d'alimentation, ne pourrait vivre. Nous le savons, plusieurs exemples permettent de l'affirmer.

Pour vous en convaincre, en voici trois.

• Au XVIIIe siècle, Frédéric de Prusse aurait aimé savoir quelle était la « langue des anges », celle – croyait-on – parlée spontanément par les humains quand ils ne sont pas contaminés par le langage de leurs mères... Il fit donc enfermer dix bébés nouveau-nés dans un lieu où seules pénétraient quelques nourrices chargées de leur toilette et de leur allaitement et qui avaient, au prix d'un fort salaire, l'ordre absolu de ne pas prononcer un mot en leur présence et de les laisser seuls dès que les soins élémentaires étaient assurés. Sept des enfants moururent dès les premiers mois. Les trois autres survivants, malades et profondément idiots, moururent jeunes et ne parlèrent jamais... Non seulement la « langue des anges » n'existait pas, mais la santé physique et intellectuelle des enfants ainsi élevés dans la solitude fut définitivement compromise.

• Les pédiatres américains et occidentaux ont fait sans le vouloir, dans les premières décennies de ce siècle, une autre expérience aussi dramatiquement absurde. Pour lutter contre les infections qui ravageaient les hôpitaux d'enfants, ils inventèrent des boxes fermés, isolèrent au mieux les enfants les uns des autres, interdirent les visites des parents et donnèrent l'ordre aux infirmières de porter des masques, des gants, d'approcher le moins possible les bébés, sans parler ni éternuer, pour limiter l'apport de germes. Contrairement à leur attente, la mortalité des enfants fut à peine améliorée. Il y avait moins d'infections, c'est vrai, mais les bébés ne se développaient plus et se laissaient mourir. De chagrin, de solitude, de manque de soins chaleureux... Il y eut beaucoup de morts et beaucoup de retards mentaux graves. Voilà comment furent découvertes les carences affectives et ce qui fut nommé « l'hospitalisme » !...

• Troisième exemple, plus heureux. L'évolution progressive des services de soins intensifs pour bébés prématurés ou malades. Les parents y sont largement admis, peuvent parler à leur bébé, le toucher, faire sa toilette. Dans les unités dites Kangourou, les bébés passent plusieurs heures par jour au chaud, en peau à peau contre leur mère (ou leur père) et non plus en couveuse, sous la même surveillance médicale intensive que les autres. De plus, pour chaque soin, pour chaque change, à chaque geste douloureux, les soignants ont pris l'habitude de leur parler, de les rassurer, les apprivoiser et, dans la mesure du possible, de respecter leur sommeil. Même les plus petits, les plus malades, ceux qui paraissent inconscients, sont traités en « humains ».

Les résultats sont spectaculaires : les bébés bénéficiant de cette tendresse continue ont moins de complications respiratoires, digestives ou infectieuses.

Ils grossissent plus vite, pleurent beaucoup moins et s'éveillent à la relation dans les meilleures conditions.

Troisième compétence des tout-petits : celle de croître et d'évoluer

C'est celle de se construire en permanence et de se réparer eux-mêmes. La vitesse de l'évolution est considérable. Il y a autant de différence entre l'embryon de dix jours et le nouveau-né à terme, qu'entre ce dernier et l'enfant de neuf mois qui commence à parler, à courir à quatre pattes, à se mettre debout, à manger seul, à choisir les jouets et les chants. De la conception à la fin de la première enfance, le petit humain subit une transformation permanente, acquiert des connaissances et des habitudes, construit son corps et son cerveau. Que ce soit dans son temps utérin, ou ensuite dans son autre œuf, au cours des premiers mois d'adaptation, l'enfant a la même incroyable compétence de se transformer et d'évoluer.

La croissance du corps

Au départ, deux cellules minuscules, l'embryon mesure moins de 3 centimètres et pèse une vingtaine de grammes à la fin du premier trimestre. Ensuite, le fœtus va progresser, avec des paliers, tout au long de la grossesse pour atteindre un poids moyen de 3 300 grammes à terme, et une taille de 50 centimètres environ. À la naissance, l'enfant continue sans interruption à construire son corps de 30 grammes par jour environ, soit, et c'est énorme, plus de 1 % du poids du corps. Plus jamais au cours de sa vie, il ne sera capable d'une telle vitesse de croissance. Le piège serait de croire que, les premiers jours de vie, il « maigrit ». Ce que dessine la courbe de poids, c'est **une perte d'eau** liée à l'adaptation à l'air du bébé « aquatique ». L'enfant va garder cette vitesse de croissance pendant deux à trois mois, puis freinera progressivement. Il double son poids de naissance en quatre ou cinq mois et le triple en un an. La taille évolue également très vite. Dix centimètres pendant les trois premiers mois de vie, vingt autres avant la fin de la deuxième année, et l'enfant double sa taille de naissance à quatre ans…

Le développement cérébral

Le cerveau se construit presque entièrement avant la fin de la deuxième année de vie, ce qui explique l'augmentation rapide de volume du crâne pendant ce laps de temps. Le nouveau-né à terme a un périmètre crânien de 35 centimètres environ, lequel augmente de plus de 10 centimètres pendant la première année et atteint 46 à 48 centimètres à un an. Il est de 50 centimètres à peu près à deux ans... et de 53 à 55 centimètres à l'âge adulte. Tout l'énorme travail de construction du cerveau se joue donc dans les deux premières années. Il est facile de le suivre simplement en mesurant régulièrement le périmètre crânien avec un centimètre de couturière.

Parallèlement à cette augmentation de volume, le cerveau se transforme et s'organise. L'enfant nouveau-né découvre, en deux ans, tous les moyens de l'autonomie. La marche, l'habileté manuelle, la propreté, le langage, les moyens de communication et les limites de ce qu'il peut vivre avec les humains de son entourage. Les capacités de son cerveau sont extrêmes. L'enfant qui entend quotidiennement plusieurs langues parlera facilement chacune, en à peine plus de temps que son voisin qui n'en apprend qu'une... Du petit nouveau-né immobile dans son berceau surgit en moins de deux ans un être tonique et joueur qui sait chanter, courir et faire du vélo...

Je reviendrai longuement sur ces notions essentielles au chapitre 6.

Une des conséquences directes de cette vitesse de croissance et d'évolution est la capacité de réparation, de cicatrisation et de compensation.

On peut en juger dans tous les épisodes de la vie. Un nouveau-né qui se griffe le visage ou qui a une marque de forceps sur le crâne cicatrise en moins de deux jours. Les plaies se ferment, les os se réparent infiniment plus vite que chez l'adulte.

Le cerveau lui-même est capable de réparation. Si un enfant, à la suite d'une souffrance fœtale, a subi un dommage cérébral partiel, les cellules lésées ne se reconstruisent pas, mais d'autres, venant d'autres territoires, peuvent, dans certaines circonstances, compenser le déficit. Les médecins connaissent tous des enfants ayant souffert à la naissance, porteurs par exemple d'une paralysie unilatérale (hémiplégie), capables après quelques années de rééducation attentive de faire du ski, du vélo ou de la course de compétition. La même anomalie neurologique chez une personne âgée, en cas d'hémorragie cérébrale par exemple, ne bénéficiera jamais d'une telle récupération. La capacité d'évoluer et de se réparer est une des compétences des tout-petits. D'où l'intérêt d'un dépistage précoce de la moindre anomalie, pour favoriser, pendant qu'il en est temps, la faculté de réparation. Nous reviendrons sur cette question.

Les limites des compétences

Le dernier point à expliciter avant de terminer ce chapitre est celui des limites des compétences. Il est très tentant de se faire une idée idyllique, artificielle, des compétences des nouveau-nés ; encore plus tentant d'imaginer intervenir dans ces processus de développement pour les stimuler et les orienter, à la recherche d'une humanité de plus en plus intelligente, performante… L'humain a des limites, la vie a des pathologies. Transgresser les rythmes normaux de développement, manipuler les nouveau-nés pour les amener à des acquisitions plus précoces, plus intenses, paraît à priori extrêmement dangereux. Il n'existe pas, et je m'en réjouis, d'expériences scientifiques de surstimulation… On peut logiquement penser, au regard des connaissances biologiques sur le nouveau-né, que tout excès pourrait être néfaste. Il a des milliers de choses à découvrir, il est en pleine construction. Son organisme ne pourrait sans doute supporter longtemps des efforts supplémentaires.

Un tout-petit se fatigue vite

Il ne peut fixer son attention, écouter, rechercher le regard que pendant des périodes très limitées : guère plus de trois ou quatre minutes par jour pendant la première semaine. Chaque effort sera suivi d'une longue période de sommeil, de récupération. Si l'on arrive parfois à capter l'intérêt d'un bébé de huit jours et à le faire participer de façon magistrale à des performances physiques et relationnelles, il ne saurait être question de recommencer quelques instants plus tard, pour le seul plaisir de le voir refaire ce qu'il a déjà effectué. Au fur et à mesure qu'il grandit, que passent les semaines, il sera spontanément capable d'augmenter son temps d'attention et d'apprentissage. Ne pas bousculer ce rythme, ne jamais tenter de lui enseigner, malgré lui, des choses dont il n'est pas encore capable, ne jamais perturber, sous quelque prétexte que ce soit, les temps de sommeil où il construit son cerveau, est le premier des respects dus à un petit humain.

Les compétences sont elles-mêmes immatures

Il est vrai qu'un nouveau-né peut voir, sentir, entendre, que tous ses sens sont en éveil. Cela ne signifie nullement qu'il a les mêmes capacités de compréhension et d'utilisation des données sensorielles que l'adulte qui est à côté de lui.

Il sait sentir, mais dans les limites de sa survie élémentaire

Il reconnaît l'odeur de sa mère, l'odeur de lait sur les seins de sa mère. Ce qu'il a appris pendant la vie intra-utérine et dont on dit qu'il a une connaissance « innée ». La découverte des autres odeurs se fera plus tard et très progressivement, pour mieux l'adapter à son milieu. Le bambin des villes reconnaîtra les odeurs de pétrole et de poubelles des maisons de son quartier. L'enfant des campagnes, celle d'un animal à proximité... Il ne s'agit plus d'une compétence, c'est de l'apprentissage. C'est de « l'acquis ».

L'enfant nouveau-né sait interpeller sa mère

Il sait l'appeler quand il souffre, quand il ressent le besoin d'être porté, bercé, nourri ou nettoyé. Les cris des premiers jours sont peu différenciés. C'est une compétence immature. En quelques semaines, parce que sa mère réagit différemment devant certains cris, et parce qu'il est déjà plus conscient des sensations de son propre corps, il va apprendre à moduler ses appels. Il y aura le violent cri de la détresse, de la souffrance, l'appel impérieux mais moins affolé de la faim, l'appel interrogatif pour voir ce qui se passe quand il crie, l'appel pour signifier qu'il veut dormir, etc. Les parents connaissent bien cette progressive évolution des premières semaines, d'où naît une véritable « conversation codée », bien avant le langage des mots...

> **L'enfant est compétent, mais il est immature. Il a tout à apprendre. Les compétences qu'il s'est forgées pendant la vie intra-utérine sont des points de départ. Elles lui permettent de s'adapter à la vie aérienne, puis plus tard, en évoluant elles-mêmes, de grandir et d'évoluer.**

La chronologie des acquisitions

L'enfant est un être en développement qui évolue au rythme de ses apprentissages, qui eux-mêmes font progresser ses compétences, qui à leur tour autorisent d'autres acquisitions. Cette longue chaîne, ce cycle permanent de découvertes, cette maturation ne sauraient être bousculés sous peine de compromettre tout l'équilibre de l'évolution.

Un enfant n'apprend pas tout en même temps, cela tout le monde le sait. Tous les nouveau-nés, quel que soit leur environnement, apprennent d'abord à téter, à regarder, à écouter. Ils vont ensuite lentement découvrir l'univers qui les entoure et la réalité de leur propre corps : les mains, premières visibles vers trois mois, puis les pieds aperçus et attrapés vers l'âge de cinq mois, puis le corps entier aperçu dans un miroir vers six ou sept mois et qu'il peut déjà comparer à celui de ses parents. Vers un an, il commence à marcher et à parler. À ce stade se met en place une sorte de compétition dans l'acquisition des différentes performances. Certains nourrissons marchent à neuf mois, courent librement à un an, mais ne disent pas un mot avant dix-huit ou vingt mois. D'autres, peu mobiles, assis calmement sans savoir se redresser à quinze mois, prononcent déjà dix ou vingt mots.

Chacun son rythme

Entre ces deux images de bébés « moteurs » et de bébés « intellos », tous les intermédiaires sont possibles. Très souvent, ce que les parents observent, ce sont des temps alternés de développement. L'enfant commence à parler, dit facilement « papa, maman » pendant une ou deux semaines, puis semble l'oublier complètement. Dans le temps apparemment mort qui suit, et alors que ses parents se demandent pourquoi il ne parle plus, il apprend à marcher à quatre pattes ou à se mettre debout. Ces variations prouvent simplement que les périodes d'acquisition du langage et de la marche sont simultanées. Pour le nouveau-né, tout se passe de la même manière. Les tout-petits « intellos » calmes et silencieux passent de longs moments à écouter et regarder ; d'autres, plus « moteurs », tiennent leur tête et leur dos ou attrapent leurs pieds plusieurs semaines avant leurs collègues de la même promotion... Nous verrons au chapitre sur « l'éveil et l'évolution » que la chronologie des grandes acquisitions, malgré des différences individuelles importantes, est à peu près toujours identique. Ainsi, il est inutile de parler anglais devant un bébé français de deux mois, espérant qu'il va engranger des sons et des mots pour son apprentissage futur, si cette stimulation d'un double langage ne doit pas se poursuivre pendant les deux premières années de vie. Le langage, que ce soit d'une ou plusieurs langues, ne s'apprend guère avant neuf ou dix mois. Si, à ce stade, la stimulation de plusieurs langues n'existe plus, l'enfant stimulé trop tôt n'aura rien appris.

Cette chronologie obligatoire est vraie pour toutes les acquisitions. **Vouloir bousculer cet enchaînement progressif est la source de dégâts considérables.**

Je connais une petite fille victime de sévices graves dans la toute première enfance. Ses parents – pour jouer, disaient-ils, sans se douter de la monstruosité de leur comportement – l'obligeaient à tenir debout accrochée aux barreaux de son parc plusieurs heures d'affilée, dès l'âge de cinq mois. Si l'enfant tombait ou s'asseyait, elle était fouettée... Ce jeu abominable a duré près de deux mois. Quatre ans après, le résultat est catastrophique. Cette enfant ne parle pas, ne marche absolument pas, présente un retard mental majeur et a perdu presque toute faculté de communiquer, murée dans son silence et dans sa peur. Voilà le prix payé, que je crains définitif, car lié à des destructions cérébrales majeures, pour avoir voulu forcer une toute petite fille à des comportements pour lesquels son cerveau n'était pas encore construit.

Il existe des « périodes sensibles »

Cette notion beaucoup moins connue est la dernière limitation de compétences des tout-petits. Les recherches scientifiques sur ce sujet démarrent à peine, mais les premiers résultats publiés sont de première importance et méritent la plus grande attention.

Pour mieux expliquer cette notion, reprenons une des expériences qui en ont permis la découverte. On sait que les chatons nouveau-nés n'ouvrent pas les yeux pendant les quinze premiers jours après leur naissance. Ensuite, peu à peu, ils se mettent à regarder. Si l'on empêche l'ouverture des paupières vers le dixième jour (et les chercheurs utilisent souvent le moyen radical de les coudre avec du fil chirurgical), les résultats vont être différents suivant, non seulement la durée, mais surtout la date de cette occlusion forcée.

• Si la fermeture des paupières ne dure que deux ou trois jours, le chaton récupère une vision normale.

• Si l'expérience est prolongée plusieurs semaines ou plusieurs mois, le chaton est définitivement aveugle. Après la réouverture de ses paupières, ses yeux sont intacts, mais ne fonctionnent pas. Le cerveau n'a pas réalisé les connexions nerveuses nécessaires à ce fonctionnement.

• Si l'expérience dure six semaines, les résultats sont les mêmes, le chaton est définitivement aveugle.

• Si l'expérience dure six semaines avec un seul des yeux fermé, celui-ci ne fonctionnera pas, et les adaptations complexes qui permettent la vision du relief et des distances sont détruites. Cela signifie clairement que la mise en route de la vision du chaton, avec les « branchements » cérébraux anatomiques et chimiques qui en sont le support, doit impérativement se faire entre la troisième et la huitième semaine après la naissance. Au-delà, tout est irrémédiablement compromis. La période où se réalise un tel branchement est ce que l'on appelle la période sensible de mise en route de la vision.

Chez le nouveau-né humain, l'expérimentation scientifique ne nous a encore apporté que peu d'éléments.

Nous verrons au chapitre 2 que le meilleur moment d'apprentissage de la succion se situe dans les deux premières heures après la naissance. Nous verrons que le nouveau-né apprend probablement à brancher son système visuel dès la naissance. Qu'il organise son système de lutte contre le refroidissement pendant les premières quarante-huit heures. Qu'il apprend à goûter, à travers les différentes saveurs transmises dans son liquide amniotique, dès le cinquième mois de la grossesse.

À chacune de ces compétences correspond une période sensible d'acquisition d'autant plus précoce dans la grossesse ou les premières heures après la naissance que la compétence physiologique ou relationnelle est plus directement liée à la survie physique du nouveau-né.

Vous verrez tout au long de cet ouvrage revenir régulièrement cette notion de « période sensible ». C'est une limite biologique du développement, une des raisons majeures de la chronologie des acquis, en liaison directe avec une chronologie de construction cérébrale que nous étudierons longuement au chapitre 6.

> **La conclusion logique et merveilleusement évidente pour moi de toutes ces notions de compétence, c'est que le petit d'homme, dès sa vie fœtale, mais à fortiori après sa naissance, est un individu qui perçoit, qui sent, qui a besoin de liens avec les autres individus de son espèce. Ce n'est pas seulement une petite chose inerte qui nécessite nos soins et notre attention, mais bel et bien un humain en relation, quelqu'un qui, par ses propres moyens, limités certes, mais qui se construisent chaque jour, participe de tout son être à une authentique relation humaine.**

Plutôt que de chercher à savoir comment se comporter avec un enfant, il serait temps de partir sur d'autres bases, de chercher une information valable sur les compétences des tout-petits. Partant de là, devant chaque nouveau-né se présenteront les vraies questions que chacun, parent, médecin ou toute personne travaillant dans une maternité, ne peut que se poser :

- Qui est cet enfant présent dans le berceau ?
- De quelle histoire arrive-t-il, comment s'adapte-t-il à la vie ?
- En quoi pouvons-nous l'aider à trouver sa sécurité de base ?
- Pourquoi a-t-il l'air de souffrir ?
- Quels sont les signes de son bien-être et comment le préserver ?
- Qui sont ses parents, de quoi ont-ils besoin ?
- Quelle aide peut-on apporter pour qu'ils trouvent, au-delà des chahuts de l'accouchement, l'équilibre de leur nouvelle parentalité ?

Au-delà du regard médical classique, toujours à l'affût d'une pathologie organique, se dessinera alors une médecine différente, faite d'attention et d'écoute. Au-delà des recettes banales d'élevage des tout-petits se dessineront d'autres formes de parentalité, plus intimes et plus chaleureuses, où le petit homme trouvera enfin sa place, sa juste place…

Chapitre 2

LA NAISSANCE ET L'ADAPTATION, physiologie des premiers instants

Il est très difficile de raconter la naissance, difficile de mettre en mots quelque chose chaque fois unique, chaque fois essentiel, toujours très émouvant.

Le petit humain bercé de longs mois dans le ventre de sa mère, soigneusement protégé par ses membranes, nourri par le placenta qu'il s'est construit, va tout d'un coup voir le jour. Il sort de l'utérus, il naît de sa mère, mais, contrairement à une croyance fortement répandue, il ne la quitte pas. Il crée, il doit créer de toute urgence un nouveau lien avec elle, il ne peut vivre, continuer à exister qu'en relation avec ce corps de femme dont le rôle dans sa survie n'est pas terminé.

On parle souvent du deuil de la naissance, de la perte que l'enfant doit apprendre à accepter. Il y a une séparation, c'est vrai, et fondamentale, mais c'est d'un bout de l'enfant avec lui-même. Le changement irréversible, définitif et qui oblige l'enfant à modifier toute sa physiologie, c'est la rupture avec son placenta, ce bout de lui qui, pendant neuf mois, l'a mis en relation avec la femme qui le portait. L'œuf fécondé n'a pu survivre à la fin de la première semaine après la conception que parce qu'il s'est nidé, qu'il a « fait son nid » dans l'utérus de sa mère.

Et pour communiquer avec elle, pour créer les échanges indispensables à la construction de son organisme et à sa croissance, une partie de ses cellules s'est « spécialisée dans la relation », est devenue canal d'échange et limitation de son propre univers.

L'enfant n'est pas enfermé directement dans sa mère. Il est séparé d'elle par une double couche de membranes, les membranes amniotiques, tissu qu'il a créé à partir de ses cellules embryonnaires et qui s'est formé dès le dixième jour de sa vie intra-utérine. D'abord et avant tout, l'enfant non né habite « dans son œuf ». Et comme cet œuf n'a pas d'autonomie lui permettant de se construire pendant de longs mois, comme ses réserves nutritives sont limitées à quelques jours (les jours justement qui vont lui permettre de se nider dans la paroi muqueuse de l'utérus), l'œuf-enfant va tout mettre en œuvre pour communiquer avec le système sanguin maternel. En un point limité de sa surface, certaines cellules vont plonger dans le muscle utérin, chercher le réseau vasculaire de sa mère, le faire partiellement éclater en « lacs sanguins » pour élargir la zone d'échanges. Au même moment, et tout aussi important pour sa survie, l'embryon, préalablement à tout autre organe, a mis en chantier la fabrication du cœur primitif. L'échange actif entre le futur bébé et sa mère est son œuvre à lui : il a créé le lieu placento-utérin de communication sanguine, il s'est créé un cœur-pompe pour instituer une circulation de ces échanges.

De son côté, la mère ne joue qu'un rôle indirect. Sa participation matérielle essentielle se borne à augmenter sa masse sanguine. Une femme enceinte a de 30 à 40 % de sang en plus qu'avant sa grossesse. Elle améliore donc ainsi son « réseau routier » de communication. Pour elle, cela ne constitue pas un changement perceptible (sauf pour les femmes ayant une anomalie cardiaque antérieure car, bien sûr, cette masse sanguine supplémentaire augmente le travail cardiaque), mais, pour l'enfant, cette « augmentation du trafic » est du plus haut intérêt. Il va pouvoir pomper librement tous les nutriments dont il a besoin et rejeter ses déchets dans cet abondant système sanguin maternel. Pendant toute la grossesse, il va vivre de ce système.

La naissance constitue un changement de modèle relationnel. L'enfant peut acquérir une autre autonomie, tenter une expérience de vie différente. Jusque-là il se construisait lui-même en suivant les « plans détaillés » de son programme génétique. Il était peu soumis aux sollicitations extérieures, et le montage de ses schémas intérieurs dépendait (presque) entièrement de ce que ses chromosomes avaient prévu pour lui.

Il vivait dans l'ère de l'inné. **Avec la naissance vient l'ère de l'acquis,** de la richesse des connaissances. Il va pouvoir évoluer, se transformer, en fonction de son environnement, des relations qu'il va créer, entrer dans une culture, des traditions, accéder à la plus grande dimension de l'humain.

Mais encore lui faut-il naître, accepter de devenir fragile, quitter la sécurité. Naître, c'est quitter l'abri utérin et, donc, les échanges spontanés qui avaient été son fonctionnement depuis le premier mois de gestation ; c'est, dans le même temps, quitter ses membranes, son système placentaire et se condamner à mettre en place de toute urgence un autre type de survie.

• Il baignait doucement dans un système aquatique, il va découvrir la sécheresse et la pesanteur.

• Il doit d'emblée, dès la première minute, rechercher de l'oxygène pour assurer le bon fonctionnement de ses cellules et donc la vie de ses organes.

• Il découvre le froid et doit lutter pour se maintenir à la température habituelle des humains, celle qui, dans notre programmation génétique, permet le meilleur rendement de chacun de nos organes.

• Enfin, il va avoir à s'alimenter, à rechercher sans délais, car il n'a aucune réserve énergétique, les éléments nutritifs indispensables.

Ces mutations ne se font pas sans mal, sans réaction intense des premiers instants. Pour assurer sa propre survie, il met en jeu des moyens considérables. Même dans un environnement « idéal » où tous les adultes présents à la naissance se mettent au service du nouveau-né pour faciliter son adaptation, il a un gigantesque travail sur lui-même à fournir.

Malheureusement, et nous aurons l'occasion d'en parler, le rôle des adultes, aussi bien des parents que du personnel soignant des maternités, a été et est encore trop souvent un rôle négatif, empêchant l'enfant d'aller au bout de sa recherche et de ses besoins. Les risques sont réels et tout doit être mis en œuvre pour les réduire à leur plus bas niveau, mais pourquoi vouloir toujours intervenir dans les processus de la vie lorsque tout semble se dérouler normalement ? Par peur, par ignorance, par habitude ou par non-respect de ce qui se joue, il est facile d'entraver les premiers instants de l'enfant, de fausser ses réflexes fondamentaux de survie, de lui interdire de créer les liens indispensables à sa nouvelle organisation et, donc, en quelques secondes, de perturber ce qui lui permettrait de devenir un individu adapté à son univers, autonome et responsable de lui-même.

> **C'est un art très difficile d'être témoin de la naissance, de savoir intervenir si nécessaire, et seulement si cela est nécessaire, et le reste du temps de s'effacer respectueusement devant ces parents, cet enfant, qui se cherchent, se rejoignent, se découvrent, se modifient les uns les autres et l'un par l'autre, du seul fait de la naissance et de leur mutuelle découverte.**

Je vais, dans ce chapitre, tenter de décrire les modifications physiques de l'enfant qui naît, l'incroyable transformation physiologique à laquelle il se soumet, les compétences qu'il met en œuvre pour réaliser ce changement. Bien que tout soit intimement lié, et qu'il soit impossible de séparer l'étude de ces modifications physiques de celle des liens que crée l'enfant au même moment, je ne parlerai ici que des transformations de son corps et de son fonctionnement. J'aborderai l'aspect relationnel au quatrième chapitre.

L'adaptation à la vie aérienne et à la respiration

S'il est un moment d'intense émotion lorsque naît l'enfant, ce sont les secondes qui précèdent la première inspiration. Chacun retient son souffle, guette avec une très grande angoisse ce premier signe du désir de vivre, témoin crucial de toutes les transformations instantanées que subit l'enfant en arrivant à l'air libre. C'est dans le silence, que tous observent sans même le savoir, qu'apparaît le bruit de la première entrée d'air dans les poumons.

La première inspiration

Parfois l'enfant crie, respire dès que sa tête a franchi la vulve de sa mère, alors que le reste du corps est encore enserré dans les voies génitales. Beaucoup plus fréquemment, le premier mouvement respiratoire ne survient qu'au bout de quelques secondes ; parfois, près d'une minute s'écoule avant de percevoir les premiers gestes ventilatoires. Pendant ces longs instants, l'enfant reste calme, un peu bleuté, immobile, mais on voit clairement battre le cordon ombilical, qui indique que la vascularisation placentaire est efficace et que l'enfant continue à être irrigué par l'oxygène maternel. Petit à petit, on le voit rosir, se détendre, bouger doucement, ébaucher quelques mouvements thoraciques d'abord hésitants, puis plus puissants. En très peu de temps, s'installe une respiration régulière, efficace, parfaitement organisée.

Contrairement à ce que l'on croit, le début de la respiration aérienne n'est pas toujours synonyme de cri, ce premier cri dont parlent les poètes et les livres de physiologie. Le hurlement de l'enfant qui naît me paraît plus lié à une brutale détresse au moment de l'accouchement qu'à une nécessité vitale. Il hurlera d'autant plus que les mains qui l'attrapent le saisissent douloureusement ou maladroitement ; il criera d'autant plus longtemps qu'on l'aura séparé de sa mère et qu'il ne sait plus où il est.

S'il repose sur le ventre de sa mère, s'il reconnaît son odeur, s'il entend battre l'aorte maternelle comme il l'entendait *in utero*, quelques instants plus tôt, il ne pleure pas ou se calme très vite.

Les modifications de couleur cutanée

Elles ne se font pas non plus instantanément, ni en un temps. La couleur bleue du nouveau-né pendant les premières secondes n'est pas synonyme de cyanose, d'anoxie, c'est-à-dire de manque d'oxygène. C'est la couleur normale du fœtus pendant toute la vie intra-utérine, période où le taux d'oxygène dans le sang artériel circulant est normalement faible.

Le fœtus, en effet, vit « au ralenti », ses échanges énergétiques sont limités pour deux raisons physiologiques précises : il profite de la chaleur maternelle et n'a pas à lutter contre le froid, son tube digestif et ses poumons ne fonctionnent pas encore. Deux points qui, dès sa naissance, transformeront instantanément ses besoins énergétiques, donc sa consommation d'oxygène. Tant que le cordon ombilical bat encore, que la circulation sanguine reste sur son précédent circuit, il peut « prendre le temps de rosir » sans aucun risque pour lui. Petit à petit, le cœur fœtal inverse le sens du courant sanguin, branche la circulation pulmonaire, et le corps du bébé abondamment irrigué devient rose.

Je le répète, car c'est fondamental : dans une naissance normale, quand le bébé n'a pas souffert de l'accouchement, il n'y a pas d'urgence extrême à faire respirer l'enfant, pas de drame à le laisser légèrement bleu quelques secondes, et surtout aucune raison d'interrompre la circulation ombilicale. Le cœur de l'enfant va s'adapter en douceur à son nouveau fonctionnement.

La pénétration de l'air dans les poumons

Elle va être conditionnée par trois éléments fondamentaux et complémentaires : les mouvements de la cage thoracique, la libération des poumons et des voies aériennes du liquide qui les emplit pendant la vie fœtale, et le maintien d'une certaine quantité d'air dans les alvéoles pulmonaires, même en fin d'expiration. Je vais approfondir chacun de ces points.

Les mouvements de la cage thoracique

Ces mouvements, que l'on appelle plus médicalement la « mécanique ventilatoire », sont présents pendant la vie intra-utérine et on a pu très nettement les voir et même les filmer en échographie. Ils sont dépistables dès la 11e semaine de la grossesse, d'abord intermittents, puis de plus en plus fréquents, pour devenir continus à l'approche du terme. Animées par les muscles intercostaux, les côtes du fœtus se soulèvent à intervalles réguliers, au même rythme ou presque que la respiration d'après la naissance. À sa naissance, à terme, le bébé est déjà « entraîné » à ventiler, connaît les séquences alternatives d'inspiration et d'expiration, et peut sans fatigue musculaire d'adaptation (on dirait sans « courbatures ») établir un travail respiratoire efficace et permanent. Nous verrons également au chapitre 7 que cet entraînement respiratoire en fin de grossesse se produit pendant les phases de sommeil de rêve du bébé-fœtal.

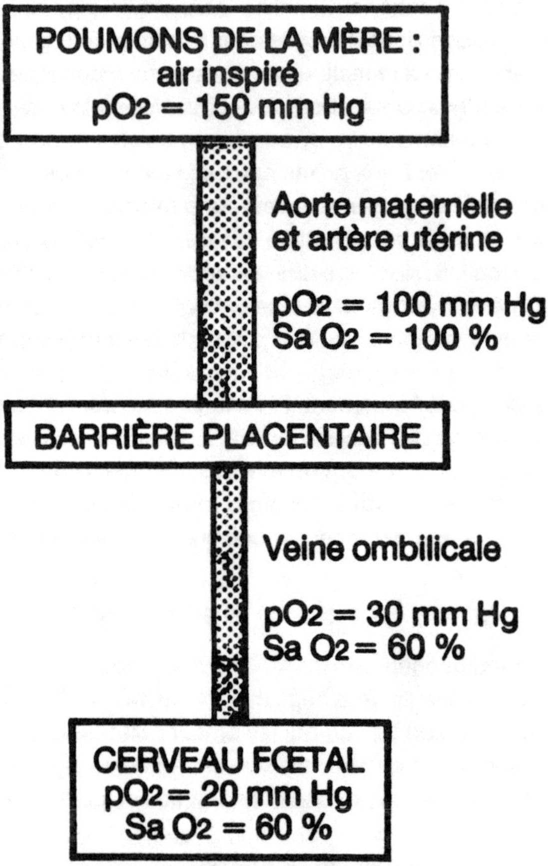

Évolution de l'oxygène transporté de la mère au fœtus

Ce que l'on sait également, c'est que ces mouvements respiratoires avant la naissance subissent des variations de rythme en fonction de la glycémie de la mère (c'est-à-dire du taux de sucre sanguin) : ils diminuent lorsque la mère a faim. Ils diminuent également en cas de tabagisme maternel, probablement par action toxique directe de la nicotine sur le cerveau du fœtus. Exactement de la même manière, l'hypoglycémie et les facteurs toxiques après la naissance peuvent entraîner des troubles du rythme respiratoire, des pauses prolongées que l'on appelle « apnées », parfois responsables de mort des tout-petits. Bien d'autres éléments vont intervenir sur le rythme respiratoire du nouveau-né, en particulier le froid, le sommeil. Nous y reviendrons.

Un dernier point essentiel à signaler : pendant la vie intra-utérine, les mouvements ventilatoires jouent un rôle dans la maturation du poumon fœtal. Il existe un lien direct, encore mal connu, mais certain, entre la mobilité de la cage thoracique et les modifications biochimiques pulmonaires indispensables à la ventilation aérienne.

Le nouveau-né doit dégager ses voies aériennes

Pour s'installer dans la vie extra-utérine, pour laisser l'air parvenir à ses poumons, le nouveau-né doit les débarrasser des liquides qui les emplissent pendant la vie utérine. Je dis bien « des » liquides, car deux mécanismes totalement différents, sur deux liquides différents, vont être mis en œuvre.

◇ La bouche de l'enfant, sa gorge, le haut de sa trachée, sont remplis de **liquide amniotique**, le même liquide dans lequel baigne l'enfant, et que les mouvements ventilatoires anté-nataux ont mobilisé. Lors du passage dans les voies génitales maternelles, le poumon du nouveau-né subit une pression intense, un véritable « essorage », qui fait jaillir le liquide amniotique. On voit très nettement le liquide sortir par le nez et la bouche de l'enfant à l'instant où la tête est déjà dehors, et qui est exactement l'instant où les poumons subissent dans le vagin maternel leur maximum de compression. Cette élimination mécanique est très efficace et le plus souvent les voies aériennes sont totalement libres pour la première inspiration. Parfois, il reste quelques gouttes de liquide amniotique, que l'enfant élimine en éternuant violemment au premier contact de ses narines avec l'air.

Ce n'est que dans les rares cas où la perméabilité des voies aériennes est nettement insuffisante, par persistance d'une anormale quantité de liquide qu'il faudra intervenir et aspirer les voies aériennes pour les dégager et permettre ainsi la première inspiration. C'est bien sûr le cas des enfants nés par césarienne qui ne peuvent bénéficier de cet essorage. Cela peut aussi arriver après une naissance normale.

Mais ce serait une erreur de généraliser, ou pire, de banaliser cette aspiration. Tous les réanimateurs le savent bien : le passage un peu brusque d'une sonde dans le carrefour aéro-digestif peut entraîner un arrêt cardiorespiratoire parfois difficile à réanimer. La décision du geste doit être réservée aux bébés qui en ont vraiment besoin, sur indication médicale (de la sage femme ou du médecin), et réalisée par eux avec une technique rigoureuse.

◇ Au moment de la naissance, le poumon de l'enfant est également rempli de liquide, **le liquide intra-pulmonaire**, qui n'a rien à voir avec le liquide amniotique précédemment décrit. Il s'agit d'un composé biochimique complexe, fabriqué tout au long de la grossesse par les cellules des alvéoles pulmonaires elles-mêmes et dont la composition évolue progressivement au long des semaines de gestation. Pendant la grossesse, il joue deux rôles : il sert à la détermination de la taille et de la configuration des unités pulmonaires (si ce liquide est absent ou en faible quantité, le tissu pulmonaire est hypoplasique, mal développé) et il entre dans la fabrication du liquide amniotique, pour près de 25 % de son volume. La sécrétion de ce liquide s'arrête, au début de l'accouchement, sous l'influence de facteurs hormonaux, probablement d'adrénaline sécrétée par la surrénale du fœtus. Au moment de la naissance, au moment où l'air pénètre dans les poumons, ce liquide traverse la paroi des alvéoles pulmonaires, rejoint les vaisseaux sanguins et se mélange au flux sanguin intra-pulmonaire. Cette arrivée massive et brutale de liquide dans les vaisseaux pulmonaires est l'un des facteurs de mise en route de la circulation sanguine pulmonaire.

Ce même liquide a une deuxième propriété fondamentale. Il renferme l'élément clef de la maturation pulmonaire : **le surfactant**, produit indispensable à la ventilation aérienne dès les premiers instants de la vie. C'est ce que nous allons analyser maintenant.

• Une certaine quantité d'air est maintenue dans les alvéoles pulmonaires, même en fin d'expiration. C'est un merveilleux système d'économie de travail musculaire dont le petit nouveau-né, comme plus tard l'enfant et l'adulte, doit bénéficier pour respirer régulièrement et sans effort.

La meilleure image pour illustrer ce phénomène est celle du ballon de baudruche. Pour le gonfler, pour distendre la première fois son tissu, il faut souffler dedans de façon puissante et prolongée. Si on le laisse se vider totalement, il faudra chaque fois un effort important pour l'amener au même état de distension que précédemment. Par contre, s'il reste aux trois quarts rempli, il suffira d'un effort modéré pour l'amener alternativement au gonflement maximum et à son état moins tendu.

Le processus est exactement le même dans les alvéoles pulmonaires. Totalement collées, on dit collabées, pendant la vie fœtale, elles vont subir une distension majeure lors de la première inspiration. Le volume d'air qui pénètre dans les poumons est alors très supérieur à celui qui sera ventilé ultérieurement.

• Au même moment, le liquide intra-pulmonaire traverse la membrane alvéolaire et, en la traversant, dépose sur la paroi un produit tensio-actif très puissant, le surfactant, dont on a parlé plus haut et qui va modifier l'élasticité de cette paroi et l'empêcher de reprendre son état initial. Les alvéoles vont garder un certain volume d'air en permanence, volume que l'on appelle « capacité résiduelle fonctionnelle ». Du coup, le volume d'air à mobiliser pour gonfler et dégonfler les alvéoles est beaucoup plus faible, d'où une formidable économie de la fonction respiratoire.

• L'autre propriété, tout aussi fondamentale, du surfactant est sa capacité d'« imperméabiliser » la paroi pulmonaire : il empêche le sang, et les liquides qui ont traversé cette paroi, de revenir en arrière. L'air passe librement de l'alvéole pulmonaire vers les vaisseaux, mais la circulation des liquides en sens inverse est définitivement interrompue.

Ce qui caractérise le surfactant, c'est son apparition tardive au cours de la gestation. Avant la 34e semaine, sa production est très faible. Son absence est responsable de ce que l'on appelle la maladie des membranes hyalines, détresse respiratoire dramatique des prématurés, liée aux deux éléments de l'immaturité pulmonaire : une lutte ventilatoire excessive qui épuise l'enfant et une transsudation liquidienne intra-alvéolaire dans laquelle il se noie… À partir de 34-35 semaines de grossesse, les cellules alvéolaires au niveau desquelles s'effectue cette biosynthèse arrivent à maturité, sous l'influence de facteurs hormonaux dépendants de l'hypophyse fœtale et, en particulier sous l'influence du cortisol. Ces cellules, nommées « pneumocytes de type II » se chargent d'inclusions lamellaires qui renferment le composé phospholipidique caractéristique du surfactant. Immédiatement à la naissance, des quantités massives de surfactant sont libérées dans les alvéoles pulmonaires, tandis que les cellules de type II se vident de leurs inclusions lamellaires. Le stimulus de cette libération est la pénétration d'air dans les poumons, donc la première inspiration. À partir de cet instant, le surfactant sera fabriqué en permanence pendant toute la durée de la vie. Celui répandu dans les alvéoles, mobilisé par les cils vibratiles, est régulièrement détruit par des cellules « de nettoyage », les macrophages, ou drainé dans le circuit d'épuration lymphatique. Mais il se renouvelle sans cesse, en quantité toujours suffisante. On ne connaît pas, au-delà de la période néonatale, de détresse respiratoire par déficit en surfactant. Sa production, son renouvellement continu sont donc bien l'un des grands équilibres biochimiques de la vie.

Tous ces éléments respiratoires de la première inspiration sont donc très complexes, parfaitement au point lors d'une naissance normale, à terme. Mais ils ne seraient rien, ne pourraient à eux seuls assurer la survie de l'enfant, sans leur corollaire direct et indispensable : les modifications simultanées du fonctionnement cardiaque.

Les transformations cardio-vasculaires de la naissance

Les premières secondes à l'air libre vont s'accompagner d'une profonde modification de la dynamique circulatoire de l'enfant, modification qui va porter sur tous les paramètres de la fonction cardio-vasculaire :

– changement du circuit anatomique, avec inversion de certains courants sanguins ;

– modification instantanée des débits intracardiaques ;

– modification de la pression sanguine générale et de la pression artérielle de certains organes ;

– enrichissement de la teneur sanguine en oxygène avec, là encore, des variations en fonction des différents organes.

Pour comprendre ces transformations, il faut partir de ce qui se passe pendant la vie fœtale.

Pendant la vie intra-utérine

Le sang en provenance du placenta arrive par la veine ombilicale. Shuntant le système hépatique, il emprunte le canal veineux d'Arantius, se jette directement dans la veine cave inférieure, d'où il rejoint l'oreillette droite. À ce niveau, le flux sanguin peut emprunter deux voies :

– 30 % du flux traverse le foramen ovale (ouverture dans la cloison entre les deux oreillettes), passe dans l'oreillette gauche, le ventricule gauche, l'aorte ascendante et va vasculariser de façon presque exclusive la région crânienne. La fraction de ce sang, richement oxygénée (70 % de saturation, c'est-à-dire la plus riche en oxygène de toute la circulation fœtale), est donc réservée au cerveau. Elle est d'ailleurs majorée en cas de baisse du débit ombilical, ou d'hypoxie (c'est-à-dire baisse du taux d'oxygène dans le sang), pour compenser instantanément les apports et donc protéger le cerveau du manque d'oxygène ;

– le reste du flux ombilical passe de l'oreillette droite au ventricule droit. Il se mélange au sang amené par la veine cave supérieure, sang du retour veineux fœtal peu oxygéné (40 % de saturation). Le mélange final relativement pauvre en oxygène (50 % environ) quitte le ventricule droit par le tronc de l'artère pulmonaire. Mais, pendant la vie fœtale, les deux artères pulmonaires droite et gauche ne sont pas fonctionnelles. Le sang est dirigé presque entièrement (93 %) à travers le canal artériel vers l'aorte descendante, donc vascularise le corps du bébé. De là il rejoindra le placenta par les deux artères ombilicales pour y être épuré et se recharger en oxygène.

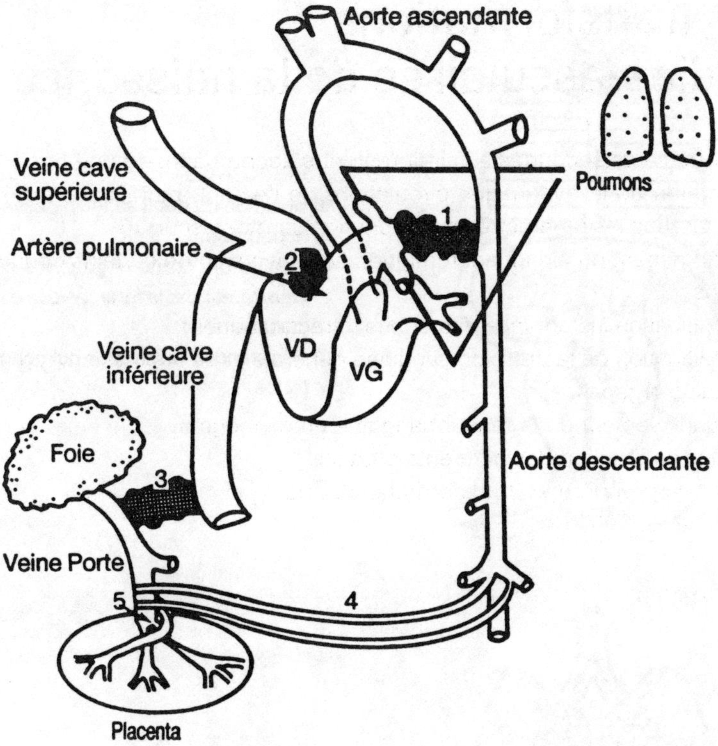

Circulation fœtale

Les caractéristiques de la période fœtale : 1. Canal artériel – 2. Foramen ovale – 3. Canal veineux d'Arantius – 4. Artères ombilicales – Veine ombilicale

Les modifications cardio-vasculaires de la naissance

Elles vont se situer à trois niveaux :

– **la disparition de la circulation ombilicale**, au moment de la ligature du cordon ;

– **la fermeture des trois systèmes intra-utérins de shunt** (lieux de passage), entre les cours droit et gauche, c'est-à-dire du canal veineux d'Arantius, du foramen ovale et du canal artériel ;

– **l'ouverture des artères pulmonaires** et leur perméabilisation brutale au flux sanguin, ce qui permet la mise en route de la circulation pulmonaire.

Ces trois changements interviennent au moment de la première inspiration et sont presque instantanés.

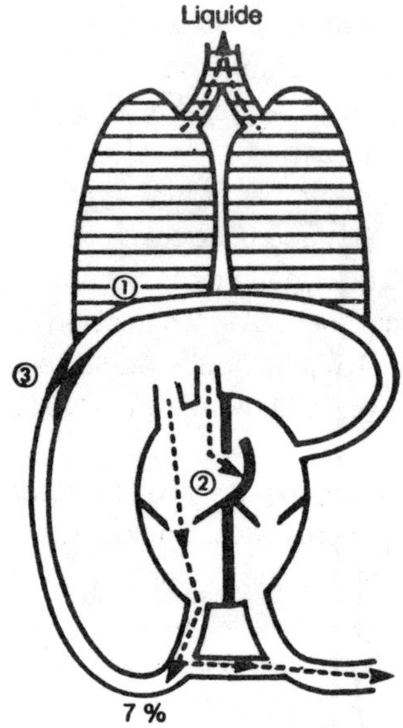

VIE FŒTALE

① Seul 7 % du débit sanguin passe par le poumon.

② Les cœurs droits et gauches communiquent par le foramen ovale et le canal artériel.

③ Résistances vasculaires pulmonaires fortes.

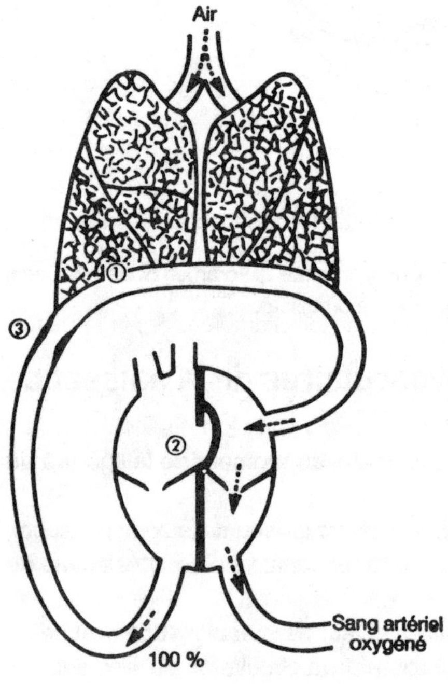

VIE AÉRIENNE

① Tout le sang de l'organisme passe par le poumon se recharger en oxygène.

② La communication entre les deux oreillettes est fermée.

③ Résistance vasculaire pulmonaire faible.

Mécanismes d'adaptation de la circulation pulmonaire à la vie aérienne

• L'ouverture des artères pulmonaires, et donc de la circulation pulmonaire, rend les poumons fonctionnels. Ils remplacent instantanément le placenta comme zone d'échange aérien pour l'oxygène et le gaz carbonique, ils deviennent ce que l'on appelle le lieu de l'« hématose ».

• L'ouverture des artères est liée à un phénomène actif, une baisse des résistances vasculaires pulmonaires, dont le facteur déclenchant est l'augmentation brutale de la pression partielle d'oxygène dans les artérioles pulmonaires au moment où les alvéoles se remplissent d'air. La mise en route de cette circulation est favorisée – nous l'avons vu plus haut – par le volume important de liquide intra pulmonaire qui a traversé la membrane alvéolaire pulmonaire et qui remplit les vaisseaux.

• La fermeture du foramen ovale se fait, elle, de façon passive au moment où les gradients de pression s'inversent entre les deux oreillettes. On peut imaginer le foramen ovale comme un passage anti-reflux, avec une valve ne fonctionnant que dans un sens : droite-gauche. Au moment de la naissance, la pression augmente dans l'oreillette gauche et diminue dans l'oreillette droite, inversant le sens du courant sanguin et fermant la valve membraneuse qui séparait les deux oreillettes. Ces variations de pression sont dues à deux facteurs :

– l'apparition d'un débit veineux pulmonaire : le sang oxygéné arrive pour la première fois du circuit pulmonaire et remplit directement l'oreillette gauche ;

– l'exclusion de la circulation ombilico-placentaire entraîne une baisse du débit sanguin systémique, par réduction de moitié du débit aortique. En effet, l'énorme débit sanguin placentaire ne se distribue plus totalement dans la circulation générale. L'aorte ne reçoit plus que le volume sanguin éjecté par le ventricule gauche, ce qui diminue de moitié le débit qu'elle avait avec le shunt du canal artériel. Du coup, le retour veineux dans l'oreillette droite baisse, et donc la pression sanguine de cette oreillette diminue.

• La fermeture du canal veineux d'Arantius se fait d'emblée, dès la fermeture des vaisseaux ombilicaux. Il reste virtuellement perméable pendant cinq ou six jours après la naissance, ce qui peut permettre le passage d'un cathéter ombilical en cas de réanimation. Ensuite il se ferme définitivement, par dégénérescence fibreuse. Ce processus de fermeture semble infaillible ; on ne connaît pas de malformation où ce canal persisterait.

• La fermeture du canal artériel s'opère également en deux temps : dès les premières heures de vie aérienne, il subit une vasoconstriction active, réversible par action directe de l'oxygène sur ses parois et sous l'influence de facteurs biochimiques encore peu connus : baisse du taux des prostaglandines, action de substances vaso-motrices… L'oblitération définitive anatomique se fait ensuite en quelques semaines par comblement fibreux. Mais, contrairement à son homologue veineux, sa fermeture peut être retardée, voire entravée dans un certain nombre de circonstances pathologiques de la naissance, entraînant par la suite des troubles cardiaques plus ou moins sévères.

Tous ces processus immédiats d'adaptation à la vie aérienne sont, chez l'enfant à terme et qui n'a pas souffert de l'accouchement, d'une grande précision et d'une remarquable rapidité. En moins de cinq minutes, l'enfant respire calmement. Il est tout rose, sauf parfois au niveau des extrémités, mains et pieds, encore légèrement mal vascularisées.

Le score d'Apgar

Pour juger de façon claire et reproductible de cette adaptation, les médecins ont mis en place un « test de niveau », une façon de mesurer différents paramètres de son adaptation aérienne et de son bon état neurologique. C'est ce que l'on appelle le score d'Apgar. Il s'agit de mesurer, à la première, cinquième et dixième minutes de vie, cinq éléments de son état physiologique :

- la couleur
- le tonus général
- la réactivité spontanée et aux stimulations
- la qualité de la respiration
- l'état des battements cardiaques.

Chacun de ces éléments est coté de 0 à 2 : 0 si l'élément analysé est absent, 1 s'il est faiblement retrouvé, 2 s'il est normalement perçu.

Signes	0	1	2
Battements cardiaques	Absents	Lents < 100 / min	Normaux > 100 / min
Mouvements respiratoires	Absents	Cri faible hypoventilation	Bon cri vigoureux
Tonus musculaire	Hypotomie	Léger tonus en flexion des membres	Bon tonus en flexion mouvements actifs
Réponse réflexe au cathéter dans le nez	Pas de réponse	Grimace ou mouvement	Toux ou éternuement
Couleur	Cyanose, pâleur	Rose mais extrémités cyanosées	Tout à fait rose

Donc un nouveau-né qui va bien a un score d'Apgar à 9 ou 10 à la première minute, puis 10 ensuite. S'il est en dessous de 7 à la première minute, il faut mettre en route une réanimation pour l'aider à s'adapter... Tel n'est pas le sujet de ce livre.

Le dernier point que je voudrais signaler avant de conclure ce chapitre sur l'adaptation cardio-respiratoire, c'est **la nécessité absolue de ne pas intervenir lorsque tout se passe bien.** Ces processus spontanés de la naissance sont aussi fragiles que précis. On connaît les arrêts cardiaques provoqués par le passage trop précoce d'un sonde d'aspiration dans l'œsophage du bébé, bébé qui jusque-là allait très bien. Aucun geste n'est anodin, certains peuvent devenir gravement traumatisants et conduire à des réanimations dramatiques qui auraient été évitables.

Savoir conduire une réanimation quand elle est nécessaire, mais savoir aussi regarder sans bouger un tout-petit qui s'éveille au monde aérien, c'est tout l'art des sages-femmes, des médecins obstétriciens et pédiatres appelés à accompagner la naissance.

La régulation de la température

C'est un problème complexe, et encore très peu connu, que celui de la régulation thermique au moment de la naissance. La recherche fondamentale sur cette question est peu avancée. On ne sait pas encore dans quelle mesure les données de l'expérimentation animale, ou les recherches sur les pathologies du tissu adipeux brun dans certaines obésités d'adultes, peuvent être appliquées au petit humain à la naissance. Mais ce que l'on entrevoit risque de remettre en cause une partie de nos comportements traditionnels. Que peut-on dire, aujourd'hui, sur ce sujet ?

Le maintien de la température corporelle

C'est une des fonctions essentielles des organismes humains comme de bien d'autres mammifères. L'homme est un homéotherme et son organisme, ses principaux organes ne peuvent avoir une activité normale qu'à température constante. La régulation de cet équilibre est assurée par un « thermostat central », situé au niveau de l'hypothalamus, qui réagit en fonction d'un certain nombre de données : température de la peau et du sang, messages corticaux. Cette régulation est extrêmement précise puisqu'elle porte sur un degré en plus ou en moins du 37° moyen. Au-delà de ces chiffres, l'organisme est en état de fonctionnement pathologique.

L'organisme du tout-petit n'a pas de « marge de manœuvre »

Son fonctionnement normal nécessite impérativement une température stable aux environs de 37°. Bien plus, on sait que cette normo-thermie est une condition nécessaire à la transformation cardio-respiratoire que nous avons décrite. S'il se refroidit, le nouveau-né présente des troubles de l'adaptation. Il est obligé d'accélérer son rythme respiratoire pour tenter d'augmenter ses combustions énergétiques. Les transformations de ses circuits cardiaques sont retardées, retard pouvant aggraver ses difficultés respiratoires. L'urgence de se réchauffer consomme en quelques instants toute son énergie disponible, et l'on voit des hypoglycémies ou des acidoses sévères, avec parfois des signes de souffrance cérébrale chez des nouveau-nés, uniquement parce qu'ils ont froid.

Quels sont les chiffres normaux à la naissance ?

Juste au moment de la naissance, la température du tout-petit est la même que celle de sa mère : le plus souvent normale à 37°, parfois un peu élevée aux environ de 37,8° du fait du travail de l'accouchement et des contractions musculaires. Chez l'enfant, elle baisse ensuite doucement en une heure environ et oscille entre 36°3 et 37°5. Il existe, au-delà, une période transitoire de deux jours environ où la température reste un peu instable, où l'enfant peut nécessiter des moments de réchauffement. Au-delà du troisième jour, chez l'enfant à terme, il est pratiquement inutile de surveiller la température. L'équilibre est atteint.

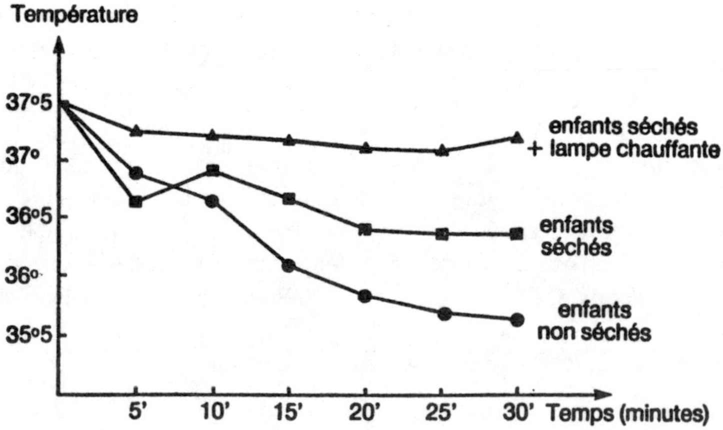

Évolution de la température des nouveau-nés selon le type des premiers soins

Il est indiscutable que le moment de la naissance représente un choc thermique important : l'enfant avait toujours vécu dans une atmosphère à 37°. Il bascule d'un coup, et tout mouillé, dans une ambiance plutôt fraîche, autour de 20° à 25°. Le premier geste dans les salles d'accouchement est alors de le placer sous une lampe chauffante pour éviter un trop rapide refroidissement. Par contre, on oublie beaucoup trop souvent le geste bien plus urgent et simple de le sécher. Pourquoi est-ce ce geste spontané que l'on fait à la piscine, avec un enfant de 3 ans qui sort de l'eau, que l'on oublie pour un nouveau-né dont on connaît la faible résistance au froid ? C'est là une des énigmes de notre actuelle technicité.

Comment un nouveau-né se refroidit-il ?

Le bébé qui sort de sa bulle amniotique n'avait jamais eu à se préoccuper du froid. Il vivait dans une bouillotte liquidienne à 37° et son « thermostat central » était « débranché », non encore fonctionnel. Pendant un à deux jours, si la chaleur centrale du corps baisse, il ne peut guère la remonter et, s'il le fait, c'est au prix d'une consommation rapide de ses réserves énergétiques, donc au risque de se mettre en hypoglycémie.

Or à la naissance, il arrive dans un univers radicalement différent : non seulement il fait brutalement plus froid de 10 à 15°, mais de, plus, l'eau a disparu et la peau est en contact avec de l'air, ce qui augmente considérablement tous les échanges : thermiques et hydriques. La perte de chaleur va se situer à ces deux niveaux : échanges thermiques aériens directs et perte d'eau « réchauffée » à 37°.

Deux organes entraînent principalement ces pertes :

◇ **La peau** est une large surface exposée brutalement au froid et au sec. Chez le nouveau né, elle est très fine, perméable, et ce d'autant plus que le bébé naît avant terme. À l'instant de la naissance, plus elle sera exposée à l'air (en temps et en surface), même quelques brèves minutes, plus la température descendra vite... et sera difficile à récupérer. Le temps nécessaire aux premiers soins et à l'habillage s'accompagne souvent d'une perte de 1° à 1,5°, ce qui suffit pour mettre le bébé en déséquilibre grave, même si ces gestes sont faits sous rampe chauffante. En effet la rampe chauffe, mais elle sèche. Plus l'air est sec, plus la perte d'eau est importante, donc plus la perte de chaleur est à craindre.

◇ **La respiration** est l'autre cause de perte de chaleur et d'eau. Cette perte représente chez l'adulte plus de 1 litre d'eau par 24 h. L'air qui entre froid et plus ou moins sec dans les narines ressort chaud et humide (c'est la buée sur un miroir si quelqu'un souffle dessus). Le nouveau né qui met en route sa respiration installe ce type d'échanges et perd ainsi beaucoup d'eau et de chaleur. Là encore, d'autant plus que l'air inspiré est plus sec et plus froid.

Ce qu'il faut bien comprendre, c'est que cette perte d'eau existera de toutes façons. Le corps du bébé fœtal, véritable éponge, contient 75 % d'eau. Huit jours après la naissance, en devenant un humain aérien, il ne contient plus que 65 %, ce qui est proche du chiffre de l'adulte. Cette perte d'eau se traduit sur la courbe de poids par une descente nette de près de 100 g/j qui cache la prise de poids journalière de 30 g de construction du corps. Répétons-le, car c'est essentiel : **le bébé ne maigrit pas, il « sèche »**, et en séchant il risque de se refroidir.

Il y a deux périodes différentes

- Les premières minutes et heures après la naissance où tout doit être fait pour **éviter la perte d'eau et de chaleur** puisque le bébé ne se régule pas encore lui-même.
- La période d'équilibre, au-delà de 48 heures environ, où il est capable de maintenir une température stable en fabriquant de la chaleur même s'il est déshabillé ou mouillé.

Pendant les deux premiers jours

Le bébé a besoin de temps pour faire la transition avec son milieu utérin, sans risquer de se refroidir.

La meilleure solution – oubliée dans nos maternités trop techniques –, c'est de le poser sur le ventre de sa mère, de bien le sécher et de le couvrir avec une couverture chaude. Sans prendre le temps de l'habiller, en couvrant même sa tête (la surface du crâne représente chez le nouveau-né près de 30 % de la surface corporelle totale). La peau de la mère est un espace humide, juste à la bonne température, la peau du bébé est couverte. Dans le petit nid ainsi créé, l'air est chaud et humide. Le bébé pleure rarement, donc économise son eau respiratoire. La température corporelle reste optimale. Habiller le bébé après deux ou trois heures, alors qu'il a déjà commencé à s'adapter ne pose plus aucun problème.

Il est impossible de faire aussi bien avec une couveuse. Elle sont souvent un peu trop froides (34° et non 37°), l'air est sec (les couveuses de maternités ne sont pas humidifiées pour des raisons bactériologiques). Les bébés sont nus, une large surface de leur peau est en contact avec un important volume d'air... Toutes les conditions de pertes augmentées sont réunies.

La rampe chauffante, nous l'avons vu, est encore moins bien. Elle ne chauffe que par-dessus, la température au niveau de la peau du bébé est souvent basse, l'air est très sec, et le volume d'air en contact avec la peau est celui de la pièce. Les échanges, donc les pertes sont maximum.

Le bain dans les premières heures est un bon moyen d'économiser l'eau, car la perte par la peau est très faible. Par contre, selon la température de l'eau, le bébé pourra être en équilibre (eau à 37°), se réchauffer (eau > 38°) ou se refroidir. Il convient d'y veiller.

Le pire, bien sûr, c'est un bébé nu, dans l'atmosphère sèche et froide d'une pièce avec tout le volume d'air autour de lui. Il serait très utile de repenser les habitudes traditionnelles des services, en particulier celles des « grandes toilettes » au retour dans la chambre ou le premier matin. Les malaises graves par refroidissement y sont fréquents. Certaines maternités d'Europe (en Allemagne notamment) préconisent maintenant le simple massage à l'huile des bébés pendant la première semaine, sans les baigner, pour moins décaper la peau et la rendre plus imperméable. C'est une bonne idée.

Après les premières heures le bébé peut fabriquer lui même de la chaleur

Schématiquement, il existe chez l'adulte deux moyens de faire de la chaleur : « brûler du carburant » ou effectuer un travail qui produit de la chaleur.

Le travail musculaire

Chez l'adulte, le travail musculaire producteur de chaleur peut se concevoir de deux manières : soit courir, remuer, effectuer des mouvements puissants... soit frissonner. Le frisson est un excellent moyen de produire de l'énergie calorique. Les nouveau-nés ne disposent d'aucun des deux. C'est une découverte récente, les tout-petits, à plus forte raison les prématurés, ne frissonnent pas.

La thermogénèse chimique

La combustion de carburant, ou thermogenèse chimique, est donc la seule possible. Or que peuvent-ils brûler : des sucres ? le bébé n'a pas assez de réserve. Des graisses ? là encore, les graisses du tissu sous-cutané sont très faibles et leur utilisation pendant les premiers jours peut facilement être entravée.

Il existe en fait un tissu spécial, que l'on retrouve dans l'étude de la thermogenèse de tous les mammifères, c'est le « tissu adipeux brun », une graisse différente que nous fabriquons uniquement pour résister au froid.

• **Le tissu adipeux brun** a pour caractéristique de ne servir qu'à produire de la chaleur, c'est une véritable « citerne de carburant ». Tous les autres tissus cherchent à conserver l'énergie, à la recycler par le biais de l'ATP (adénosine triphosphate) pour la réutiliser au niveau même de la cellule. Le tissu adipeux brun, au contraire, produit vers l'extérieur toute l'énergie qu'il fournit. Cette particularité est due au fonctionnement inhabituel des mitochondries et à des processus chimiques de découplage avec l'ATP.

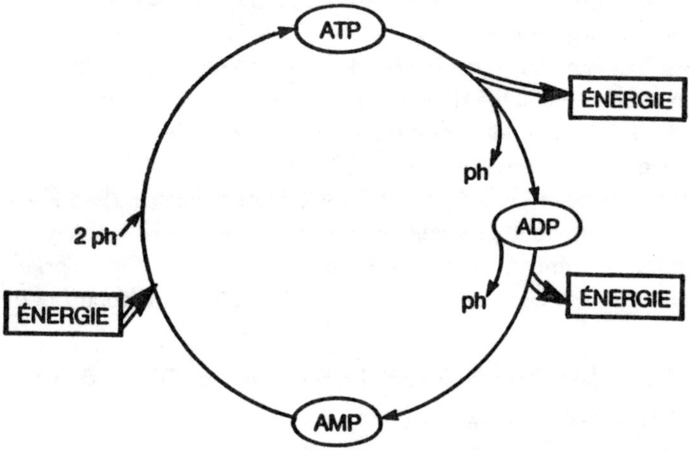

Cycle énergétique de l'ATP

Essayons d'abord de définir l'ATP. C'est une sorte de « grenier alternatif à énergie », un système biochimique qui, dans toutes les cellules de l'organisme, emmagasine ou relâche de l'énergie selon les besoins des cellules et, en particulier, des besoins des organites actifs pour la fabrication des protéines que sont les mitochondries.

L'ATP ou adénosine triphosphate peut, si nécessaire, se transformer en ADP ou adénosine diphosphate, puis en AMP (adénosine monophosphate), libérant, à chacune de ces réactions, des phosphates et de l'énergie. Quand la cellule est en moindre activité, l'AMP récupère des phosphates libres et de l'énergie pour se préparer à de nouvelles activités. Il redevient de l'ATP. On a donc là un remarquable « volant chimique d'énergie ».

Dans le tissu adipeux brun, ce qui se passe est schématiquement à sens unique. L'activité cellulaire consomme de l'ATP, mais l'énergie n'est pas recyclée par le même mécanisme. Elle se transforme en chaleur qui se distribue à l'ensemble de l'organisme, participant ainsi au réchauffement global de l'individu.

La principale activité cellulaire du tissu adipeux brun est celle d'une chaudière à graisses. Les cellules de ce tissu sont gonflées de gouttelettes de triglycérides, donc de graisse, qui est le substrat de la combustion. On pense d'ailleurs que certaines anomalies de fonctionnement de ce tissu pourraient être à l'origine chez l'adulte de certaines obésités majeures, les cellules stockeraient les graisses, mais ne possèderaient pas le système enzymatique pour les brûler… Encore une passionnante énigme pour la médecine de demain.

L'activité des mitochondries du tissu brun, le démarrage des combustions sont sous la dépendance du système nerveux sympathique. Si l'individu a froid, c'est par voie nerveuse, nor-adrélino-dépendante, que se fera la commande de mise en marche.

Ce tissu peut représenter 0,5 à 5 % du poids du corps et a la propriété d'augmenter jusqu'à 5 fois son poids en cas de nécessité. Il est situé surtout dans les régions du cou, des épaules, du thorax, ainsi qu'autour de l'aorte et des reins. Il est, semble-t-il, branché sur un circuit sanguin « exceptionnel » qui alimente, donc réchauffe, en priorité les organes nobles : le cerveau, le foie, les reins. C'est là encore un merveilleux moyen de protéger du froid les régions les plus importantes, en cas de relative pénurie…

Enfin, ce tissu adipeux brun est extrêmement abondant chez les mammifères qui hibernent. Il est le mode de régulation thermique, très économique, des longs mois d'hiver où l'organisme ne lutte plus, ne bouge plus. C'est lui qui empêche ces animaux de mourir de froid pendant leur long sommeil. Ils brûlent leurs réserves de graisse au ralenti, en dormant, et survivent ainsi aux grands froids d'hiver où, éveillés, ils n'auraient pu trouver de nourriture sous la neige et la glace…

L'expérimentation animale nous apprend des choses surprenantes :
- si l'on expose au froid un souriceau nouveau-né normal, il met en route instantanément son système de régulation thermique par la graisse brune et devient très peu sensible au froid… Il peut donc survivre sans problème dans son environnement ;
- si, par contre, on garde soigneusement au chaud pendant 48 heures un autre souriceau également normal, et qu'on l'expose au froid au bout de ce délai, il meurt de froid. Il ne peut pas mettre en route sa thermogenèse chimique. Tout se passe comme si c'était « trop tard », comme si on avait manqué la période sensible ;
- si l'on empêche des souriceaux d'acquérir un poids normal, par exemple en clampant l'artère utérine pendant la gestation, ce qui limite les apports nutritifs et empêche une croissance normale, les petits – très maigres à la naissance – sont incapables de lutter contre le froid et meurent très rapidement.

Que savons-nous de ce qui se passe chez le nouveau-né humain

• Ce que l'on sait de façon certaine et qui est démontré scientifiquement, c'est que les prématurés et les enfants de trop petit poids pour leur âge gestationnel n'ont pas de tissu adipeux brun. Leur thermorégulation est extrêmement fragile, instable, et si des soins attentifs, évitant tout refroidissement, ne leur sont pas prodigués, ils sont en danger de mort.

• Il est établi que le nouveau-né humain à terme et le jeune enfant possèdent du tissu adipeux brun fonctionnel, contenant la protéine découplante, donc le mécanisme chimique de fabrication de chaleur, mais :

– quelle est l'importance du choc thermique des premières minutes de vie dans la mise en route des mécanismes de thermorégulation ? Est-il bon de protéger l'enfant du froid par tous les moyens, pour éviter une détresse secondaire ? Ou l'existence même de ce choc inévitable joue-t-elle un rôle favorable dans la mise en route de la thermorégulation ?

– existe-t-il une « période sensible » de mise en route de la thermogenèse liée au tissu adipeux brun et, si oui, laquelle ? La période instable de 48 heures des nouveau-nés humains a-t-elle cette signification ?

– la thermogenèse peut-elle être suffisante ?

– nos habitudes de vêtir les nouveau-nés sont-elles excessives et ne risque-t-on pas d'empêcher un mécanisme spontané de régulation ? Ne fabrique-t-on pas de toutes pièces des « générations de frileux » ?

La recherche de nourriture

S'il est un domaine dans lequel les humains n'ont rien compris aux compétences de leurs petits, c'est bien celui de l'alimentation pendant les premières heures, les premiers jours de vie. Regardez donc naître des petits mammifères, des chatons, des chiots, des petits veaux, des poulains... Regardez ce qui se passe entre les petits et leurs mères et vous comprendrez mieux tout ce que nos cultures ont tragiquement oublié et saccagé. À mon avis, les humains ont cherché à se compliquer la vie.

Tous les réflexes fondamentaux de l'enfant ont été déformés de façon caricaturale. Ses besoins vitaux immédiats ont été négligés, ses appels n'ont pas été entendus. Plus grave encore, comme, spontanément, c'est dans la relation avec sa mère qu'il trouve sa nourriture, c'est toute leur mutuelle découverte, leur besoin l'un de l'autre, qui ont été bousculés.

Ne me faites pas dire ce que je ne dis pas : l'allaitement au sein n'est pas une nécessité biologique absolue, et je ne cherche pas à culpabiliser les mères qui n'ont pas voulu ou pas pu allaiter leur bébé. Je crois absolument que, dans ce domaine, comme dans tout ce qui touche profondément à la vie, seul le désir peut guider les choix, et que tout militantisme, pour ou contre l'allaitement maternel, est parfaitement ridicule.

Ce que je vais, par contre, essayer d'expliquer ici, c'est la dépendance du nouveau-né au moment de sa naissance, son besoin immédiat de nourriture et ce qu'il sait faire pour y parvenir. Dans ce cadre, c'est vrai que la reconnaissance de sa mère est un élément essentiel de sa recherche, donc objectivement de sa survie.

Au clampage du cordon, l'apport d'énergie par la mère cesse d'un coup

C'est la première chose à comprendre. Pendant toute la grossesse, il a été nourri « en continu » par l'intermédiaire du placenta et du cordon ombilical qui lui ont apporté en permanence tous les éléments énergétiques nécessaires au bon fonctionnement de ses cellules et à sa croissance. Il a bénéficié pendant de longs mois de l'équilibre glycémique de sa mère, c'est-à-dire de sa capacité à maintenir un taux de sucre sanguin constant, malgré une alimentation intermittente. Les apports nutritifs étaient réguliers, permanents et toujours suffisants (sauf dans les cas de pathologie placentaire ou de malnutrition maternelle dramatique, mais là n'est pas le propos de ce livre).

À la ligature du cordon, l'enfant est confronté à une situation nouvelle, totalement imprévue, de cessation brutale des apports. L'arrivée de tout élément nutritif est brutalement et définitivement interrompue par la ligature du cordon ombilical. Et cela, juste au moment où ses besoins énergétiques décuplent :

– d'abord, parce qu'il a froid et qu'il utilise une énorme énergie pour se réchauffer et tenter de maintenir sa température. Alors qu'il bénéficiait passivement de la douce température maternelle, il est obligé de trouver les moyens caloriques de sa survie. Nous avons vu que cela lui demande, dès sa naissance, beaucoup d'énergie ;

– et à cause de la mise en route de la respiration, cet énorme travail musculaire dont il n'avait pas vraiment l'habitude. On sait que la moindre lutte respiratoire à la naissance, même très transitoire, peut entraîner chez le nouveau-né une hypoglycémie sévère. Et même dans les cas les plus simples où la respiration s'installe de façon très paisible, cette activité musculaire incessante et l'équilibre des échanges gazeux dans ses poumons vont demander un apport énergétique intense.

La meilleure preuve de la multiplication de ces besoins est le changement radical de son organisme par rapport à ses besoins en oxygène. L'oxygène, au niveau de chaque cellule, sert à la combustion des apports énergétiques. Une cellule non oxygénée meurt, et les tissus consomment d'autant plus d'oxygène qu'ils ont une activité « métabolique » (on pourrait dire fonctionnement biochimique) intense. Or, pendant la vie intra-utérine, nous l'avons vu, le fœtus se contentait de sang peu oxygéné (il était un peu bleu) parce qu'il vivait « au ralenti », en système « d'économie d'énergie ». Dès la naissance, les transformations cardiaques et pulmonaires que nous avons décrites ont pour but premier de lui donner les moyens d'une activité métabolique intense, les moyens de son activité respiratoire, digestive et de sa thermogenèse. Il doit, pour y faire face, saturer son sang en oxygène… et il devient tout rose !

Quels sont nos mécanismes de réserve énergétique ?

Le grand enfant et l'adulte se constituent en permanence des réserves, sous forme de glycogène dans le foie et les muscles et sous forme de tissu graisseux, dans lesquels l'organisme puise son énergie dans les périodes qui séparent les prises alimentaires. C'est ce mécanisme qui permet les rythmes que nous connaissons : faim, satiété, intervalles libres entre les repas.

Le glycogène est une très longue chaîne composée de milliers de molécules de glucose attachées les unes aux autres par des petits « nœuds » d'énergie. C'est une molécule en perpétuel changement. Si l'apport sanguin de glucose monte – après les repas, par exemple –, la chaîne s'allonge et stocke des molécules de sucre. Quand la glycémie baisse, ces molécules sont immédiatement relâchées, sans intervention d'aucune régulation hormonale. Le sucre sanguin reste donc globalement constant. Seules les situations qui « dépassent » ce mécanisme, par apport ou déficit brutal de glucose, mettront en jeu un système hormonal de régulation : insuline en cas d'excès, glucagon en cas de manque pour accélérer ces mécanismes.

Une autre donnée à bien comprendre, c'est que les aliments digérés dans l'intestin et qui passent dans le sang ne rejoignent pas d'emblée la grande circulation, donc la totalité du corps. Tout le sang des veines mésentériques en provenance de l'estomac et de l'intestin est amené au foie. Celui-ci se sert en premier, remplit son stock de glycogène, puis « sert » le tissu adipeux brun qui lui aussi remplit son stock. **Notre sécurité pour les heures et les jours à venir est assurée.** Seuls les éléments de la digestion non captés par le foie et la graisse brune vont circuler dans le corps apportant aux cellules de tous nos organes énergie et moyens de construction. S'ils sont trop abondants pour un usage immédiat, ils iront renforcer les « stocks-silos », (je dis parfois les oubliettes !), ceux des graisses sous-cutanées ou profondes d'où il sera beaucoup plus difficile d'aller les retirer...

Il est donc évident que nous, adultes, ne manquons jamais de réserves, que nos stocks sont toujours pleins et que nous n'avons jamais d'hypoglycémies (sauf bien sûr les personnes ayant un dérèglement de l'insuline, mais là c'est un autre problème).

Il est clair également, quand on comprend ce processus, qu'une alimentation équilibrée devrait se multiplier au long de la journée. Des apports réguliers modérés favorisent l'équilibre glycémique sans remplir les « silos ». Alors que de très gros repas espacés surtout s'ils sont très riches en sucres et en graisses favorisent directement l'obésité.

Dernier point : qu'est ce que **la faim**, cette sensation qui, plusieurs fois par jour, nous rappelle à l'ordre pour nous faire manger ? Vous avez bien compris qu'elle ne nous indique pas l'état des stocks. Nos repas interviennent toujours bien avant qu'ils ne soient sérieusement entamés. Nous mangeons « pour ne pas vider nos stocks ». Or les signaux de faim n'en sont pas moins impérieux, sinon pénibles... ce qui pourrait nous faire croire trois fois par jour que la famine nous guette. Il n'en est rien. La faim n'est qu'un signal de notre cerveau pour nous suggérer de faire comme d'habitude, à la même heure et pour chercher les mêmes quantités, à peu près dans le même ordre... **La faim est un signal d'horaire et de rythme, pas un signal de manque.**

Les bébés ont-ils des réserves ?

Pendant la vie intra-utérine, le bébé ne se préoccupait guère de réserves puisque les apports étaient constants. Il n'avait pas eu à stocker pour les moments difficiles... Pendant près de huit mois, toute l'énergie disponible servait au fonctionnement de son organisme et à sa croissance. Il était bien plus urgent pour lui de grossir, grandir et arriver à terme avec un poids correct. Ce n'est qu'au cours du dernier mois de grossesse que le foie prépare un stock de glycogène pour attendre sans risque, à la naissance, les premiers repas.

La sécurité des bébés à la naissance dépend de trois paramètres

◇ **Que le stock de glycogène soit abondant**, donc que le bébé soit très près du terme et que les apports nutritionnels par le placenta aient été optimum.

Tout retard de croissance *in utero* traduisant une mauvaise vascularisation ombilico-placentaire peut laisser présager un déficit glycogénique et le bébé sera activement surveillé. Il est clair également que la multiplication actuelle des déclenchements de l'accouchement autour de 38 semaines ne peut qu'être préjudiciable à la constitution des réserves de glycogène.

◇ **Qu'il n'y ait pas de consommation anormalement rapide de ce stock.** Plusieurs causes plus ou moins sévères peuvent entraîner une telle consommation. D'abord, tous les troubles insuliniques maternels que l'on rencontre dans le diabète, les très grandes obésités et au cours de certains traitements médicamenteux. Ce sont des causes bien connues et très bien surveillées. Mais il y a aussi des causes plus banales à ne pas négliger :

– la première de toutes, le froid après la naissance ;

– la diminution des apports placentaires des derniers jours dans les dépassements de terme ;

– la souffrance du bébé, avant, pendant ou après l'accouchement ;

– un travail musculaire trop important : agitation, pleurs, respiration accélérée, détresse respiratoire…

– et, nous l'avons vu, les pertes d'eau trop rapides puisque l'eau perdue emporte de la chaleur, donc de l'énergie, que le foie devra compenser à partir de son glycogène.

Il est donc clair que naître à terme, après une grossesse normale, rester tranquille sur le ventre chaud et humide de sa mère, ne pas pleurer, sont les meilleurs moyens de la sécurité. Il ne restera plus au bébé qu'à se nourrir, ce qu'il ne saurait tarder à faire s'il est « sur place » et qu'on le laisse faire.

◇ **Que les premiers repas soient précoces et nombreux.** Dès la fermeture de la circulation ombilicale, le taux de sucre sanguin baisse rapidement. Le foie n'a pas l'habitude de répondre à une baisse brutale qu'il ne connaissait pas et va mettre un peu de temps pour réagir. Heureusement pour le bébé, deux facteurs essentiels vont le tirer de ce mauvais pas :

– il existe une « préadaptation » merveilleuse et les seins de la mère vont prendre le relais du placenta nourricier ;

– le nouveau né sait téter et va partir de lui-même à la recherche de nourriture.

Le corps de sa mère est prêt à assurer sans délai sa subsistance

La maturation de la glande mammaire, pour se préparer à la lactation, a commencé le premier jour de la grossesse, au moment où l'œuf fécondé cherche à se nider. Les femmes qui se savent enceintes le sentent bien, avant tout retard de règles, à la sensibilité nouvelle et au gonflement de leurs seins.

Dès le quatrième mois de vie intra-utérine, les cellules glandulaires du sein ont commencé à produire du colostrum, d'abord en très faible quantité, puis, progressivement, de plus en plus abondamment. C'est une erreur grossière et néanmoins très répandue de penser qu'au moment de l'accouchement les seins sont vides et qu'il faut attendre ce que l'on appelle la montée laiteuse pour que l'enfant trouve une ration suffisante. C'est une erreur grossière, probable réminiscence de tous les interdits mythiques sur l'alimentation précoce, et cette erreur est, à mon sens, à l'origine de tous les « dérapages » traditionnels et médicaux sur les débuts de l'alimentation de l'enfant.

En effet, le colostrum a, depuis l'Antiquité, la plus mauvaise réputation. Considéré comme gravement impur à cause de sa couleur orangée – mélange de lait et du sang des règles « retenu « pendant la grossesse, disait-on ! –, on lui attribuait la triste gloire d'être la cause directe des ictères du nouveau né, donc d'un certain nombre de décès des premières semaines. En latin, *colostratio* veut dire « jaunisse ».

En plus de vingt siècles, nul n'a su lui offrir un nom plus positif. Pour des parents peu avertis, les confusions sont fréquentes : colostrum et méconium (deux mots qui ne servent que les deux premiers jours de vie) ont la même connotation de « chose mauvaise à éliminer le plus vite possible ».

Le discours des soignants actuels de maternité ou des grand-mères n'arrive pas à se détacher de cette image négative : si l'interdit séculaire de laisser boire au bébé ce liquide orangé impur a théoriquement disparu depuis les années 1970 (mais oui, c'est tout récent !), il reste une immense méfiance.

Dans beaucoup trop de lieux persistent encore les biberons d'eau sucrée, ou de solutions d'électrolytes, aliments « propres et nettoyants » qui devraient (?!) précéder toute autre alimentation. Dans certains services de néonatologie, les prématurés ne peuvent être mis au sein que… lorsqu'ils tètent très bien au biberon, donc lorsqu'ils ont perdu la déglutition infantile spécifique des petits mammifères.

Trop souvent encore, il est dit, les deux ou trois premiers jours de vie, qu'il n'y a « rien » dans les seins, qu'il convient d'attendre la montée de lait et que, pendant ce délai, le bébé, en risque grave d'hypoglycémie (donc de famine !), doit être complété. D'où la multiplication invraisemblable des biberons de compléments, préjudiciables à tous les niveaux de l'allaitement : la mise en route de la lactation par moindre stimulation des aréoles, incapacité des mères à se sentir « suffisantes », perturbation de la technique de déglutition des bébés, création quasi constante des complications œdémateuses et inflammatoires que l'on confond avec un « bon signe de plein » !

Tout cela n'est que de la médecine du moyen âge. Du lait, il y en a. Il y production continue régulière et l'enfant trouvera des nutriments chaque fois qu'il tétera. C'est même exactement l'aliment dont il a besoin en arrivant.

La digestion du lait des premiers jours est instantanée et ne demande pas d'énergie

En effet, non seulement les seins de la mère ont prévu une alimentation pour le nouveau-né, mais en plus, il s'agit d'un lait spécial, dont la composition répond de façon fantastique aux besoins des premiers jours et s'adapte jour après jour à l'évolution de l'enfant.

• C'est un lait « super-concentré » apportant, sous un petit volume, un maximum d'éléments nutritifs. C'est important à un moment où la succion est encore faible.

• L'enfant a peu de réserves énergétiques, le colostrum lui apporte des sucres immédiatement disponibles (les oligosaccharides) et du glucose pour le fonctionnement de ses cellules et pour commencer à stocker de l'énergie.

• Le nouveau-né doit s'adapter à la vie aérienne, « sèche ». Le colostrum des deux premiers jours, véritable gélatine très riche en protéines et en sels minéraux, l'aide à retenir son eau et, donc, à ne pas perdre trop de poids.

• L'enfant doit lutter contre le froid et le colostrum lui apporte une large ration lipidique pour subvenir à sa thermogenèse et commencer la constitution de son « manteau graisseux ».

• L'enfant a un système de défense immunitaire extrêmement faible à la naissance et ne peut lutter contre les infections. Le colostrum est d'une richesse exceptionnelle en anticorps et en cellules de défense anti-infectieuses.

De plus, et c'est là l'une de ses propriétés méconnue, la composition de ce lait colostral change de façon considérable pendant les trois premières semaines, au fur et à mesure que l'enfant s'adapte mieux à son milieu, trouve ses rythmes d'alimentation et modifie ses besoins. C'est donc, jour après jour, l'aliment idéal.

La nature n'a rien laissé au hasard. La composition du lait du petit d'homme n'a rien à voir avec celle du lait des autres mammifères. Chaque espèce animale se caractérise par des vitesses de croissance somatique (du corps) et cérébrale différentes. Et le lait, sa composition chimique, est fonction de ces vitesses de maturation. Le petit humain a un corps qui se développe lentement, sur une quinzaine d'années. Au contraire, son cerveau subit une maturation et une croissance intenses pendant deux ans environ. Le lait de sa mère correspond aux besoins de cette évolution.

Comment, dans ces conditions, ne pas parler de préadaptation, d'organisation naturelle, propice à la conservation de l'espèce et à son développement ?

Le nouveau-né sait téter !

Voilà une affirmation qui peut paraître curieuse aux personnes habituées aux soins « artificiels » après la naissance. Je crois qu'il faut avoir travaillé longtemps en salle d'accouchement pour affirmer calmement une pareille évidence et avoir envie de ne pas intervenir dans cette compétence évidente des tout-petits.

• Téter, c'est reconnaître l'odeur du liquide amniotique sur ses mains, la comparer à celle – plus forte, mais d'un parfum proche et « connu » – des aréoles de sa mère, se rapprocher de cette odeur, reconnaître l'odeur de lait à l'approche du mamelon et, donc, utiliser des mécanismes complexes au niveau du nez et de la langue, pour goûter que « c'est bien là ». Les chercheurs ont pu prouver que cette reconnaissance des odeurs est la première activité d'un bébé après la naissance. Il enregistre ces odeurs même en dormant. Sa toute première sécurité est de rester au plus près des seins, de dormir contre sa mère, dans sa chaleur et dans son odeur. Il saura d'autant mieux téter

• Téter, c'est aussi savoir se positionner face au sein, remuer la tête, chercher la meilleure position pour que la bouche soit face au mamelon. C'est parfois tenter de ramper, de façon non coordonnée, mais pourtant efficace, pour mieux se rapprocher du sein.

• Téter, c'est ouvrir grand la bouche, positionner sa langue en gouttière sous le mamelon et prendre en bouche une très large partie de l'aréole, donc s'en mettre « plein la bouche ». Les lèvres, collées tout autour du sein, font un joint étanche. Puis de façon régulière, rythmique, la langue effectue un mouvement de va-et-vient puissant pour stimuler les récepteurs nerveux de l'aréole. En même temps, le maxillaire inférieur s'abaisse rythmiquement, ce qui augmente l'espace entre le palais en haut et la langue en gouttière en bas. Ce mouvement vers le bas agrandit le volume buccal, crée une diminution de pression qui fait jaillir le lait.

• Téter, c'est être capable de trois activités différentes en même temps : sucer, avaler et respirer. Lorsque le bébé abaisse son maxillaire et avance sa langue, le volume de lait contenu dans sa bouche coule latéralement par les sinus pyriformes et déclenche la déglutition. Je mets au défi n'importe quel adulte d'en faire autant. Nous ne sommes capables de cette triple combinaison que pendant les premiers mois de la vie. Après, tout le monde s'étrangle à essayer… Cette déglutition est en effet spécifique des premiers mois de vie et ne convient qu'à l'absorption d'aliments liquides. Elle disparaîtra avec l'apport des premiers aliments solides.

Les échographies montrent de très belles images de fœtus *in utero*, qui sucent tranquillement leur pouce. On voit le doigt dans la bouche, les mouvements de la mâchoire, la secousse de la déglutition. D'ailleurs, à la naissance, l'estomac est plein de liquide amniotique, témoin de ces premiers essais pour sucer et avaler. Cette fonction se produit alors que le tube digestif n'est pas encore fonctionnel. Le transit intestinal ne commence, sauf pathologie, qu'après la naissance, et donc ce liquide dégluti ne sert pas à l'enfant à s'alimenter. En réalité, les bébés sont encore plus « calés » que ce que j'ai décrit jusque-là puisqu'ils sont capables non pas d'un, mais de deux types de succion : la succion nutritive et la succion non nutritive. Dans la première, le but est de se procurer du lait. Les mouvements de la langue et du maxillaire sont amples, lents, parfaitement rythmés. Il y a une déglutition à chaque mouvement, ce qui crée un rythme à trois temps bien repérable : abaissement du maxillaire-déglutition-fermeture du maxillaire. Ce rythme un-deux-trois s'enchaîne en longues séries, entrecoupées de très peu de pauses. À l'inverse, la succion non nutritive, celle pour se procurer du plaisir, est très différente. Le rythme de bouche est très rapide, en courtes salves irrégulières avec de longues pauses. Il n'y a pas ou peu de déglutition. Vous avez sûrement repéré cette succion chez un bébé qui suce une sucette. Elle est la première à apparaître pendant la vie fœtale, mature progressivement et sert de véritable « entraînement » à la succion. À la naissance, le bébé apprendra en quelques jours plusieurs choses essentielles : comment se remplir la bouche du sein de sa mère, concilier cet « appris de la succion » avec la grande nouveauté qu'est la respiration, avaler sans s'étrangler et comment alterner les moments efficaces de succion nutritive avec les moments plus ludiques de succion non nutritive. En moins d'une semaine, tout cela est acquis.

Il y a un moment privilégié pour apprendre

Pendant les deux ou trois premières heures de vie, le réflexe de téter est le plus précis, le plus facile à réussir pour le tout-petit. Le bébé sur le ventre de sa mère dispose d'une capacité d'éveil, d'une énergie, d'une force musculaire exceptionnelles. S'il n'est pas dérangé, ni agressé par des soins inutiles, si on ne le déplace pas, il va en quelques quarts d'heure monter jusqu'au sein : 50 minutes en moyenne pour téter parfaitement, avec de grandes variations entre les bébés moteurs-rapides et les tranquilles-jouisseurs. Si l'on observe attentivement ce qui se passe, il est possible de repérer toute une série d'étapes :

– un premier temps de détente et d'immobilité ;

– un moment où le bébé bouge sa tête et son dos et cherche à ramper, tout en bougeant sa bouche et sortant sa langue ;

– le repérage avec les lèvres, le nez, de l'odeur et de la consistance de l'aréole ;

– la vraie prise en bouche avec démarrage de la succion ;
– et quand il a réussi, cet exploit est littéralement « enregistré », on dit « engrammé », reproductible à l'infini. L'enfant a appris au meilleur moment quand il était réveillé et bien actif ; il sait faire, il saura recommencer.

Si la première mise au sein est retardée, le nouveau-né est moins performant. Il lui est moins facile de coordonner son activité, de mobiliser ses capacités pour arriver à une succion satisfaisante. On connaît maintenant la raison de cette performance précoce, puis du fléchissement. En naissant, au moment où son crâne est étroitement enserré dans les voies génitales maternelles, l'enfant fabrique une gigantesque quantité de catécholamines. Ce sont les hormones du stress, celles de la puissance physique et de la vigilance. Il est donc extraordinairement réveillé, avec une capacité d'attention, de présence qui ne se renouvellera plus pendant de longues semaines. Il est musculairement plus puissant. Ces hormones servent aussi à activer les autres métabolismes que nous avons déjà décrits : respiration, thermogenèse, équilibre glycémique... Pendant deux heures environ, il bénéficie de moyens exceptionnels. Après, il s'endort, dort souvent longuement pendant une douzaine d'heures (pour compenser ?) et n'a envie de rien d'autre que de dormir. Le réveiller pour le faire manger devient problématique. C'est évident. Une seule chose importante à retenir : l'enfant tétera d'autant mieux qu'il découvrira la technique lui-même, à un moment de plein éveil, sans être aidé ni surtout forcé. S'il cherche activement, il trouvera. Si on le brusque ou le force, il se mettra en défense, fermera la bouche et ratera son apprentissage.

Certes, il existe des variations individuelles. Certains bébés préfèrent dormir pendant plusieurs heures et ne tètent pour la première fois, sans problèmes, qu'au bout de six ou dix heures. Il serait dommage, et même inadmissible – si les stocks de glycogène sont probablement pleins et s'ils n'ont pas froid – de les réveiller pour les forcer à manger. De toutes façons, ils n'ont pas d'heure puisqu'ils n'ont pas d'habitudes... Ils mangent quand ils se réveillent, aussi souvent ou aussi rarement qu'ils se réveillent. Il leur faudra trouver un rythme, une coordination régulière des éveils et des prises alimentaires. Cela prendra des semaines. Pas plus que chez l'adulte, la faim ne se commande. Toutes ces remarques sur les possibilités des nouveau-nés doivent être réfléchies, repensées pour chaque bébé. Il n'y a pas de situation générale, pas d'enfant identique à un autre, pas de recette standard qui marche à tous les coups. J'essaie d'informer, de faire comprendre ce dont sont capables les nouveau-nés et, en aucun cas, de créer de nouvelles recettes magiques, de nouveaux rituels pour rassurer les parents et le personnel soignant. La naissance n'est jamais banale. Elle représente, autant pour la mère que pour l'enfant, un moment d'intensité, de bouleversement exceptionnel. Chacun la vit au rythme qui lui vient, serein ou angoissé, euphorique ou épuisé. Cela aussi, il faut savoir le regarder. Le rôle du personnel soignant après la naissance est, avant tout, d'être vigilant en salle d'accouchement et dans les premières heures pour répondre aux appels des enfants, repérer ceux qui ont besoin d'un accompagnement plus médical et donner à tous ceux qui en expriment le désir la possibilité de téter.

Si l'on regarde ce qui se passe dans les maternités, et malgré les justifications théoriques qui se sont succédé au cours des dernières décennies, on ne peut qu'être frappé du décalage entre ce qui se passe et ce que je viens de raconter. Les humains continuent à perturber les réactions spontanées de leurs petits.

Bonne volonté, mauvais départ

Prenons un exemple tout simple et généralement répandu. Une jeune femme a décidé d'allaiter au sein son bébé. Elle est revenue dans sa chambre, il est trois heures du matin, le petit pleure, réclame à manger dans la pouponnière où il a été mis en surveillance. La puéricultrice, forte de l'idée (fausse) que la mère n'a pas encore de lait et doit se reposer, donne sans hésiter un biberon. Analysons les conséquences fâcheuses de ce geste banal.

• Que fait un bébé, calé dans les bras d'une infirmière et à qui l'on enfourne une tétine dans la bouche ? Il n'aura pas l'occasion de faire preuve de ses capacités. On le somme d'avaler, il a faim, il s'exécute. Mais il n'enregistre aucune des données fondamentales du réflexe de succion tel que je l'ai décrit. Il avale, c'est tout ce qu'il peut faire.

• Par ailleurs, la succion de la tétine est totalement différente de celle du sein. Il faut appuyer dessus et non aspirer pour faire couler le lait. Le tout-petit, qui avait tété une première fois sur la table d'accouchement, ne s'y retrouve plus. Confronté alternativement à deux systèmes différents, il s'étouffe en tétant, ne comprend plus pourquoi tantôt le lait coule tout seul, tantôt il lui faut aspirer si fort. Il se décourage et finit par faire un choix drastique pour se simplifier la vie. Le premier risque des biberons donnés trop tôt, avant que l'enfant ait pu enregistrer le mécanisme de la succion, c'est de le détourner du sein. C'est très grave pour une mère qui désirait nourrir son enfant.

• De plus, que met-on dans ce biberon ? Exceptionnellement du lait de femme, souvent du lait spécial pour nourrisson, peu adapté aux premières heures de la vie. Parfois encore, on lui propose de l'eau sucrée (au mieux de l'eau glucosée... un peu plus digeste que celle contenant du banal saccharose). C'est exactement l'inverse de ce qu'apporte le colostrum riche en protéines, en sel, en graisse et en sucres à pénétration rapide. L'eau sucrée ne peut combler ses besoins que pendant quelques minutes. Elle l'empêche par contre de découvrir la satiété, un des points essentiels de notre équilibre alimentaire, et est donc un facteur très négatif dans l'apprentissage des rythmes. Beaucoup plus grave, l'eau sucrée bloque la possibilité pour le bébé d'utiliser les graisses pour fournir de l'énergie, le mettant en danger réel d'hypoglycémie. Ce risque, grave, ne devrait pas exister. Il faut bien le savoir, les deux grandes causes d'hypoglycémie chez l'enfant à terme qui n'a pas souffert sont des erreurs dans la façon de s'occuper de lui : le laisser avoir froid ou lui donner une boisson sucrée...

• En outre, je ne connais pas de maternité où l'on ne finisse pas par parler horaire, du « bon moment » pour nourrir l'enfant et cela, dès la première nuit. Il y a ceux qu'on laisse hurler dans leur berceau parce que ce n'est « pas encore l'heure ». Et il y a ceux qui dormaient profondément, repus, paisibles, et que l'on réveille plus ou moins brutalement pour les forcer à manger.

Comment arriver à apaiser les craintes du personnel soignant, lui faire comprendre que l'enfant qui va bien se réveille et pleure, que celui qui dort ne risque rien et dépense très peu d'énergie ? Même s'il dort six ou dix heures d'affilée... Comment faire comprendre qu'un nouveau-né ne peut pas mourir de faim, d'hypoglycémie, ni de déshydratation ? Je parle bien sûr du nouveau-né à terme, de poids de naissance normal. Pour le prématuré, l'enfant hypotrophique (trop maigre), un enfant malade, c'est un autre problème. Je le répète, il ne s'agit dans ce livre que d'enfants à terme et qui ont bien supporté les « chahuts » de l'accouchement.

> **L'enfant à terme est prêt à naître, prêt à s'adapter à la vie aérienne, prêt à s'alimenter et équilibrer ses nouvelles fonctions. Lui donner les meilleures chances de réussir, ne pas entraver son adaptation par des gestes ou des déplacements inutiles, devrait être une priorité absolue des équipes de maternité.**
> **Mais les rituels culturels anciens encombrent encore les habitudes et les pensées des soignants et de l'environnement. C'est toute une nouvelle puériculture néonatale à enseigner et à développer. Un bel enjeu pour les premières décennies de l'an 2000.**

Chapitre 3

LES MÉCANISMES EXCEPTIONNELS

de sécurité dans la période néonatale

AVERTISSEMENT

Ce chapitre est beaucoup plus technique que le reste du livre. Il fait appel à de nombreuses notions de biochimie et d'hématologie. Si vous le trouvez trop complexe, je vous donne rendez-vous au chapitre 4, page 103.

La naissance est indiscutablement une période dangereuse, un moment où se jouent la vie et la mort, un moment où chacun peut toucher du doigt la réalité de ce que nous sommes, fragiles et beaux, pathétiques et merveilleux, êtres de souffrance et ouverts au bonheur.

La fragilité des tout-petits lors de l'accouchement et des premières heures de la vie n'est pas un vain mot. Comme nous l'avons vu, les mécanismes d'adaptation à la vie aérienne sont d'une grande complexité. Ils peuvent être ralentis ou compromis par des facteurs extérieurs multiples. Les moyens de lutte de l'enfant en cas de difficulté sont très limités. Aussi existe-t-il des « mécanismes exceptionnels de survie », des réorganisations – transitoires ou prolongées – qui vont tenter de limiter pour l'enfant les risques de naître.

Si l'on compare ce qui se passe dans les différentes espèces animales, il semble que ces mécanismes sont d'autant plus nombreux, d'autant plus élaborés que la survie de l'espèce est plus en danger.

Chaque couple de poissons pond et féconde tous les ans des centaines de milliers d'œufs. La plupart vont se perdre dans les courants, être dévorés par les animaux du voisinage ou servir de nourriture de base aux poissons des alentours. Moins de un sur mille arrivera à l'âge adulte et se reproduira à son tour. La survie de l'espèce est liée à cet énorme gaspillage d'œufs, gaspillage qui est le prix, dans un univers hostile, des quelques survivants.

À l'inverse, les mammifères se sont choisi une reproduction « économique » où chaque œuf fécondé est censé accéder à maturité, au prix pour les parents d'un élevage plus ou moins prolongé. Parmi eux, c'est le petit humain le plus « précieux », c'est-à-dire le plus rare. L'humanité a un taux de reproduction extrêmement bas. Les grossesses sont longues, parmi les plus longues de tous les mammifères. Il n'y le plus souvent qu'un seul enfant par grossesse. Et chaque femme n'a qu'un nombre limité d'enfants. Il est donc capital, dans ces conditions, de donner à l'enfant à naître toutes les chances de survie.

Dans cette optique, analyser les différents mécanismes de sécurité mis en place, par l'enfant lui-même, par sa mère, ou par tous deux conjointement, devient tout à fait passionnant. Le moment le plus dangereux est celui de l'accouchement et de l'adaptation. C'est donc dans ces moments-là qu'il convient d'étudier les moyens exceptionnels mis en place pour sauvegarder le plus grand nombre de petits, mécanismes qui ont permis à l'espèce humaine de traverser les siècles sans disparaître. Ce que nous allons décrire maintenant a été partiellement modifié par l'amélioration du niveau sanitaire des populations et les progrès de la médecine. Le risque infectieux à la naissance du petit Occidental qui naît dans une maternité aseptisée à l'ère des antibiotiques n'est peut-être pas comparable à celui du petit Cro-magnon. Il n'empêche que les moyens mis en œuvre par la nature pour favoriser la survie du petit d'homme d'il y a dix mille ans sont toujours parfaitement adaptés et restent, de nos jours, la meilleure garantie de « réussite » de la reproduction humaine.

Schématiquement, les dangers de la naissance peuvent se résumer en quatre points :
- **l'anoxie** pendant l'accouchement ;
- **le froid** ;
- **les infections** après la sortie de l'enfant ;
- **l'hypoglycémie.**

Nous allons examiner longuement chacune de ces rubriques.

Les mécanismes exceptionnels de lutte contre l'anoxie

Vous ne pouvez supporter de rester plus de quelques secondes sans respirer. L'apport d'oxygène pour le fonctionnement de l'organisme est absolument indispensable et, en moins de dix minutes sans oxygène, un humain est mort. La respiration, l'apport régulier en oxygène, ne peut souffrir aucune défaillance.

Or, à tout moment dans l'accouchement, même un accouchement dit normal, l'enfant peut être soumis à une carence brutale ou prolongée en oxygène. Plusieurs facteurs se conjuguent pour diminuer la circulation placentaire, donc l'alimentation en oxygène du fœtus, au moment de la naissance.

• D'abord les contractions utérines elles-mêmes interrompent partiellement, mais à intervalles réguliers, la circulation utéro-placentaire. La contracture du muscle utérin écrase les vaisseaux nourriciers et arrête leur débit régulièrement à chaque contraction. De plus, le travail musculaire utérin entraîne une relative hypertension maternelle, qui gêne la libre circulation du sang dans les artères utérines et entraîne donc une moins bonne vascularisation de l'utérus et du placenta, donc du fœtus.

• La circulation dans le cordon ombilical peut être ralentie ou abolie s'il existe un nœud au cordon, une compression du cordon entre le fœtus et la paroi utérine (en cas de latérocidence ou de procidence vraie, c'est-à-dire lorsque le cordon se coince le long de l'enfant ou descend avant lui). Tous ces facteurs, qui n'ont aucune incidence pendant que l'enfant baigne calmement dans son univers aquatique, deviennent dangereux lorsque la poche des eaux est rompue et que l'enfant amorce sa descente, tirant alors davantage sur son cordon.

• Beaucoup plus fréquent, puisqu'on le retrouve dans 25 % des naissances, le circulaire du cordon (cordon ombilical enroulé autour du cou du bébé) peut entraîner un arrêt de la circulation ombilicale au moment de la sortie de l'enfant, donc dans les minutes ultimes de la naissance. L'enfant s'étrangle littéralement lui-même avec son cordon tendu entre le fond utérin et son cou, cordon d'autant plus serré que l'enfant est plus bas dans son parcours obstétrical.

• Théoriquement, le placenta reste actif et efficace pendant toute la durée de l'accouchement et ne se décolle de la paroi utérine qu'après la naissance de l'enfant, dans un délai de 5 à 20 minutes environ. Parfois, ce placenta commence à se décoller prématurément, du moins partiellement, et la vascularisation fœtale en est plus ou moins compromise.

◇ Le risque anoxique existe dans chaque accouchement. Il est imprévisible et a été, pendant des siècles, la cause première de mortalité néo-natale et le grand responsable des infirmités cérébrales graves de nombreux enfants.

Lorsqu'il survient chez le nouveau-né, les signes cliniques se manifestent sous deux aspects, éventuellement associés :

– des signes de souffrance cérébrale, par lésion directe du cerveau qui est l'organe le plus rapidement sensible au manque d'oxygène ;

– des signes d'inhalation pulmonaire ; c'est-à-dire que l'anoxie fœtale a stimulé trop tôt le centre bulbaire de la respiration, et l'enfant a littéralement respiré dans son liquide amniotique, remplissant gravement ses poumons de liquide, ce qui va compromettre son adaptation aérienne. Le cerveau s'est trompé, sentant baisser le pourcentage d'oxygène dans le sang, il a lancé trop tôt l'ordre de respirer. Le bébé encore dans l'utérus, dans son liquide amniotique, « boit la tasse ».

Les accouchements modernes les plus médicalisés n'évitent pas la survenue des signes de souffrance d'origine anoxique. Mais le dépistage précoce, en particulier par l'enregistrement continu des bruits du cœur fœtal, permet d'intervenir rapidement et donc de faire naître très vite des enfants avant que leur cerveau ne risque de souffrir.

Pour tenter de limiter, partiellement bien sûr, la gravité de ces risques, l'organisme fœtal va mettre en œuvre tous les mécanismes possibles pour favoriser un transport optimal d'oxygène. L'oxygène est véhiculé par le sang et plus exactement par les globules rouges, qui sont réellement les « voitures » assurant la distribution à tout l'organisme. À l'intérieur des globules rouges, l'oxygène, pour être transporté, est fixé à une protéine spéciale, l'hémoglobine. Tous les facteurs qui peuvent concourir à une distribution maximale vont être utilisés : la rapidité des battements cardiaques qui fait circuler le sang plus vite, l'augmentation du nombre de globules rouges et leur grande richesse en hémoglobine pour transporter le plus gros volume possible d'oxygène, la présence d'une hémoglobine spéciale ayant une très grande affinité avec l'oxygène, pour que chaque globule puisse assurer un service maximum. Si l'on réfléchit en termes de circulation routière, l'analogie est frappante. Beaucoup de gros camions, compartimentés pour être pleins à craquer du précieux gaz à distribuer, roulant à toute vitesse d'un bout à l'autre de l'organisme. Revoyons ces trois points.

Rythme cardiaque du fœtus et du nouveau-né

Le cœur du fœtus et du nouveau-né bat à un rythme rapide, presque deux fois plus vite que celui d'un adulte. Les tracés de monitorage fœtal se situent entre 120 et 160 battements par minute dès les premiers enregistrements réalisés au cours de la gestation. Ce rythme rapide permet des débits sanguins élevés, ce qui favorise un transport massif de sang – donc de globules rouges porteurs d'oxygène – vers les tissus.

Ce rythme élevé n'est pas l'apanage du tout-petit. Il va se poursuivre pendant toute la petite enfance, période de croissance très rapide de l'organisme nécessitant une intense vascularisation pour apporter aux tissus les éléments nécessaires à leur construction. Le cœur du petit bat encore à près de 100-120 battements par minute à un an, et entre 80 et 100 à quatre ans.

Dans la période néonatale immédiate, les débits sanguins élevés sont le garant de la bonne vascularisation du fœtus et de son oxygénation maximale. Toute pathologie entraînant une diminution de ce débit est souvent associée à des signes de souffrance fœtale ou néonatale anoxique.

L'hémoglobine, système transporteur de l'oxygène

Puisque le système transporteur de l'oxygène est l'hémoglobine des globules, il y a un lien direct entre le nombre des globules rouges et leur richesse en hémoglobine, d'une part, et la capacité sanguine de transport d'oxygène, d'autre part.

Chez l'adulte, le taux moyen de ces globules est de 4,5 à 4,8 millions par mm^3 de sang. Celui-ci contient entre 120 et 140 grammes par litre d'hémoglobine.

	Hématies	*Hémoglobine*	*Concentration moyenne en hémoglobine*
Naissance	5 250 000	168	317
1er jour	5 800 000	184	325
3e jour	5 600 000	178	330
7e jour	5 400 000	170	330
14e jour	5 100 000	168	330

Les globules rouges des nouveau-nés à terme

Bien qu'il existe de très grandes variations individuelles d'un bébé à l'autre, le sang du nouveau-né est beaucoup plus riche que celui de l'adulte : 5,1 à 5,3 millions de globules rouges par mm^3 et 170 à 195 g/l d'hémoglobine. C'est ce que l'on appelle la « polyglobulie physiologique ». **Ces chiffres varient beaucoup en fonction de différents paramètres.**

• **L'âge de l'enfant**: ils varient d'une heure à l'autre le jour de la naissance, puis d'un jour à l'autre pendant les premières semaines. Pendant la vie fœtale les globules rouges sont fabriqués en trois points de l'organisme : la moelle osseuse, la rate et le foie. Ces trois systèmes sont encore partiellement fonctionnels pendant les premières semaines de vie alors que, chez le grand enfant et l'adulte, seule la moelle osseuse poursuit sa production. La persistance au-delà de la naissance de ces trois systèmes permet de compenser rapidement tout déficit dans le système de transport de l'oxygène, en multipliant rapidement si nécessaire le nombre de globules transporteurs.

• **La rapidité avec laquelle on interrompt la circulation ombilicale** après l'accouchement joue un rôle dans le nombre de globules du nouveau-né. En effet, le placenta plein de sang se vide vers l'enfant juste après la naissance, augmentant ainsi son stock de globules. Le clampage tardif du cordon favorise ainsi une véritable « transfusion » du placenta vers l'enfant, juste au moment clé de l'adaptation respiratoire.

Pour préciser ces données, analysons pour chaque constante comment se fait l'évolution :

• **Le taux d'hémoglobine et le nombre de globules rouges** augmentent de 17 à 20 % au cours des deux premières heures de vie. La polyglobulie est maximale vers la 24e heure pour décroître ensuite progressivement pendant le restant de la période néo-natale.

• **Le diamètre et le volume moyen des globules rouges** sont nettement augmentés au moment de la naissance (8,0 à 8,3 microns de diamètre pour une valeur de 7,5 chez l'adulte). Ils diminuent rapidement au cours des premières semaines de vie pour atteindre les valeurs observées chez l'adulte à la fin du 2e mois. Pendant la première semaine de vie, il existe dans le sang une quantité notable de formes jeunes de globules rouges, réticulocytes et érythroblastes venus en renfort de la moelle osseuse et de la rate pour aider à l'adaptation. Les réticulocytes peuvent atteindre 2,8 à 5,6 % chez le nouveau-né à terme au premier jour de la vie. Ces chiffres augmentent légèrement pendant les deux ou trois premiers jours après la naissance, puis diminuent rapidement pour se situer aux environs de 1 % au 7e jour. Les érythroblastes, formes « encore plus jeunes » dans la maturation cellulaire des globules rouges, n'existent normalement pas dans le sang des individus sains. Pourtant, on va en retrouver de façon physiologique au moment de la naissance (500 000/mm^3 chez l'enfant à terme et jusqu'à 1,5 m/mm^3 chez le prématuré). Ces cellules jeunes disparaissent de la circulation sanguine avant la fin de la première semaine.

Tous ces éléments hématologiques concourent à donner au nouveau-né des conditions optimales pour une oxygénation parfaite de ses tissus. Ils sont donc des facteurs essentiels dans l'adaptation néo-natale immédiate à la respiration.

Affinité de l'hémoglobine du sang fœtal pour l'oxygène

Le sang fœtal présente une affinité de l'hémoglobine pour l'oxygène très supérieure à celle du sang adulte. Cette différence tient à deux facteurs : le contenu en phosphates des érythroblastes et la composition de la molécule d'hémoglobine elle-même.

L'hémoglobine est l'une des protéines les mieux connues des biologistes et chercheurs. Elle est constituée par l'association d'un groupement fonctionnel, « l'hème » (contenant un atome de fer et une protoporphyrine), et d'un groupement protéique, la globine, constitué par quatre chaînes d'acides aminés. En fait il existe toute une série d'hémoglobines normales qui se distinguent non par l'hème qui est identique dans tous les cas, mais par la globine dont la structure diffère.

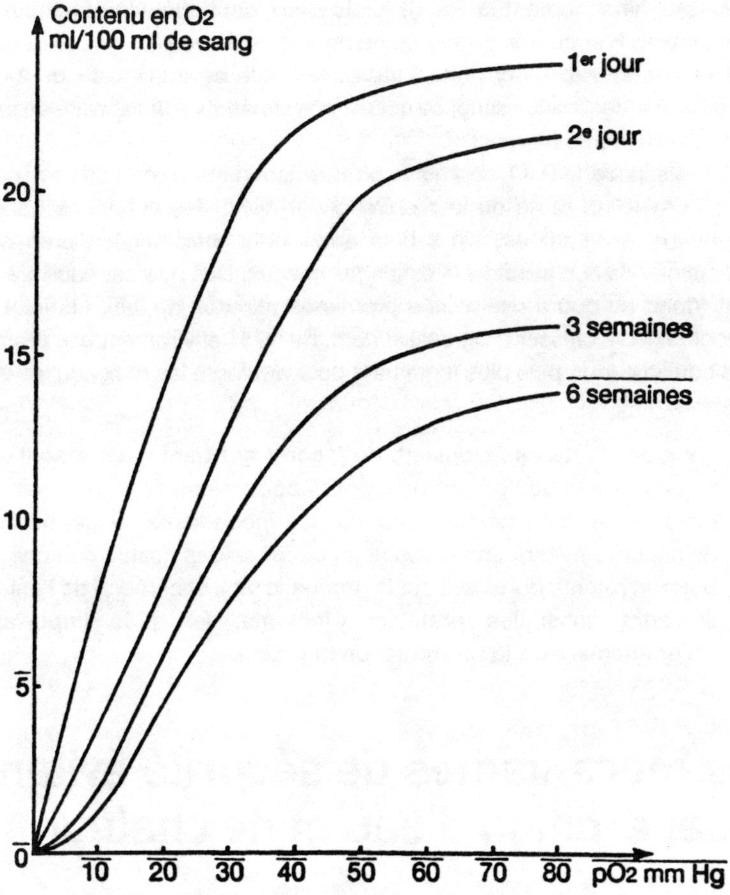

Courbes de dissociation de l'hémoglobine

Le fœtus possède une hémoglobine particulière, dite hémoglobine F (Hb F), dont la globine renferme deux chaînes alpha identiques à celles de l'hémoglobine adulte et deux chaînes gamma spécifiques de la période fœtale et des premiers mois de la vie. En effet, le sang du nouveau-né contient 75 à 80 % d'Hb F, le reste étant de l'hémoglobine A de type adulte. Ce taux d'Hb F disparaît dans les cinq à six premiers mois pour ne plus subsister ensuite qu'à l'état de traces (maximum 2 %). La caractéristique de cette hémoglobine F est sa grande affinité avec l'oxygène.

• Pendant la vie intra-utérine, elle favorise la bonne oxygénation du fœtus malgré une faible concentration d'oxygène dans le sang circulant (ce que l'on appelle biochimiquement la PaO_2). Grâce aux deux éléments, affinité de l'hémoglobine F et concentration en hémoglobine élevée (18 g/l), le fœtus à terme et le nouveau-né ont une « capacité totale de transport » de 24 ml d'oxygène par décilitre de sang, ce qui est très supérieur à la capacité du sang de la mère au même moment.

• À la naissance, la PaO_2 augmente brutalement dans le sang de l'enfant du fait de la mise en route de la respiration et donc des échanges gazeux pulmonaires. L'enfant est alors bien armé pour affronter les premières modifications de son système d'échanges gazeux. Dès que cet équilibre est atteint (donc au cours des toutes premières minutes de vie), l'affinité de l'hémoglobine va baisser progressivement, de 50 % environ entre le premier et le cinquième jour, puis plus lentement pour atteindre les taux adultes vers 4 à 6 mois.

> **Tous ces facteurs favorisent, de façon transitoire mais essentielle, l'oxygénation de l'enfant pendant l'accouchement et les premiers instants de la naissance. Ce sont des mécanismes exceptionnels de sécurité évitant une carence en oxygène des tissus, carence qui pourrait retentir durement sur le pronostic vital et cérébral de l'enfant. Ils sont aussi les premiers éléments, les plus importants « d'économie » de la reproduction humaine.**

Les mécanismes de sécurité évitant la déperdition d'eau et de chaleur

Pendant toute la vie intra-utérine, l'enfant baignait dans une eau douce et chaude qui protégeait sa peau de toutes les agressions. La naissance le transpose brutalement dans un milieu aérien où il découvre le froid, le contact direct sur sa peau de mains, de vêtements, de draps souvent rugueux et puis aussi, bien sûr, de l'air. L'air, c'est l'élément « sec », donc le risque de déshydratation, de sécheresse cutanée et corporelle ; c'est aussi le froid et le vent...

Nous l'avons vu, il existe un lien direct entre le risque de froid, le risque de déshydratation et le risque d'hypoglycémie. Des chercheurs ont montré, à l'aide d'un évaporimètre, que les nouveau-nés perdent une énorme quantité d'eau à travers la peau. Cette perte d'eau a pour conséquence une diminution du poids de l'enfant pendant les premiers jours. Ce n'est bien sûr pas le seul paramètre. Les nouveau-nés perdent du poids avec l'élimination des premières urines et du méconium. Ils en perdent aussi car les besoins énergétiques de l'organisme sont importants, alors que les apports alimentaires sont encore limités. Cette perte de poids qui peut représenter 5 à 10 % du poids du corps est normale et n'a aucune conséquence pathologique si elle reste limitée.

Par contre, ce qui est beaucoup plus grave, c'est que cette perte d'eau par évaporation va être l'une des causes majeures (20 à 50 %) de la perte totale de chaleur. Nous avons vu précédemment combien le refroidissement peut être nuisible au tout-petit s'il n'arrive plus à maintenir sa température corporelle.

Là encore, on peut décrire trois mécanismes naturels qui vont participer à sa protection : le sébum de la naissance, le portage contre un corps humain et le colostrum de sa mère.

Le sébum de la naissance

Le meilleur moyen de **ralentir ou d'empêcher l'évaporation** à travers la peau, c'est de la recouvrir d'une couche « imperméable » isolante. Certains médecins utilisent cette technique chez les prématurés, en recouvrant la surface cutanée avec un corps gras (huile de tournesol par exemple).

En réalité, au moment de la naissance, l'enfant présente spontanément ce type de défense ; il naît recouvert d'une **abondante couche graisseuse, ou sébum,** qui l'enduit de la tête aux pieds. Cette couche est très épaisse, adhérente à la peau, ressemblant à du beurre blanchâtre, parfois légèrement rosé.

Cette protection est modérée si l'enfant naît absolument à terme, très abondante si l'enfant naît entre la 35e et la 39e semaine de vie intra-utérine. Par contre, le très grand prématuré, celui qui naît avant la 34e semaine de gestation, n'a pas eu le temps de se préparer une telle protection. Le sébum est rare ou absent. Ces enfants présentent alors une sensibilité au froid et une absence de défense absolument dramatiques.

Le sébum est un mécanisme de protection des toutes premières heures. Il est réabsorbé par la peau au bout de 3 ou 6 heures. Il semble alors jouer un rôle favorisant le maintien d'une bonne hydratation cutanée. Mais on ignore encore sa fonction exacte et les conséquences pour l'organisme de cette réabsorption.

Le portage contre un corps humain

Pour se tenir chaud, rien de mieux que de se serrer les uns contre les autres. Tous les homéothermes le pratiquent ! La peau est chaude, elle émet en permanence un peu d'eau, donc crée un lieu chaud et humide, juste comme il faut.... Depuis plus de trente ans, nous savons que les bébés, même très petits, même très prématurés, maintiennent mieux leur température et leur hydratation lorsqu'ils sont en **peau à peau** avec un adulte. Les services de néonatologie l'ont bien compris qui proposent aux parents des moments de contact prolongé avec leur bébé pour faciliter son équilibre thermique tout autant que sa recherche de tendresse et de sécurité. Dans plusieurs pays du Nord de l'Europe et aux USA, si un bébé naît par césarienne et ne peut rester avec sa mère, c'est au père qu'il est demandé d'ouvrir sa chemise et de poser le bébé sur sa peau.

Le colostrum

Le troisième moyen de lutter contre l'évaporation, c'est de retenir l'eau dans l'organisme, de la fixer sur les tissus par des moyens osmotiques. Deux facteurs alimentaires peuvent intervenir : les **protéines** et les **sels minéraux.** Tous deux entraînent un appel d'eau important, obligeant les tissus à maintenir un degré d'hydratation élevé.

Or, le colostrum des premières heures est exceptionnellement riche en sels et en protéines. Bien loin de ce que l'on croit habituellement, sa composition le fait ressembler à un « jus de viande salé ». Rien à voir avec le lait des semaines suivantes et encore moins avec l'eau sucrée que l'on propose encore aux nouveau-nés dans bon nombre de maternités. Si l'on veut aider un nouveau-né à maintenir une bonne hydratation, seul le colostrum de sa mère apporte les éléments indispensables.

Il n'existe pas, à l'heure actuelle, de préparation médicamenteuse ou diététique qui puisse jouer ce rôle... et, vu la toxicité pour le tout-petit des autres types de protéines et de sels que ceux du colostrum, il semble que l'on soit très loin encore de pouvoir envisager un tel produit.

> **Le colostrum maternel est irremplaçable pour l'enfant, rigoureusement inimitable. Bien sûr, les enfants qui n'en bénéficient pas peuvent « s'inventer » d'autres équilibres, d'autres mécanismes d'adaptation. Aucun n'aura cette précision.**

De plus, l'apport capital du colostrum, qui, lui, ne pourra jamais être imité, c'est sa richesse en éléments de défense contre les infections. C'est ce point que nous allons aborder maintenant.

Les mécanismes de sécurité anti-infectieux

Pendant toute la grossesse, le petit humain en formation vit dans un milieu absolument stérile, bien protégé derrière les différents éléments de sa **barrière amniotique.** Seules des infections graves de sa mère pourraient l'atteindre, soit par voie sanguine à travers le placenta, soit par contamination ascendante à partir des voies génitales maternelles.

Dans son œuf, et si la mère va bien, l'enfant est totalement à l'abri des germes de l'environnement. Il est lové derrière les deux membranes amniotiques (l'amnios et le chorion). Le placenta, en fin de grossesse, comprend trois couches distinctes de « tissu-filtre ». De plus, le liquide amniotique lui-même possède une activité anti-infectieuse. Il est riche en éléments de défense : lyzozyme, transferrine et immunoglobulines (ou anticorps). Cette richesse anti-infectieuse augmente tout au long de la gestation pour atteindre ses taux maximaux à l'approche du terme. Le fœtus n'a donc pas eu l'occasion, au cours d'une grossesse normale, de se fabriquer des anticorps.

À son arrivée à l'air libre, le nouveau-né va être littéralement inondé de microbes

Il va en rencontrer partout :

– dans les voies génitales de sa mère au cours de sa descente ;

– au moment de la sortie de la tête, le nez de l'enfant est directement en contact avec l'anus de sa mère, lieu de contamination et de pullulation microbienne intense, comme tout le tube digestif, même dans les meilleures conditions physiologiques ;

– les mains du personnel soignant, même bien lavées, sont couvertes de germes, et souvent de germes dangereux, spécifiques des secteurs médicaux où ils ont surmonté des conditions draconiennes d'hygiène, ce qui les a rendus encore plus résistants et pathogènes...

– tout l'environnement de l'enfant est porteur de germes : le drap sur lequel on le pose, les vêtements qu'on lui enfile, les couvertures qui le réchauffent, la balance sur laquelle on le pèse, la baignoire et l'eau du bain si on le baigne, la tétine qu'on lui propose... et puis, bien sûr, le corps de la mère qui le caresse, ses vêtements, ceux de son père, ceux des visiteurs qui vont venir l'admirer, les murs de la chambre et les recoins du berceau !... Brutalement, rien, plus rien dans son environnement n'est stérile. Il est dans un monde de microbes.

Comment va-t-il pouvoir se défendre, alors que rien ne l'avait préparé à une telle invasion ? Là encore, le corps de la mère et le colostrum des premiers jours vont donner la réponse, et pallier autant que possible la faiblesse de ses moyens de lutte anti-infectieuse.

Les moyens de lutte du nouveau-né lui-même sont encore tous très imparfaits

Il existe à la naissance **une grande quantité de globules blancs** (leucocytes) spécialistes de la lutte antimicrobienne.

L'adulte en bonne santé en a environ 5 000 par millimètre cube. Le nouveau-né, lui, en a entre 9 000 à 25 000/mm^3. Ce chiffre peut varier beaucoup d'un enfant à l'autre, et d'un jour à l'autre pour le même enfant. Après une augmentation discrète pendant les premières heures de vie, le nombre de globules blancs décroît progressivement pour ne représenter que 12 000 environ au 7e jour.

	Naissance	*7e jour*	*14e jour*
Leucocytes	18 100	12 200	11 400
Polynucléaires neutrophiles	1 100	5 500	4 500
Éosinophiles	400	500	350
Basophiles	100	50	50
Lymphocytes	5 500	500	5 500
Monocytes	1 050	1 100	1 000

Numération et formule leucocytaire de l'enfant à terme

En même temps, la proportion de polynucléaires se modifie. Les polynucléaires sont chargés du nettoyage, de capter les microbes et de les éliminer. Il y en a environ 61 % au moment de la naissance. Ce chiffre diminue ensuite pour laisser place à une prédominance de lymphocytes, chargés essentiellement de fabriquer les anticorps de défense.

En plus, quoique nombreux, les leucocytes du nouveau-né sont déficients. Leurs activités sont normales, mais :

– ils ne savent pas se concentrer efficacement aux endroits enflammés ;

– plusieurs facteurs sanguins qui « fragilisent » les bactéries pour les rendre plus sensibles à la captation par les leucocytes (phagocytose) et à leur destruction (bactéricidie) sont absents : déficit des anticorps de la classe des IgM, taux abaissé des facteurs du complément et déficit des systèmes enzymatiques responsables de leur activation.

Le fœtus est capable de produire des immunoglobulines

Il possède des lymphocytes B, donc est capable de produire des immunoglobulines dès la 13e semaine de grossesse. Pourtant, dans les conditions normales, c'est-à-dire en l'absence d'infections maternelles, il n'a pas eu à mettre en route ce mécanisme de défense et donc, à la naissance, il n'a pas commencé.

Par contre, pendant toute la grossesse, et de plus en plus au fil des semaines, il a reçu à travers le placenta des **IgG fabriquées par sa mère** et dont la durée de vie est de 90 jours environ. Il est donc potentiellement protégé contre presque toutes les agressions auxquelles sa mère a été exposée tout au long de sa vie. Si la mère a eu par exemple dans l'enfance la rougeole ou la varicelle, le nouveau-né ne peut les attraper tant que les IgG maternels transmis à travers le placenta sont encore efficaces. Ce capital anti-infectieux est l'une des sécurités fondamentales des trois premiers mois de vie.

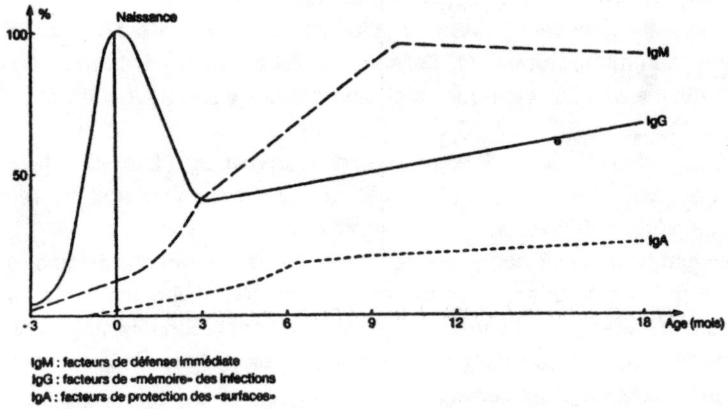

Évolution du taux d'anticorps du nouveau-né

> **Dès les premiers instants, l'enfant met en route sa propre fabrication d'anticorps.**

• Dès qu'il arrive à l'air et donc quitte son œuf stérile, **le nouveau-né produit des IgM, anticorps de défense « immédiate »**. Leur taux s'élève rapidement pendant les premières semaines de vie pour atteindre des valeurs proches de celles de l'adulte entre 3 et 6 mois. Lorsque le taux des IgM est élevé, cela signifie que l'enfant a subi une infection récente, en tout cas de moins de trois mois. Ces anticorps servent à envelopper et inactiver les germes dangereux.

• **Le nouveau-né produit aussi des IgG, anticorps de la « mémoire des infections »**. Ils circulent dans l'organisme longtemps après une rencontre avec un germe, parfois pendant toute la vie. C'est grâce à eux que l'on est « immunisé ». Si un germe déjà connu pénètre dans l'individu, les IgG le reconnaissent instantanément et déclenchent l'alerte. Tous les moyens de défense sont alors mis en œuvre pour juguler au mieux l'infection. Les IgG permettent donc une réponse très rapide et efficace lorsque l'organisme est soumis à l'action d'un germe qu'il a déjà rencontré.

Dans un premier temps, le nouveau-né les fabrique lentement et, comme il détruit plus vite ceux de sa mère qu'il n'en construit, le taux global baisse de la naissance à trois mois environ, puis remonte lentement ensuite.

• **Le nouveau-né fabrique aussi des immunoglobulines A (ou IgA)**. Ce sont des anticorps de « protection des surfaces et des sécrétions ». Nous en avons sur les muqueuses du tube digestif et de l'arbre respiratoire, dans les larmes, la salive, les sécrétions bronchiques, partout où l'« intérieur » de l'organisme est en contact avec l'extérieur, l'air, les aliments, etc.

Ces IgA apparaissent beaucoup plus lentement que les deux autres fractions d'immunoglobulines. Ils sont présents dans les larmes dès la naissance, mais les taux sériques n'atteindront des valeurs proches de celles des adultes que vers 12 à 16 ans. Ceci explique la fréquence des rhino-pharyngites, des otites, des infections pulmonaires et digestives chez le jeune enfant, pendant plusieurs années. Il doit se « vacciner contre son environnement », et cela prend beaucoup de temps…

• **Les lymphocytes T** sont, eux, responsables de **l'immunité tissulaire**: ils permettent les mécanismes de sensibilité retardée, l'élimination de tissus étrangers et d'une grande variété de germes. Ils sont reconnaissables dans le sang du fœtus dès la neuvième semaine de gestation. À la naissance, ce type d'immunité est bien développé.

Tous ces facteurs spécifiques du tout-petit ne pourraient suffire à lui assurer une défense immunitaire réellement satisfaisante. On sait bien qu'avant ces dernières décennies, la mortalité pour raisons infectieuses des bébés de moins de trois mois était d'une extrême fréquence et qu'elle reste très élevée encore sur une grande partie de la planète. On sait aussi que cette mortalité dans les pays sous-développés est d'autant plus élevée que les nouveau-nés ne bénéficient pas de l'allaitement maternel. C'est un fait d'expérience, reconnu depuis la plus haute antiquité et dans toutes les régions du monde; un fait que l'on tend à oublier dans les pays où l'élévation du niveau sanitaire et l'avènement des antibiotiques ont modifié les risques. Pourtant, même dans les régions et pour les populations les plus favorisées, il existe une différence

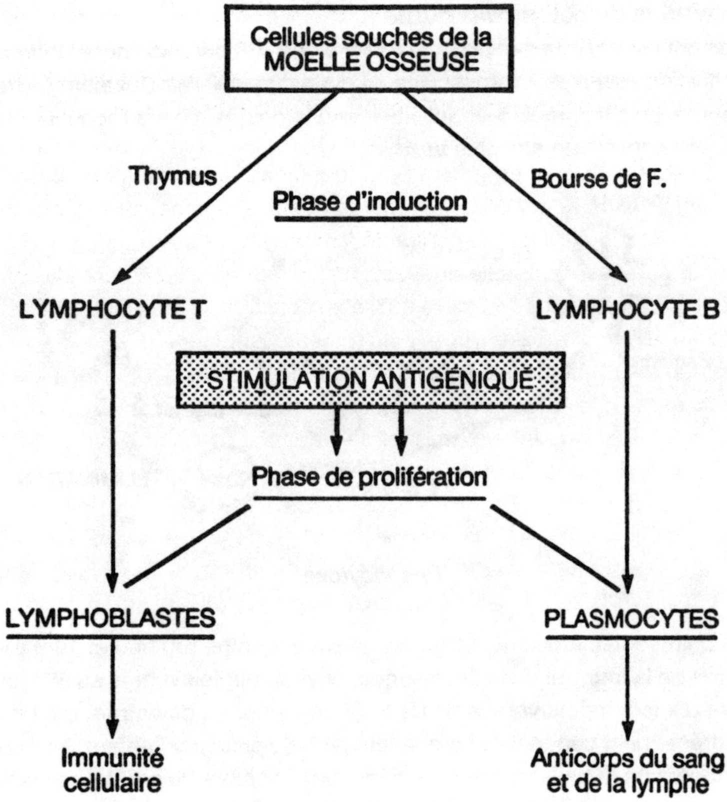

Les différents types d'immunité et leur support cellulaire

significative de fréquence et de gravité des maladies infectieuses chez les tout-petits, selon qu'ils sont ou non nourris du lait de leur mère. Nous retrouvons là un des mécanismes exceptionnels de défense de la période néonatale : le corps de la mère et le colostrum de la mère vont assurer le relais immunitaire, relais adapté de chaque mère à chaque enfant et qui se modifie dans le temps au fur et à mesure que l'enfant acquiert ses propres moyens de lutte. Analysons ce point.

Le colostrum est riche en éléments de défense

Il a le pouvoir d'améliorer de multiples façons les mécanismes de défense du nouveau-né, car les facteurs immunologiques qu'il contient vont intervenir les uns sur les autres pour renforcer mutuellement leur action.

Les cellules du colostrum humain

Elles ont été aperçues et photographiées en 1839 par Alexandre Donné, qui croyait voir de simples « corpuscules ». Leur nature cellulaire fut affirmée trente ans après, en 1868, mais leur activité immunologique n'a été reconnue qu'en 1966, soit cent trente ans plus tard !...

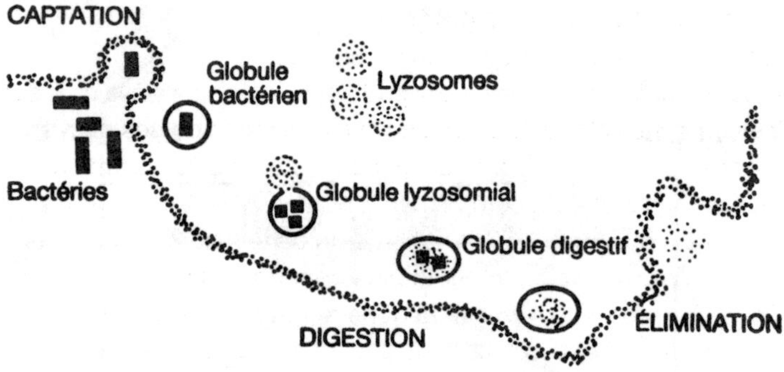

Phagocytose

Les chiffres habituellement trouvés se situent entre 100 000 et 10 millions par millilitre le jour qui suit la naissance, environ dix fois moins au 5e jour, et encore dix fois moins vers la fin de la 3e semaine. Le colostrum du 1er jour est extrêmement concentré. La quantité globale prise par l'enfant, jour après jour, augmente régulièrement. Il s'ensuit que le nombre de cellules réellement absorbées par le nouveau-né est relativement stable d'un jour à l'autre.

Ces cellules ont une répartition différente de ce que l'on rencontre dans le sang :

• 40 à 50 % de macrophages monocytaires. Ils sont chargés de la phagocytose. De plus, ils synthétisent des facteurs de défense (fractions du complément, lyzozyme, lactoferrine) et servent de transporteurs, capables de libérer des immunoglobulines de façon retardée. Ils jouent un rôle préventif essentiel dans la prévention de l'entérocolite nécrosante du nouveau-né, maladie infectieuse digestive absolument dramatique, souvent mortelle. Cette dernière est à peu près inconnue chez les enfants nourris directement au sein, mais pas toujours évitée avec le lait des lactariums, car ces cellules adhèrent sur les parois de verre des flacons de recueil du lait et n'arrivent pas jusqu'aux nouveau-nés.

• 40 à 50 % de polynucléaires neutrophiles, identiques à ceux du sang et chargés de l'élimination des bactéries (phagocytose et bactéricidie).

• 5 à 10 % de lymphocytes, représentés pour moitié par des cellules B et pour moitié par des cellules T, porteurs d'immunoglobuline IgA. Leur rôle est avant tout la production des immunoglobulines sécrétoires IgAs, des médiateurs solubles (ceux qui « fragilisent » les bactéries) et de l'interféron (facteur de défense antiviral). Ils apportent donc les éléments complémentaires indispensables à l'activité des cellules sanguines du nouveau-né.

Les facteurs humoraux de défense

Ils ont tous été cités au paragraphe précédent.

• La lactotransferrine qui se lie aux protéines nécessaires à la croissance de certaines bactéries et, donc, empêche la prolifération de ces dernières.

• Le lyzozyme, enzyme, comme son nom l'indique, de lyse microbienne.

• Les fractions 3 et 4 du complément.

• L'interféron qui permet l'élimination d'un certain nombre de virus.

• L'IgA sécrétoire est le facteur le plus important. Il s'agit d'une immunoglobuline qui résiste à la digestion et donc retrouvée en grande quantité dans les selles des enfants nourris au sein. Son rôle est complexe :

– elle empêche les bactéries de se fixer sur les parois de l'intestin ;

– elle favorise la phagocytose, en particulier par les monocytes ;

– elle neutralise certains virus ;

– elle a une activité bactéricide directe ;

– elle a une activité de fixation, d'agrégation des antigènes, permettant leur élimination. Contrairement à ce que l'on a longtemps cru, cette immunoglobuline sécrétoire semble passer dans le sang des nouveau-nés humains pendant les premiers jours de la vie, et son rôle ne se limiterait donc pas à la protection digestive du tout-petit, mais bien à celle de tout son organisme.

Un point essentiel à signaler, c'est que cette défense anti-infectieuse du colostrum et du lait humain n'existe que dans les conditions physiologiques, c'est-à-dire **lorsque le nouveau-né tète directement le sein de sa mère.** Chaque technique de recueil et de transfert de lait maternel va s'accompagner de la perte d'une bonne partie de ces facteurs qui se fixent sur les parois des récipients et sont retrouvés ensuite… dans l'eau de vaisselle. Les techniques de conservation du lait employées dans les lactariums détruisent ce qui reste… C'est pourquoi il est tellement important de ne pas perturber les mécanismes spontanés de l'allaitement et d'éviter à tout prix les « manipulations intermédiaires » entre les nouveau-nés et leur mère, même transitoires. Nous y reviendrons.

Un dispositif biologique, biochimique

Mais les facteurs de défense du colostrum et du lait ne s'arrêtent pas à cette longue énumération de cellules et de facteurs humoraux. Il existe en plus un dispositif biologique, biochimique, lié à la composition chimique du lait.

Richesse en lactose et en oligosaccharides, taux faible du phosphore et concentration faible en protéines, entraînent dans l'intestin du nouveau-né un résidu acide important. Cette acidité va induire :

– un transit intestinal rapide (selles fréquentes et liquides) empêchant la stase intestinale, donc l'infection ;

– la multiplication de germes spécifiques du nouveau-né au sein, les lactobacilles « bifidus ». Ils « occupent le terrain » et, ainsi, protègent l'intestin de la colonisation par d'autres germes pathogènes de putréfaction.

La formidable adaptation des moyens de défense entre l'enfant et sa mère

C'est ce qui est le plus captivant à analyser. Nous avons vu qu'au moment de l'accouchement, l'enfant est directement et massivement en contact avec les germes de sa mère, en particulier ceux du tube digestif, à cause du contact anus maternel-bouche du bébé au moment du dégagement de la tête. À partir de ce contact, le tube digestif du nouveau-né, jusque-là stérile, va s'inonder de germes en quelques heures. Il y a une remarquable concordance entre les germes qui colonisent l'enfant et ceux de sa mère.

Cette colonisation est extrêmement précoce. Selon plusieurs études concordantes :

– aucun des prélèvements de selles effectués à un jour de vie n'est stérile ;

– le premier méconium est déjà très contaminé dans 91,4 % des cas ;

– le nombre de bactéries par gramme de selles fraîches prélevées après 21 heures de vie est rarement inférieur à 1 milliard... représenté par plusieurs espèces différentes, en grande partie identiques à celles de la mère, les autres apportées par l'environnement.

Si le résultat des prélèvements est à peu près identique pendant les deux premiers jours, quel que soit le mode d'alimentation, nous allons assister à une différenciation rapide de la contamination à partir du 3e jour selon que l'enfant reçoit ou non le colostrum de sa mère. Les enfants nourris au lait artificiel présentent une colonisation d'abord plus massive en nombre, avec de nombreuses espèces bactériennes différentes et des espèces plus pathogènes, plus dangereuses que celles rencontrées chez l'enfant au sein.

L'organisme de la mère fournit à l'enfant, à travers le lait, une protection toute spéciale

La différence est due aux nombreux facteurs de défense que nous avons énumérés plus haut, mais aussi au fait que l'organisme de la mère fournit à l'enfant, à travers le lait, une protection toute spéciale.

En effet, le corps de la mère peut fournir à son tout-petit, par le biais du colostrum, **le moyen de se détendre contre les germes dont elle-même est porteuse.** Il existe, dans l'intestin grêle de la femme, des amas de cellules nommés plaques de Peyer, remplis de lymphocytes à IgAs. Les germes transitant dans l'intestin de la mère stimulent ces lymphocytes qui vont gagner la glande mammaire par la circulation lymphatique puis sanguine. Arrivés dans le sein, ils sécrètent des immunoglobulines IgAs qui (par un mécanisme mal connu) passent dans le lait, et donc rejoignent l'intestin du bébé où elles vont lutter contre les bactéries indésirables.

L'enfant est ainsi protégé de l'action de ces mêmes bactéries qui, d'emblée, envahissent son tube digestif. Et ces bactéries, présentes mais non dangereuses, limitent à leur tour la mise en place d'autres types de germes. C'est un mécanisme inimitable de protection spécifique.

Une conclusion pratique devrait absolument découler de ce type de connaissances : **les germes les moins dangereux pour le tout-petit, ceux contre lesquels il se défendra le mieux, sont ceux de sa mère.** Elle peut le toucher, le caresser, le prendre auprès d'elle dans son lit, sans que l'on puisse

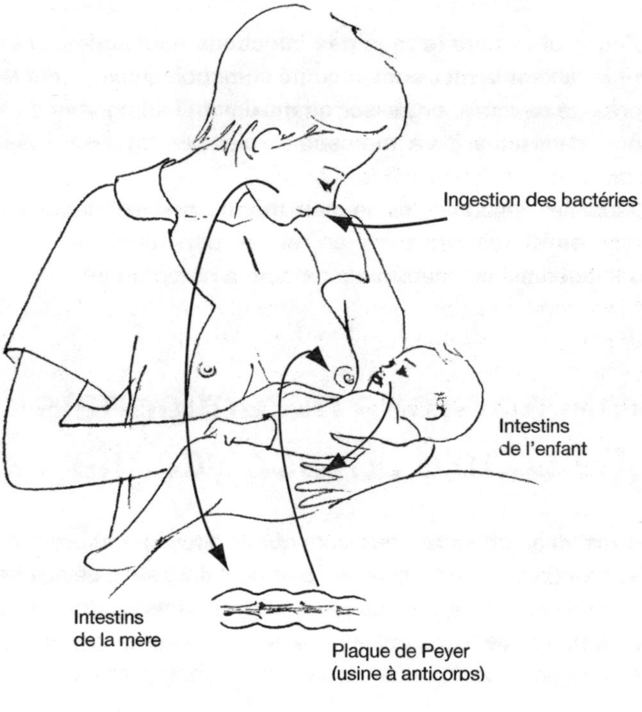

parler de « faute d'hygiène ». Au contraire, ce faisant, l'enfant et sa mère se créent l'un l'autre le même environnement microbien, le même « milieu écologique », dont ils ont, l'un par l'autre, les moyens spécifiques de contrôle et de défense.

Malheureusement, dans la plupart des maternités et pour des raisons de morale mythique mal évacuée, il est bien plus fréquent d'interdire ce genre de contact, de séparer les nouveau-nés de leur mère par des vitres ou de les mettre dans des pièces radicalement séparées où ils ne peuvent se rejoindre. L'enfant est alors soumis aux soins, jamais aseptiques, souvent très contaminants du personnel soignant, alors qu'il n'a aucun moyen de défense contre les germes qui lui sont ainsi fournis... Sans compter que les hôpitaux et cliniques sont des réservoirs de germes dits « résistants », bien plus dangereux que ceux de l'environnement général.

Que peut-on imaginer de plus contaminant que les mains, les vêtements du personnel soignant appelé à circuler d'une chambre à l'autre, d'un enfant à l'autre, d'un sac de linge sale à un plateau de nourriture, d'un enfant malade à un autre qui ne l'est pas, des couloirs où circulent les visiteurs aux chambres des jeunes accouchées, ramassant au passage les microbes de tout l'établissement ?

Si l'on veut réduire le taux des infections néonatales, si l'on veut offrir à l'enfant la meilleure sécurité immunologique, il faut le laisser auprès de sa mère, organiser au maximum l'autonomie de la jeune femme dans les soins à son bébé et, bien sûr, favoriser l'allaitement au sein.

Dans ce domaine, les jeunes mères, souvent insuffisamment informées et responsabilisées, et les personnes de tout niveau travaillant dans les maternités ont tout à réapprendre.

Les mécanismes exceptionnels de lutte contre l'hypoglycémie

Nous avons vu au chapitre précédent que le nouveau-né consomme ses réserves énergétiques dès sa naissance et qu'il doit, sans délai, chercher à s'alimenter. Son organisme s'est pourtant préparé partiellement à la cessation brutale des apports, liée à l'accouchement, et a prévu, là encore, un « système d'appoint » provisoire pour limiter les risques d'hypoglycémie.

Plusieurs éléments exceptionnels de sécurité vont tenter de limiter les risques liés soit au retard alimentaire, soit aux dépenses énergétiques excessives des nouveau-nés pendant les premières heures de vie :
– la présence de liquide amniotique dans l'estomac ;
– la composition tout à fait adaptée du colostrum des premières heures ;
– les carburants alternatifs ;
– les mécanismes de protection exceptionnelle du cerveau.

La présence de liquide amniotique « sucré » dans l'estomac

Nous avons vu au chapitre précédent que le fœtus *in utero* sait sucer son doigt et déglutir. Ce faisant, il ingère une bonne quantité de liquide amniotique. On a pu estimer que la quantité ainsi déglutie est de 500 ml par 24 heures. Ce liquide remplit l'estomac, la partie haute de l'intestin grêle. Il est ensuite absorbé par le sang de la circulation générale du fœtus, est filtré par les reins, puis uriné. Il y a donc, pendant la gestation, un véritable processus de digestion, puis élimination du liquide amniotique.

Or, ce liquide contient un peu de glucose : 0,50 g/l dans les premiers mois de la grossesse, 0,20 g/l à l'approche du terme.

Au moment de la naissance, la fraction de ce liquide contenue dans l'estomac et l'intestin du nouveau-né va représenter une source – limitée certes – d'apport sucré utilisable dans les premiers moments de la vie.

Il a été dit par certains chercheurs que l'aspiration systématique des nouveau-nés favorise les hypoglycémies secondaires. On ne devrait aspirer le contenu gastrique que lors de naissances difficiles : pour les enfants prématurés ou en état de détresse, car ceux-ci risquent de faire des fausses routes pour des raisons neurologiques.

Pour tous les autres nouveau-nés, lorsque tout se passe bien, il est plus judicieux de laisser cette « petite réserve d'appoint ». Autant il est utile de vérifier, pour chaque enfant, la perméabilité de l'œsophage par la mise en place douce d'une sonde gastrique avant la première alimentation, autant la vidange de l'estomac qui complète souvent ce geste me paraît inutile, voire préjudiciable au démarrage du tout-petit.

La mise en route du **transit intestinal** est l'une des conditions favorables au bon début de l'alimentation. Il existe de façon physiologique chez les humains un lien direct entre le remplissage de l'estomac et la vidange intestinale, c'est ce que l'on appelle le « réflexe gastrocolique ». Spontanément, les jeunes enfants vont à la selle au milieu des repas, car ce réflexe est très actif… et je crois que seuls les principes éducatifs classiques nous l'ont désappris !

Au moment de la naissance, la portion terminale de l'intestin est encombrée d'un magma noirâtre, résidu de toute l'activité et du renouvellement des cellules de la muqueuse intestinale pendant de longs mois. Ces premières selles, ou méconium, sont épaisses, abondantes, gluantes, difficiles à éliminer.

Le **colostrum** des seins de la mère va apporter la « solution » à ce problème : il agit, par **effet laxatif** direct, sur la motricité du tube digestif et induit, en quelques heures, une très bonne vidange intestinale, donc l'expulsion du méconium. Le tube digestif est alors prêt à fonctionner ; l'enfant peut se nourrir librement.

Le colostrum

Un aliment qui permet des économies d'énergie

Les nutriments du lait colostral sont « prêts à l'emploi ». Pas besoin de digestion dans l'intestin, ils passent tout seuls. Pas besoin de transformation au niveau du foie, ils peuvent être transmis tels quels et seront directement utilisables. L'économie de travail ainsi générée est nette. Un faible volume de lait permet un apport nutritionnel et calorique optimal.

Un aliment hautement énergétique

Comme tous les laits, le colostrum est riche en énergie : 650 à 670 Kcal. Mais cette énergie n'est pas répartie de la même façon que dans le lait mature.

◇ Il contient du **lactose,** mais deux fois moins que quelques jours plus tard (32 g/l au lieu de 60 g/l). L'utilisation de ce sucre nécessite une transformation chimique en ses deux constituants, le glucose et le galactose. La digestion intestinale enzymatique le divise en ses deux composants, puis les fonctions métaboliques du foie permettent de transformer l'un en l'autre, en fonction des besoins énergétiques ou de construction. Le glucose, en effet, ne sert qu'à l'apport d'énergie pour le fonctionnement cellulaire. Le galactose, lui, entre dans des mécanismes biologiques complexes : énergie directe des cellules cérébrales, fabrication de gangliocérébrosides pour la construction du tissu graisseux cérébral, rôle dans l'épuration de la bilirubine, donc prévention des ictères... Or, il y a souvent un décalage de quelques heures ou de quelques jours pour la mise en route de ces fonctions.

◇ Pour pallier les conséquences de ce décalage, le colostrum va fournir une source d'énergie supplémentaire, utilisable sans délai et sans transformation. Ce sont les **oligosaccharides ou gynolactose**. Il en contient entre 10 et 30 g/l qui vont servir de relais énergétique et de support des fonctions enzymatiques pour les premiers moments de la vie. Dès que l'enfant est habitué à sa nouvelle alimentation, dès qu'il a pu constituer ses premières réserves de glycogène et lorsque ses principaux métabolismes sont bien fonctionnels, le taux d'oligosaccharides du colostrum va baisser progressivement pour se situer à 10 g/l dans le lait mature. Parallèlement, le taux de lactose augmentera jusqu'à 60 g/l, devenant à son tour le principal carburant énergétique. On ne dispose pas encore, sur le marché, de lait ou de produit de substitution pouvant apporter au bébé nourri au biberon l'équivalent énergétique des oligosaccharides. Les laits diététiques du 1er âge sont entièrement sucrés au lactose, ou contiennent, outre le lactose un petite quantité de dextrine maltose. Aucun d'entre eux ne contient de sucres simples directement assimilables. L'enfant au biberon a donc un effort spécial à fournir pour métaboliser et utiliser sans délai le lactose. Ce n'est pas impossible... Mais cet effort supplémentaire peut faire problème pour les enfants « limites », en particulier ceux de très petit poids de naissance et ceux qui sont nés quelques semaines avant terme.

◇ Le colostrum peut fournir des « **carburants alternatifs** ». Il est riche en graisses, en acides gras. Pour être utilisées, les graisses doivent être transformées par le foie, transformation qui libère deux composants : le glycérol et les corps cétoniques. Nous pouvons indifféremment utiliser les graisses alimentaires ou celles de nos réserves adipeuses. C'est alors ce que l'on appelle la néoglucogenèse, que nous tentons de mettre en route efficacement quand nous nous nous imposons un régime pour maigrir....

• Pour nous adultes, le glycérol entre dans la constitution de notre matière vivante, peut servir à refabriquer du glucose, donc reconstituer des réserves de glycogène tandis que les corps cétoniques (ce qui donne les « crises d'acétone » des jeunes enfants) ne produisent rien et sont éliminés par les urines.

• Chez le nouveau-né, ces deux produits vont être utilisés par des mécanismes biochimiques exceptionnels. Le glycérol peut être brûlé pour fabriquer de l'énergie sans retransformation en glucose. Les corps cétoniques sont directement utilisés par le cerveau, pour le fonctionnement énergétique des neurones, et représente, près de 40 % de l'énergie consommée. Cela signifie que, même lorsque le glucose sanguin baisse, l'énergie nécessaire au bon fonctionnement cérébral est assurée... à condition, comme nous l'avons déjà dit, de s'interdire de donner de l'eau ou des boissons sucrées au bébé. Elles provoquent une montée de l'insuline qui bloque radicalement ce mécanisme d'utilisation des graisses.

Par ces mécanismes, le nouveau-né est protégé. D'autant plus qu'il tétera souvent, longuement, efficacement. La meilleure transition après une alimentation continue ne peut se concevoir que par des apports fréquents, répétés, non limités. Comment justifier des rythmes imposés, l'espacement des repas et l'attente en pleurs, sinon par de vieux principes à ranger sans crainte au musée de la médecine préhistorique.

> Dans les premiers jours de vie, plus l'enfant tète, mieux c'est. Ainsi l'organisme de sa mère prend-t-il le relais du placenta nourricier ; le colostrum assure les apports indispensables et l'enfant dont les besoins énergétiques fondamentaux sont satisfaits a la « disponibilité » de découvrir l'univers qui s'offre à lui.

D'autres mécanismes de protection

D'autres mécanismes, vont renforcer encore la protection du cerveau contre une hypoglycémie sévère qui, dans certains cas graves, pourrait compromettre l'état neurologique du bébé et mettre sa vie en danger. Ils sont de connaissance récente, leurs mécanismes encore mal élucidés, mais leur étude permet de revoir très sérieusement nos habitudes de contrôles trop systématiques des glycémies chez les nouveau-nés en bonne santé.

◇ **Le nouveau-né peut fabriquer de l'énergie avec de l'acide lactique.** Chez nous, adultes, l'acide lactique est produit dans le travail musculaire intensif, surtout si l'apport en oxygène est insuffisant. Il est responsable des courbatures après un effort inhabituel ou trop violent. L'utérus de la mère pendant l'accouchement subit exactement ce type d'effort – en restriction d'oxygène du fait de la constriction des vaisseaux – et produit beaucoup d'acide lactique. Le bébé va l'utiliser pendant les premières heures de vie (probablement les quatre premières heures) et le consommer pour fabriquer de l'énergie, ce qui économise d'autant son stock de glycogène au niveau du foie.

◇ **Le cerveau a sa propre réserve de glycogène.** Le cerveau du bébé n'est encore que partiellement construit et nécessite peu d'énergie si on le compare à ce qu'il consommera, par exemple, un an plus tard. Mais les astrocytes, cellules dont le principal rôle est de fabriquer la gaine de myéline qui protégera les nerfs centraux de la dégénérescence et multipliera la vitesse de transmission des influx nerveux, sont, à la naissance, remplies de glycogène. Notre cerveau d'adulte n'en contient presque pas, celui des bébés beaucoup. Pourquoi ? Comment est-il utilisé ? Encore des questions auxquelles il est trop tôt pour répondre.

◇ En cas de baisse vraiment dangereuse du glucose sanguin, tout l'organisme va se mobiliser pour protéger l'organe le plus essentiel et le plus vulnérable : le cerveau. Sous l'influence de **mécanismes hormonaux** qui restent à préciser, la circulation sanguine modifie préférentiellement son débit. Les membres, le tronc, l'abdomen sont mis en veilleuse, et une large part du flux sanguin est dirigée vers le cerveau. Peu de sucre présent, mais augmentation nette des apports locaux. Encore un bon moyen de protection.

Tous ces éléments de protection ont permis aux experts de l'Organisation mondiale de la santé, d'écrire, dans une revue de la littérature parue en 1997, que chez l'enfant à terme, sans facteurs de risque, il n'y a pas d'hypoglycémies par carence d'apport, à la condition de tenir compte de deux paramètres : qu'il puisse se nourrir librement, aussi souvent qu'il le désire, avec une succion efficace, et deuxième point, qu'il n'ait pas eu froid. La conduite à tenir dans nos maternités est donc simple.

Chapitre 4

NAÎTRE, c'est créer des liens

Si les données de la neurophysiologie sont exactes, alors le jour le plus important de la vie est le premier, puis le deuxième et ainsi de suite...

J.E. Cohen-Solal

Un nouveau-né pleurait dans son berceau. Il pleurait depuis près de vingt-quatre heures, longuement, désespérément, sans que rien ne puisse le consoler. Il ne pouvait ni manger ni dormir. La mère, anxieuse, l'avait gardé dans ses bras de longs moments, affolée et maladroite, puis, aidée par la puéricultrice, avait essayé de lui montrer où téter. Il avait détourné la tête et continué de pleurer. La puéricultrice du service l'avait déshabillé, regardé sous toutes les coutures, à la recherche d'une anomalie pouvant expliquer ces larmes. Elle lui avait imposé un biberon qu'instantanément il avait vomi. Un pédiatre, appelé en urgence, avait longuement examiné l'enfant, avait fait vérifier par une prise de sang au talon l'équilibre de ses principaux paramètres biologiques, pour conclure que tout était normal.

Et l'enfant pleurait toujours... Sa mère aussi; atterrée d'un tel comportement, elle demandait de l'aide à toutes les personnes qui entraient. « Ce n'est pas normal de pleurer ainsi, ce n'est pas possible qu'il continue, je n'arrive pas à supporter ses hurlements, je ne comprends plus rien; pourquoi me fait-il cela, je l'attendais avec tant de bonheur... On dirait qu'il ne sait pas qui je suis...! »

Entendant cette dernière phrase par hasard, j'ai seulement dit : « Mais vous, lui avez-vous dit qui vous êtes ? Il est né pendant votre sommeil, il ne vous a peut-être pas reconnue ! » et j'ai quitté la chambre. Dix minutes après, la puéricultrice me racontait que l'enfant s'était endormi paisiblement, la tête sur le ventre de sa mère.

Je raconte cette histoire car je la trouve très significative de ce que l'on voit souvent dans les maternités. Cette femme avait été endormie au moment de l'expulsion et n'avait pas vu naître son bébé. Quand elle s'était réveillée, l'enfant dans son berceau pleurait déjà. Inquiète, fatiguée, elle avait tout de suite demandé de l'aide, parlant beaucoup avec les puéricultrices pour savoir ce qui se passait et comment y remédier. Toutes les solutions « techniques » envisageables avaient donc été proposées, l'une après l'autre : le bercement, le biberon, le change, l'examen spécialisé... évidemment sans résultat. Nous avons tellement l'habitude de raisonner en termes de technique plutôt qu'en termes de relation ! Bien sûr, il faut les deux, mais il est tellement plus fréquent d'oublier la relation au profit du geste médical, rassurant. Personne ne s'est demandé ce qui pouvait motiver une telle détresse.

L'enfant séparé de sa mère brutalement au moment de la naissance, coupé de son odeur, de sa voix, des caresses sur son corps n'avait pas pu « créer de liens ». Il était isolé dans son berceau, affolé de la solitude et des voix étrangères qui résonnaient autour de lui, qui jamais ne s'adressaient à lui, incapable de retrouver ses propres repères, longuement préparés, expérimentés pendant la vie prénatale. Il n'avait qu'un seul moyen (oh combien puissant !) d'exprimer sa détresse, son besoin de relation.

Aux premiers mots de sa mère à lui adressés, au premier échange vrai de regards, lorsqu'elle l'a pris dans ses bras en lui parlant d'elle et de lui, et non plus en s'adressant à quelqu'un d'autre au pied du lit, l'enfant, épuisé, s'est endormi.

Il avait créé le lien, il avait retrouvé sa mère, il pouvait enfin se reposer.

Cette anecdote illustre bien la demande relationnelle du nouveau-né et la violente angoisse qu'il peut manifester, si ce besoin fondamental n'est pas assuré, si personne ne comprend ce qu'il tente de faire et de dire.

Il me paraît donc indispensable de décrire ce qui fait la relation vitale entre un tout-petit, sa mère, son père, puis secondairement le reste de son environnement. Cette relation depuis longtemps vécue à travers les parois de l'œuf et de l'utérus ; relation qui va s'inventer, après la naissance, d'autres modes, d'autres formes, d'autres temps ; relation aussi importante pour la survie et l'équilibre du tout-petit que pour donner à ses parents leur réalité profonde de « père » et « mère ».

Le lien sensoriel

La vie intra-utérine est d'une grande richesse sensorielle. Contrairement à ce que l'on entend souvent, le fœtus n'est ni aveugle ni sourd, ni immobile, figé dans sa boîte, ni... Il n'habite en aucun cas dans un « caisson d'isolation sensorielle » comme ceux que l'on avait inventés, pour soi-disant recréer des conditions de vie intra-utérine et repartir aux racines de soi-même (!). Raconter cet univers, et donc tenter de décrire l'adaptation que le bébé doit s'inventer pour retrouver son nouvel équilibre d'enfant-né, c'est énumérer une somme incroyable d'évidences. Mais je vais le faire, longuement, car je crois que dans notre prétendue civilisation, et d'abord dans les hôpitaux, on a tout oublié !

L'utérus est d'abord un lieu sonore

Bruits des battements cardiaques de la mère ; plus proches encore, bruits de l'aorte et des gros vaisseaux abdominaux, chacun avec son débit, donc sa tonalité différente ; bruits intestinaux multiples exactement identiques à ce que nous percevons en posant l'oreille sur le ventre de quelqu'un ; bruits de la voix maternelle transmise des poumons à l'utérus à travers le diaphragme, et déformée par le liquide amniotique ; bruits des voix extérieures et de l'environnement, bruits de musique, de voiture, de machines, de cris, ou brouhaha de foule. Le fœtus est au cœur de tout cela, avec sa mère. Les bruits sont déformés par la présence de liquide, et l'on a pu démontrer que les bruits graves sont les mieux transmis et que les bruits les plus aigus sont les plus filtrés. Tous sont également atténués de façon importante, mais, au-delà d'une certaine intensité, ils sont audibles.

La différenciation anatomique de l'organe auditif est assez précoce pendant la vie intra-utérine. Au cours du 5e mois, l'organe de Corti termine son développement (il s'agit du premier système récepteur et analyseur des stimulations sonores) et l'on peut déjà identifier les terminaisons du nerf auditif. Plus tard, vers 6 ou 7 mois, on peut reconnaître la maturation des racines nerveuses efférentes, puis celles de l'oreille moyenne et externe. Plus tard encore, autour de 8 mois, apparaîtront les premiers potentiels cérébraux évoqués (voir page 207), témoins encéphalographiques absolus d'une activité cérébrale auditive. Il est bien sûr impossible de faire coïncider exactement ces signes anatomiques avec le début réel de l'audition, et d'affirmer le moment exact auquel le fœtus commence à entendre. Il semble que ce phénomène puisse exister bien avant la maturation définitive.

Des expériences récentes ont montré des réactions du fœtus à des stimulations auditives, entre le 6e et le 7e mois de vie intra-utérine. À ce stade, il est possible de le faire sursauter à un bruit, même si sa mère, elle, ne l'entend pas (parce qu'on lui a mis un casque isolant par exemple). On a pu enregistrer également des modifications de rythme cardiaque ou des mouvements répétés au cours d'expériences de stimulations. Il a également été maintes fois rapporté que des fœtus in utéro se calment systématiquement à l'audition d'une musique écoutée par leur mère.

À la naissance, cet environnement sonore va changer radicalement. Le « bruit de fond maternel » va disparaître, mais l'appareil auditif, parfaitement mature et libéré de son filtre amniotique va pouvoir enregistrer le moindre bruit : les voix, les mots, les bruits de pas ou de matériel médical, etc.

Il existe depuis 1979, aux États-Unis et au Japon, un disque d'enregistrement des bruits intra-utérins qui s'est vendu à des millions d'exemplaires, sa publicité ayant lancé l'idée que ces bruits calment les nouveau-nés. Ces derniers mois sont réapparus, dans les magasins spécialisés en articles pour enfants, ces mêmes enregistrements dans des ours en peluche. En tirant sur une ficelle, on fait entendre au bébé un bruit artificiel censé reproduire l'univers sonore de la grossesse. Bien sûr, la publicité parle d'apaisement et de « meilleur moyen pour endormir un bébé ». On pourrait, à la limite, justifier de tels objets pour les prématurés brusquement séparés de leur mère et perdus dans l'environnement très sonore, mais complètement étranger, de la couveuse. Mais pour les autres, les enfants à terme, c'est une aberration.

- Si le nouveau-né est perdu, un peu affolé par la brusquerie du changement, le meilleur moyen de lui faire « réentendre sa mère » n'est-il pas de le reposer sur son ventre à elle ? Et si elle n'est pas là, ou pas disponible, le bruit du cœur du père ou d'une grand-mère ne peut-il faire l'affaire ?
- La naissance est un temps pour changer. L'enfant a-t-il vraiment besoin ou envie d'écouter pendant encore des semaines ce bruit d'un « autre temps » ? Ne risque-t-on pas de parasiter, de retarder gravement les moments d'un autre apprentissage, d'autres découvertes ?
- Quelle sécurité l'enfant peut-il se découvrir à travers ces bruits, s'ils ne sont pas accompagnés de tout le reste de l'environnement utérin : la chaleur de l'eau, l'obscurité, le mouvement du corps de la mère ? L'enfant né se doit de découvrir une autre sécurité, une « sécurité extra-utérine », qui ne se trouve sûrement pas dans une recherche régressive des modèles anciens.

Être parent, c'est aider le tout-petit à s'adapter en douceur à sa nouvelle audition, à une nouvelle écoute. C'est créer la transition entre l'environnement utérin, et les voix, les bruits, de son nouvel univers, c'est créer le lien. Si on peut le poser sur le ventre de sa mère le temps de « se retrouver », puis doucement, tendrement lui parler, le changer de position, le prendre dans les bras pour qu'il entende – à nouveau et autrement – le cœur de sa mère, ensuite lui faire entendre d'autres voix, d'autres bruits, je suis sûre qu'on l'aide en toute douceur, en toute sécurité à trouver son rythme, sa place sonore sur la planète des humains. Il sait entendre, il pourra écouter !

L'utérus est un lieu mobile en perpétuel mouvement

La mère marche, se promène, nage, danse, fait du sport, se baisse pour ramasser quelque chose à terre, tend le bras vers le haut pour attraper un objet. Assise, elle s'installera parfois raidement sur une chaise, légèrement penchée en avant, parfois paisiblement étendue en arrière sur une chaise longue. Elle se couche, elle peut se retourner, tantôt sur le dos, tantôt sur un côté, puis sur l'autre. Même au plus profond de son sommeil, son thorax et son abdomen se soulèvent au rythme de sa respiration, inlassablement, près de 40 fois par minute, et l'utérus est bercé par les battements, le balancement de l'aorte abdominale sur laquelle il repose.

L'enfant non né ne connaît pas l'immobilité. Il semble raisonnable de penser qu'il y a un lien entre ce mouvement incessant et la maturation précoce de l'appareil vestibulaire, ce mécanisme merveilleux de l'oreille interne responsable de l'équilibre et de la localisation du corps dans l'espace. Cet appareil est mature aux environs de cinq mois et demi de vie fœtale. Certains chercheurs pensent même qu'il servirait au fœtus à s'orienter, de façon active, pour sa présentation à l'accouchement… Cela, je crois, reste à démontrer.

Par contre, au moment de la naissance, dans les toutes premières minutes d'adaptation, pourquoi poser le tout-petit sur une table chauffante ou dans un berceau immobile et rigide ? N'est-il pas possible, ne vaut-il pas mieux le laisser avec ses parents, dans leurs bras, lové contre le ventre « mobile » de sa mère ou promené par son père ?

> **Il n'y a pas d'urgence à lui imposer l'immobilité. Ne se reposera-t-il pas d'autant mieux qu'il se sentira en totale sécurité avec ses parents qui ont eu le temps, le loisir de l'accueillir en priorité dans leurs bras, de le bercer, de lui faire vivre doucement le « passage » entre le mouvement utérin et son nouvel habitat ?**

L'utérus, espace clos

L'utérus est un espace clos étroitement enserré le long de l'enfant et d'autant plus limité autour de lui que l'on approche davantage du terme. Bien sûr, il y a de grandes variations individuelles. Une femme ayant eu de multiples grossesses a un utérus plus volumineux et plus extensible qu'une primipare. Le « volume habitable » est également fonction de la quantité de liquide amniotique. S'il y en a peu, l'enfant est étroitement enserré dans « sa boîte ». S'il est très abondant, le fœtus pourra se retourner et baigner librement pratiquement jusqu'au terme. Enfin, et c'est évident, les enfants des grossesses multiples – jumeaux, triplés, etc. – sont d'autant plus serrés qu'ils sont nombreux et que l'on approche du terme.

Cet espace est un espace rond, ou plus exactement, à la fin de la grossesse, un peu ovalaire, arrondi en haut et grossièrement conique dans sa partie inférieure. L'enfant y repose comme dans un hamac, le dos arrondi, tenu sur toute sa longueur. S'il a la tête en bas, les os du bassin forment un cadre rigide qui maintient fermement le front et l'occiput du bébé, les fesses, elles, étant calées dans le fond utérin. Si le fœtus est « en siège », c'est la tête qui se moule dans la concavité utérine et les fesses qui sont fixées dans le bassin de la mère.

> **En dehors de quelques anomalies de position tout à fait exceptionnelles, l'enfant non né a donc pour habitude de garder en permanence un dos arrondi et d'être fermement tenu au niveau des fesses et de la tête.**

À la naissance, les changements brutaux de position ne sont sûrement pas anodins. On n'y pense probablement pas assez dans les modalités d'accueil des tout-petits. Beaucoup d'enfants tardent à mettre en route leur automatisme respiratoire, si on les pose à plat dos sur un matelas rigide dès leur sortie de l'utérus. Il me semble que cette position devrait être réservée aux grandes réanimations, quand on ne peut faire autrement. Mais, dans toutes les autres circonstances, pourquoi ne pas **laisser le nouveau-né se « déplier » tout seul, d'abord arrondi, roulé en boule sur le ventre de sa mère, puis peu à peu essayant d'explorer l'espace, étirer un bras, une jambe, soulever activement sa tête et son cou, sentir la liberté de son dos ?...**

Savez-vous qu'en Suède il est enseigné à toute personne travaillant en maternité qu'un nouveau-né doit être laissé en position arrondie, tête vers le bas, jusqu'à la première respiration spontanée. Cela fait partie des gestes obligatoires, sur lesquels les enseignants insistent particulièrement. Pourquoi cela n'est-il jamais dit chez nous ?

En salle d'accouchement, il est très facile d'**éviter tout changement de position brutal**. Il suffit d'y penser, et tous les gestes que nécessite un tout-petit peuvent se faire en « position douce ».

• L'aspiration des voies aériennes, si elle est nécessaire, peut sans aucun problème être réalisée sur le ventre de la mère. C'est un geste extrêmement simple.

• Pourquoi ne pas essayer de l'habiller en le laissant couché sur le côté ? C'est tout aussi facile que de le mettre sur le dos.

• Il est de toute façon déconseillé, immédiatement après la naissance, de le coucher sur le dos. Il a besoin de pouvoir dégager son nez, sa bouche, au cas où des sécrétions viendraient à l'encombrer. Or, les secouristes le savent bien, seules les positions arrondies, sur le ventre ou sur le côté légèrement en avant, sont des positions de « sécurité ».

Dans ma pratique quotidienne, je suis frappée par le comportement des enfants selon la façon dont on les pose ou dont on les tient :

• Si l'on veut capter le regard d'un nouveau-né, favoriser sa vigilance et tester ses capacités de communication, le meilleur moyen, à mon avis – et s'il est réveillé bien sûr – c'est de le tenir fermement, face à soi, les fesses posées sur une des mains, et le cou, la tête, fermement maintenus par l'autre main. On est alors certain, en lui parlant doucement, de le voir ouvrir les yeux et chercher le regard.

• De même, si on le tient calé dans l'arrondi des bras, la tête et tout le dos en appui, les fesses assises sur une main ou sur le bassin de celui qui le porte.

• Par contre, beaucoup d'enfants hurlent, affolés, les bras tendus en l'air dans un effort saisissant pour se retenir si on les pose sur le dos, leurs vertèbres brutalement « déroulées », mises à plat. Il n'est pas rare de rencontrer des bébés de trois ou quatre semaines qui ne supportent absolument pas la position sur le dos et hurlent chaque fois que les parents veulent les habiller ou les changer dans cette position. Et l'examen pédiatrique du premier mois, si l'on veut éviter de les faire crier, devient une véritable acrobatie... L'interrogatoire des parents permet alors presque toujours de retrouver la notion d'un « hurlement premier », désespéré, dans les premières minutes de vie, au cours de l'un des premiers soins : aspiration du nez, habillement, premier examen... L'enfant a-t-il eu peur, a-t-il eu mal? On ne peut pas toujours traduire. En tout cas, il garde l'« empreinte » pendant plusieurs jours, voire plusieurs semaines, de quelque chose de violent au niveau de son dos et de son cou.

J'ai vu parfois des nouveau-nés endormis dans un hamac, lovés dans la toile tendue. Ils reposent avec un bonheur et une tranquillité qui étonnent le spectateur non préparé, persuadé de la justesse de principe du berceau plat au matelas rigide! Contact tout au long du dos, arrondi mobile, petit bercement spontané, l'enfant retrouve là une de ses sécurités. Il ne saurait être question d'en faire une nouvelle recette, mais pourquoi interdire d'y penser? Le berceau occidental est devenu le modèle tellement absolu que toute innovation semble déplacée ou dangereuse. Je suis toujours très étonnée au cours des consultations : beaucoup de parents demandent s'il leur sera possible de mettre, pour le promener, leur bébé dans un sac spécial sur leur ventre, et à partir de quand? La réponse est évidemment oui, dès la naissance. Ne va-t-il pas retrouver une position proche de celle qu'il a eue pendant ses neuf mois utérins ? La seule question, si l'on réfléchit en termes de vie utérine et d'évolution, ne serait-elle pas plutôt : jusqu'à quand ?

Par contre, ce n'est pas une bonne idée de laisser plusieurs heures par jour les bébés semi-assis dans les sièges-coques de transport. Ils se tassent sur eux mêmes, relèvent difficilement leur tête et leur cou et n'ont presque aucune liberté de mouvements des bras. Dans cette position, le volume pulmonaire est nettement diminué par la compression de l'abdomen, ce qui entraîne une moins bonne oxygénation. Les vertèbres et les muscles para-vertébraux sont mal soutenus. Les secousses et cahots des voitures ne font qu'aggraver le tout. Je sais qu'en cas d'accidents de la circulation il y a une coque solide qui protège un peu l'enfant, mais cette protection est loin d'être optimale. Il serait plus judicieux de limiter les longs déplacements avec un tout-petit, ou de les prévoir en train ou en avion, où l'on peut les coucher et, surtout, les changer facilement et fréquemment de position.

L'utérus est un lieu de contact cutané

Ashley Montagu, dans le premier chapitre de son livre *La Peau et le Toucher* (Seuil, 1979), explique très bien à quel point la peau est un organe capital. En aucun cas il ne s'agit d'une simple enveloppe, recouvrant les autres organes et empêchant le squelette de s'effondrer. Il s'agit d'un système sensoriel à part entière et, à ce titre, la peau est l'organe, ou plus exactement l'ensemble d'organes, le plus important du corps : un être humain peut vivre aveugle, sourd, manquer totalement de goût et d'odorat, mais il ne saurait survivre un instant sans les fonctions assurées par la peau...

La peau, organe du toucher, est le premier-né de nos organes sensoriels

Vers 6 à 8 semaines de vie, alors que l'embryon n'a encore ni yeux ni oreilles, il réagit vivement en cherchant à s'éloigner si on touche la région de son nez ou de sa lèvre supérieure. Selon une loi générale en embryologie, plus une fonction se développe tôt, plus elle sera essentielle au fonctionnement de l'individu. Or, le toucher, par l'intermédiaire de la peau de l'embryon, est le premier organe des sens à se développer, en même temps que le système nerveux primitif et avant tous les autres organes des sens.

C'est aussi l'organe le plus étendu : 2 500 cm^2 chez le nouveau-né, près de 18 000 cm^2 chez l'adulte. Et l'on sait qu'il comporte un nombre énorme de récepteurs sensoriels pour le froid, le chaud, le contact, la pression, la douleur, etc. Le sens du toucher, à lui seul, peut représenter 7 à 135 récepteurs par centimètre carré : 7 sur les régions peu sensibles comme la peau du ventre ou le dessus des mollets, 135 sur les régions les plus sensibles, lèvres et bout des doigts par exemple. Par ailleurs, les informations sensorielles transmises au cerveau depuis la peau sont tellement nombreuses que les aires corticales de représentation cutanée sont extrêmement étendues, en particulier celles de la main, principalement du pouce et de l'index, et celle du visage. Cela signifie que le cortex cérébral, le cerveau de la motricité active et volontaire, se réserve une très large place, une incroyable richesse de connexions, pour traiter les informations en provenance de la peau. Parce qu'elles sont fondamentales pour le comportement et la survie de l'individu.

Toujours dans le même ouvrage, A. Montagu évoque le rôle essentiel du « léchage » des petits mammifères. Un petit animal ne peut survivre à la naissance que si sa mère le lèche longuement pour le sécher bien sûr, mais aussi pour mettre en route ses principales fonctions : sa respiration, son système uro-génital et son tube digestif. Un petit mammifère non léché par sa mère au moment de la naissance meurt ou survit péniblement les premières semaines, avec de gros troubles respiratoires, urinaires et digestifs. C'est avec sa langue que la mère provoque les premières émissions de selles et d'urines, assurant dans le même temps la propreté du nid.

Si un petit meurt à la naissance, la mère ne le lèche pas, le laisse dans son coin, préférant s'occuper plus intensément des autres petits de la portée. Elle sait, de manière instinctive, qu'il est inutile de le lécher, de le préparer à la vie.

Le nouveau-né humain est peut-être un peu moins dépendant pour sa survie immédiate du contact cutané, mais il ne peut sûrement pas vivre sans lui. Il le connaît depuis de longs mois utérins, il l'a expérimenté, il va le rechercher à travers tous les soins et toutes les caresses de sa vie.

Les contractions, des caresses d'avant la naissance ?

◇ **Pendant les derniers mois de la grossesse**, l'utérus se contracte de façon régulière, et chacune de ces contractions est perçue par le fœtus comme une longue houle de caresses qui se promène le long de son dos, de ses épaules, du haut de ses membres, partout où son corps est en contact avec la paroi utérine. Plus le terme approche, plus ces contractions se font fréquentes et insistantes. On a tendance à oublier, dans l'obstétrique moderne, que les contractions utérines de la grossesse sont normales, physiologiques et qu'il ne faut s'en préoccuper que si elles deviennent trop fréquentes et actives sur le col utérin, ce qui alors, et alors seulement, peut représenter un risque d'accouchement prématuré et, donc, justifier un traitement. Je connais trop de jeunes femmes (et de médecins !) que l'équation « contraction utérine = accouchement prématuré » angoisse, ce qui entraîne un cercle vicieux de peurs, de traitements, de mises au repos inutiles car la femme seule et immobile a encore plus peur... L'utérus se prépare à l'accouchement. Ce n'est pas toujours pathologique !

◇ **La naissance,** le long travail contractile de l'utérus, puis le passage en force dans les étroites voies génitales maternelles font vivre à l'enfant une « intensité » de contact, de caresses que de nombreux chercheurs ont rapprochée de l'intensité du léchage dans les autres espèces mammifères. Contrairement à une idée largement répandue, les contractions utérines de l'accouchement sont probablement perçues par l'enfant comme peu différentes de celles de la grossesse. Plusieurs études ont démontré que les tracés d'électro-encéphalographie fœtale pendant l'accouchement sont souvent des tracés de sommeil. **Le bébé en train de naître dort,** peu dérangé par les contractions utérines qu'il connaît bien, dont l'intensité ne lui est transmise que partiellement à travers son matelas d'eau. Pour la mère, les contractions sont très violentes, pour l'enfant, elles sont seulement plus fréquentes et plus intenses, le préparant à respirer et à s'adapter.

Le rôle des contractions utérines et du contact cutané pour la mise en route de la respiration

Dans mon travail quotidien, deux facteurs me semblent apporter des arguments en faveur de ce rôle positif essentiel.

La détresse respiratoire transitoire des bébés nés par césarienne

Les pédiatres de maternité connaissent tous cette anomalie respiratoire fréquente, souvent banale, ne nécessitant qu'une surveillance médicale un peu plus attentive, sans réelle réanimation et cédant spontanément en quelques heures. Pourquoi une telle détresse ? On peut invoquer deux raisons :

• Contrairement à ce qui se passe dans l'accouchement par les voies naturelles, le poumon fœtal n'a pas subi l'« essorage mécanique » que j'ai décrit au deuxième chapitre ; c'est le premier élément. Le poumon plein de liquide amniotique doit résorber par voie sanguine une bien plus grande quantité de liquide, ce qui prend plus de temps que dans une naissance normale où ce liquide a été évacué par le passage vaginal. D'ailleurs, si l'on pratique dès la naissance une kinésithérapie respiratoire de « vidange bronchique », cette détresse respiratoire disparaît d'emblée.

• En plus de ce facteur mécanique, la lenteur de mise en route de la respiration dans les césariennes dites prophylactiques, avant tout début de travail d'accouchement, semble aussi liée à l'absence des contractions utérines et à leur action stimulante. Si la décision de césarienne est prise après plusieurs heures de contractions utérines, pour une non-dilatation du col ou pour une étroitesse de bassin que l'on avait voulu tester par exemple, la première respiration est généralement plus simple que pour les césariennes avant tout début de travail ; comme si l'enfant, averti par le renforcement des contractions utérines, était davantage « prêt » à respirer.

Le rôle du contact cutané dans la mise en route de la respiration

C'est ce que l'on enseigne pour aider les nouveau-nés à respirer. Les vieilles sages-femmes le savaient bien, il faut **stimuler sa peau**: souffler dessus, le masser doucement, provoquer parfois une sensation de froid en le mouillant d'un peu d'eau et en soufflant dessus. Pour ma part, je trouve que la meilleure façon pour déclencher la respiration (si l'enfant n'est pas trop endormi par l'anesthésie), c'est d'empoigner son thorax à pleines mains et de le masser vigoureusement. Cette stimulation, proche de celle provoquée dans la naissance spontanée, permet souvent au tout-petit de mettre en route sa ventilation, sans autre forme de « réanimation ». Cela ne prend que quatre ou cinq secondes et vaut largement la peine d'être essayé avant tout autre geste médical, toujours plus traumatisant.

Une fois l'enfant né, posé sur sa mère, quelles sensations cutanées allons-nous lui offrir pour l'aider à se retrouver ? Là encore, je me méfie de toute recette simpliste ou déformée. L'idée du bain après la naissance telle que l'avait décrite Leboyer en 1974 a provoqué une véritable guerre de religion au sein des maternités. On l'a rejetée en bloc ou transformée en vérité révélée ! Du coup, le message de l'« accueil cutané » du tout-petit a été complètement occulté ou a dégénéré au gré des recettes et des habitudes locales.

Naître, c'est une somme de stimulations cutanées immédiates

Le froid de l'air ; le chaud du corps de la mère au-dessous ou de la lampe chauffante au-dessus ; la sensation des mains sur la peau, sur toute la peau, le ventre, la face antérieure du thorax, le creux des bras ou des cuisses, la paume des mains, le dessous du menton, etc., toutes les zones oubliées par les caresses utérines et maintenant accessibles à la caresse des mains de ses parents ; la douceur ou le rêche des vêtements ; le vide de l'espace pour les mouvements des membres ; la douleur parfois de gestes maladroits ou des premiers prélèvements sanguins de sécurité.

Dans ce contexte, et en tenant compte de tout ce que l'enfant découvre, le bain au moment de la naissance peut être un moment merveilleux. Il ne s'agit pas de recréer l'utérus, il n'est plus temps d'y vivre, mais plutôt d'offrir à l'enfant un « espace transitionnel », un court moment, dans un environnement liquidien et chaud qu'il connaît bien. Il peut y percevoir l'espace, l'amplitude des mouvements, d'autres lieux de son corps pour la caresse, dans un climat de sécurité absolue. Mais cette même sécurité peut tout aussi bien se recréer sur le ventre de sa mère, dans son odeur et les bruits de son ventre. Il n'y a ni interdit ni exclusive, du moment que l'enfant, en toute douceur, est accueilli par ses parents dans chaque recoin de sa peau. **À chacun d'inventer cet accueil comme il le sent.**

L'utérus est un lieu pour sentir et goûter

Nous avons déjà vu que le fœtus avale du liquide amniotique tout au long de la grossesse. Or ce liquide se renouvelle sans cesse, un tiers de son volume chaque jour. Il se reforme en permanence, selon plusieurs mécanismes contemporains, à partir du sérum sanguin de la mère. La mère, elle, a une alimentation diversifiée, dont un certain nombre d'éléments aromatiques « gustatifs » et « odorants » passent dans le sang. Tout le monde connaît l'odeur très spéciale des urines lorsque l'on a mangé des asperges. Au même moment, le sang est porteur du même type de goût. Chez la femme enceinte, le liquide amniotique lui-même va en être imprégné... Le fœtus découvre le goût d'asperges ! Cette stimulation se reproduit, plus ou moins intense, pour beaucoup d'aliments, tout au long de la grossesse. Un médecin anglais a rapporté l'étonnante odeur de curry d'un nouveau-né indien, odeur retrouvée sans hésitation dans le liquide amniotique et dans le lait de la mère.

Il y a donc une similitude d'odeur, de goût entre le sang de la mère et des deux dérivés : le liquide amniotique et le lait. Odeur que le nouveau-né recherchera, reconnaîtra vers le mamelon de sa mère, dès les premiers signes de faim.

Là encore, à fonction primordiale, développement précoce de l'organe : l'appareil gustatif et le nez sont présents et fonctionnels dès trois mois de vie intra-utérine, et les stimulations sensorielles de la vie fœtale vont les amener à leur pleine maturation au moment de la naissance.

Premières odeurs, premiers repères pour toute une vie

Dans les premières heures de vie, le nouveau-né, confronté au problème urgent de se nourrir, va rechercher sa mère, l'odeur de sa mère, odeur de sa peau mêlée à celle du lait à proximité des mamelons. C'est toujours un spectacle fascinant de regarder un bébé « flairer » sa mère, fouiner près de ses seins pour mieux approcher, mieux repérer l'objet de sa recherche. Il n'y a aucun doute, l'odeur que connaît l'enfant, celle qu'il cherche lors de cette toute première tentative alimentaire, c'est celle de l'aréole. Et si aucune odeur artificielle (de désinfectant par exemple) ne vient troubler son approche, le petit d'homme ne tarde jamais beaucoup à reconnaître le lieu de son bonheur et de sa subsistance.

Nous l'avons vu au chapitre sur le réflexe de succion, cette reconnaissance primitive, essentielle, marque le tout-petit de son empreinte. Il a reconnu sa mère, il saura la reconnaître dorénavant sans effort, chaque fois qu'il voudra téter. Dormant contre elle, il continue à s'imprégner de cette odeur, de la mémoriser. Cette reconnaissance est tellement précise que certains nouveau-nés paraissent tout perdus, refusent de téter ou ne savent plus comment s'y prendre quand la mère, au bout de quelques jours, met une crème sur ses seins pour traiter une irritation locale. Il faut parfois une ou deux tétées « laborieuses » pour que le bébé reconnaisse cette maman avec crème, à l'odeur et au goût différents de ceux des premières expériences...

D'après certaines recherches récentes, nous savons que l'éventail de découvertes olfactives et gustatives du tout-petit s'élargit très vite. La première fois, il cherche l'odeur du lait. Au bout de quelques jours, il saura reconnaître spécifiquement, parmi d'autres, l'odeur de sa mère, l'odeur de sa peau, celle de sa sueur, celle des glandes sébacées du mamelon, etc. L'empreinte de la mère est donc très vite un large puzzle odorant, stimulant toutes les capacités olfactives de l'enfant et favorisant ses mécanismes de recherche et d'attachement.

La richesse des stimulations sensorielles de cette toute première période de vie aérienne est probablement capitale pour le développement des fonctions futures olfactives et gustatives de l'enfant.

Le corps de sa mère, celui proche de son père, ont des odeurs qui évoluent d'un moment à l'autre, en fonction de la chaleur, de leur alimentation, de leurs émotions, etc. Quel est l'univers-odeur d'un berceau aux draps désinfectés ?

Le lait de la mère va varier, lui aussi, de goût, en fonction de ce qu'elle mange : odeur de chou, d'ail, d'épices, etc., exactement comme le liquide amniotique pendant la vie fœtale. Le nouveau-né connaît ces odeurs différentes et ces goûts. Il peut marquer une préférence ou un relatif recul devant tel ou tel, mais pourquoi éliminer systématiquement de l'alimentation de la mère les produits à odeur forte comme les asperges, l'ail, le chou ou autres. Certains bébés aiment beaucoup ! Et s'ils n'aiment pas, ils ont enfin le droit de le montrer, de le manifester et d'attendre calmement le prochain repas où l'odeur et le goût auront diminué...

En comparaison, le lait en poudre des biberons est d'une désespérante monotonie. Odeur de caoutchouc de la tétine, goût toujours identique du lait industriel. Où est la richesse de stimulation sensorielle spontanée que nous pouvons offrir à nos petits ? Ce seront les odeurs de son père, de sa mère, de leur présence chaude et rassurante. Si un enfant est nourri au biberon, il a encore plus besoin d'un contact corporel étroit, de câlins peau contre peau avec eux.

Le dernier point des recherches actuelles sur le goût et l'odorat est celui des « préférences » sensorielles pendant les premières heures de vie. Les nouveau-nés ont une activité « olfactive » intense. On voit battre les ailes du nez qui cherche à mieux percevoir. Et d'emblée, dès les premiers moments, il est possible d'observer des réactions, des mimiques très expressives des bébés à qui l'on présente des odeurs fortes ou douces, agréables ou désagréables. Détente heureuse, envie de sucer ou grimace de déplaisir sont aisément reconnaissables.

Les découvertes nouvelles

Il y a bien peu de choses totalement nouvelles pour l'enfant qui naît, peu d'éléments qu'il n'a déjà abordés et expérimentés pendant sa vie fœtale. À la naissance, les deux grandes nouveautés pour le bébé (et nouveautés pour les chercheurs, car les études sur ces thèmes commencent à peine) vont se résumer à l'apprentissage de la lumière et à celui de l'espace.

La vision

C'est incontestablement la moins mature de nos fonctions sensorielles à la naissance. On a longtemps cru que le nouveau-né humain, tout comme certains petits mammifères qui ne peuvent ouvrir les yeux avant huit ou dix jours, était totalement aveugle. Cette impression est encore fortement ancrée dans les croyances populaires, et l'on entend souvent dans les maternités dire que les nouveau-nés ne voient rien et ne verront rien jusqu'à la fin du premier mois.

Pendant la vie fœtale

In utéro, les stimulations visuelles sont à l'évidence rares et faibles. L'utérus est un lieu sombre. Le fœtus est isolé des rayons lumineux par l'épais muscle utérin, puis par la peau et les tissus cellulaires de la mère, et aussi, bien sûr, par ses vêtements. On peut penser que l'obscurité est totale, sauf dans les cas où l'abdomen de la mère est exposé à une lumière violente, quand elle se fait bronzer au soleil par exemple. Il semble que le fœtus puisse bénéficier alors d'un léger éclairage rouge (car filtré par les tissus maternels) proche de la lumière observée quand on regarde une main aux doigts serrés devant un éclairage puissant.

De plus, l'espace étant très limité, si le fœtus a eu l'occasion de regarder, c'est à quelques centimètres de son visage, jamais plus loin. En position classique, tête en bas et fléchie, il a tout juste le loisir de se regarder longuement le nombril (!) et peut-être, par moment, de voir passer ses mains et son cordon ombilical dans la pénombre. S'il défléchit sa tête, il va se trouver le nez contre la paroi de l'utérus, il ne peut plus rien voir. Seuls les bébés en siège, tête fléchie, ont eu l'occasion d'apercevoir leurs pieds.

Par contre, et l'on ignore totalement pourquoi, l'ouverture des paupières est réalisée très tôt dans la vie intra-utérine, dès le 4e mois. Même les très grands prématurés ouvrent et ferment les yeux librement.

À la naissance

Nul ne peut dire si le « choc lumineux » de la naissance, tel que l'avait décrit Leboyer, est une réalité pour le tout-petit. Certains clignent des yeux en sortant, d'autres les ouvrent tout grands, d'autres les ferment obstinément pendant plusieurs heures, même dans un éclairage tamisé. Il suffit de peu de précautions, d'éviter un éclairage direct puissant, pour voir des nouveau-nés ouvrir les yeux et chercher le regard de façon active. Ils en ont indiscutablement la « compétence », d'abord limitée à quelques courtes minutes, car la vigilance d'un tout-petit le fatigue vite, puis, peu à peu, de plus en plus prolongée.

Des études plus précises ont montré que les nouveau-nés ont la capacité de voir, puis très vite de reconnaître, les images placées **près d'eux**, à moins de 30 cm de leurs yeux. Juste la distance du visage de la mère qui se penche vers lui, la vision du sein et de l'épaule quand il cherche à téter. Son champ visuel restera limité ainsi pendant plusieurs jours, puis s'étendra progressivement.

La vision des premiers jours, ou tout au moins la reconnaissance, car il est bien difficile de faire la part de l'une et de l'autre, est d'abord limitée aux formes simples. L'accommodation, donc la précision des images, ne s'affinera que vers la fin du premier mois, mais, dès le premier jour, il est possible d'obtenir d'authentiques signes d'intérêt et de reconnaissance pour les visages et certains signes géométriques simples (cercles ou barres, clairs et foncés alternatifs par exemple).

Quelle est la signification du strabisme des nouveau-nés ?

Les nouveau-nés « louchent » facilement pendant les premiers jours pour plusieurs raisons :

– la musculature des globes oculaires est encore très faible, l'enfant n'arrive pas toujours à « tenir » ses yeux de façon active ;

– l'accommodation n'étant pas encore au point, la vision reste floue, et l'enfant concentre son regard sur l'un des yeux pour gagner en précision, et l'autre reste flottant. La vision bi-oculaire ne se précisera qu'au bout de quelques semaines ;

– Les capacités d'attention, les compétences visuelles des tout-petits ne surviennent au début que pendant quelques secondes. Après, ils sont trop fatigués et s'endorment, même les yeux ouverts, d'où, à nouveau, cette impression de flottement.

Pendant les premiers jours, un strabisme intermittent est donc physiologique. S'il persiste au-delà de huit semaines environ, et de façon permanente, cela signifie que l'enfant n'arrive pas à acquérir une vision équilibrée des deux yeux. Le plus souvent, il préfère « abandonner » un œil dont l'acuité visuelle n'est pas parfaite, sans en faire le branchement cérébral, plutôt que de voir flou. Or ce branchement doit absolument se faire pendant la première année, période de construction active du cerveau. Sinon, l'œil « non branché » sera pratiquement aveugle définitivement (amblyopie).

Quand faut-il consulter ?

Devant tout strabisme franc persistant à 3-4 mois, une consultation d'ophtalmologie pédiatrique s'impose. Le traitement proposé est souvent très simple : faire quelques minutes chaque jour un peu de gymnastique oculaire, tout simplement en obligeant l'enfant à regarder avec un œil, puis l'autre, à l'aide d'un cache, ou de faire porter à l'enfant des lunettes à secteurs. Ainsi, il réalise le câblage cérébral de ses deux yeux et, plus tard, il sera temps de corriger la cause d'asymétrie de l'acuité visuelle.

L'apprentissage de l'espace et de la pesanteur

Dans son « nid d'eau », soigneusement clos, le fœtus, les premiers mois, avait bougé librement, en rond, flottant indifféremment la tête en haut, puis en bas, le corps en travers, changeant de position d'un jour à l'autre, accomplissant souvent de véritables cabrioles. Il n'est pas rare, au moment de la naissance, de trouver le cordon ombilical enroulé deux ou trois fois autour du cou, témoin de ces tours sur lui-même. On rencontre aussi de véritables nœuds sur le cordon, que l'enfant a artistiquement réalisés pendant ses acrobaties. J'ai vu une fois un nouveau-né particulièrement « doué » qui avait réussi quatre loopings-croisés intra-utérins, d'où quatre magnifiques nœuds alignés sur la longueur de son cordon (hélas responsables d'une souffrance fœtale au moment de la naissance, car les nœuds se sont serrés sur les vaisseaux ombilicaux au moment de la descente génitale, d'où une anoxie aiguë).

Cette activité sportive diminue franchement à partir du 5e ou 6e mois de grossesse. Souvent, la position qui sera celle de l'accouchement (tête en bas ou siège) est fixée vers la fin du 7e mois. Il existe bien quelques exceptions, des « dégourdis » qui s'amusent à basculer jusqu'aux derniers jours, voire même entre les contractions. C'est exceptionnel chez les primipares.

Une fois la position fixée, l'enfant continue à bouger bras et jambes, les étirant, donnant des coups de pied très facilement reconnaissables. Simplement, au fur et à mesure que le temps passe, il est de plus en plus à l'étroit dans son domaine.

Pendant toute cette période, il flotte dans l'eau, donc en relative apesanteur, agréablement allégé selon le principe d'Archimède et peut vivre indifféremment dans toutes les positions.

Je connais un certain nombre de mères qui parlent avec un grand bonheur des mouvements du bébé et des jeux qu'elles ont su inventer avec lui. Moments de joie et de communication où l'enfant non né réagit à une stimulation, s'amuse à faire pointer son talon et à se dérober si on cherche à le coincer, se déplace lentement dans l'utérus pour rejoindre une main qui s'est posée à plat près de lui, comme un petit chat qui vient se faire caresser le dos. Moments de bonheur où, par hasard, parce qu'ils sont tous deux disponibles au même moment, mère et enfant peuvent se rencontrer. Mais il y a aussi, et il ne faudrait pas les oublier dans l'euphorie des histoires de bonheur, les moments où l'enfant ne bouge pas, ne réagit pas, et où la mère, angoissée, se demande ce qui lui arrive. Et les moments où la mère, épuisée, voudrait dormir et où l'enfant, en pleine forme, mène une vraie sarabande, ne se doutant pas de la lassitude qu'il provoque.

Il découvre qu'il a un poids

Alors qu'il pouvait bouger assez librement dans son bain utérin, sans aucun risque, l'enfant qui naît va faire la **découverte du vide**, brutale confrontation à la **pesanteur et à l'espace**.

Enfin libéré de son habitacle, il va pouvoir s'étirer librement, tendre les jambes, remuer la tête, mais, au même instant, il découvre le poids de son corps, la lourdeur de chaque geste, le pesant du moindre mouvement. Pendant les premières semaines de vie aérienne, il aura les plus grandes difficultés à se mouvoir dans son berceau, à relever sa tête, à changer seul de position.

L'espace et la pesanteur, c'est aussi le vide. S'il est mal tenu, il va ressentir la chute, la bascule brutale de sa tête ou de son dos. Cette découverte, très « vertigineuse », entraîne, chez certains bébés, des pleurs ou des réactions très vives pour se rattraper.

Cela demande une adaptation physiologique immédiate

La survenue dans un univers soumis à la pesanteur va l'obliger à réaliser une adaptation physiologique immédiate. De toute urgence, son système cardio-circulatoire doit s'organiser pour assurer une bonne vascularisation des différents organes, en particulier du cerveau, dans les positions « traditionnelles » des humains : vertical, tête en haut, ou couché, horizontal. Dès l'instant de la naissance, tout le système de pression sanguine des différents organes se répartit définitivement en ce sens. Le cerveau, organe le plus précieux, le plus essentiel à vasculariser, mais placé très « anormalement » haut par rapport à la pompe cardiaque va nécessiter un effort cardiaque intense. Le cœur va induire une forte pression dans de gros vaisseaux pour lui assurer une circulation sanguine abondante. Les autres organes, « nobles », en particulier les reins et le foie, placés plus bas, bénéficieront d'une vascularisation efficace abondante sous de plus faibles pressions, donc au prix d'un travail cardiaque moindre.

Toute cette adaptation se fait en quelques instants au moment de la naissance. Probablement programmée génétiquement depuis des millénaires, depuis que notre lointain ancêtre, pour mieux survivre en cueillant les fruits et les feuilles de la savane sèche, s'est redressé sur ses deux pattes arrière et a appris à vivre verticalement.

La naissance programme l'enfant à vivre ainsi. Il ne lui sera plus jamais possible de vivre tête en bas !

Les liens relationnel et affectif

Au début de ce siècle, dans une réunion de la Société de psychanalyse, Winnicot, célèbre pédiatre anglais s'était écrié devant l'assistance stupéfaite : « Mais un bébé, ça n'existe pas ! »

Devant la violence de la réaction de ses collègues, il avait alors essayé d'expliciter la raison d'une telle affirmation. Si on pense bébé, il n'est pas possible d'en faire un concept isolé. Il faut y adjoindre tout de suite l'idée d'une mère ou d'une nourrice qui le tient dans ses bras, ou celle d'un berceau sur lequel quelqu'un se penchera dans quelques instants. C'est vrai, le nouveau-né humain n'existe pas « au hasard », petite graine qui vole au gré des vents et qui peut germer n'importe où.

Il n'y a pas de notion d'enfant sans celle de parents. Pas de notion de vie sans celle d'accueil, cela dès la fécondation et jusqu'à l'autonomie. Là encore, il y a une similitude frappante entre les temps de vie intra-utérine et ce qui se passe après la naissance. Décrire le lien utérin, c'est déjà décrire les lieux, les temps de compétence du petit humain, et nous verrons peu à peu que ses compétences sont toutes intimement liées à sa capacité de créer des liens.

Le temps utérin ou le « modèle relationnel » des premières années de la vie

Il est difficile de parler réellement de grossesse avant la nidation de l'œuf fécondé. Il se passe peu de jours entre la fusion des deux gamètes initiaux (ovule et spermatozoïde) et l'implantation. L'embryon primitif est dépourvu de réserves. Il survit les premiers jours en se nourrissant des quelques traces de glycogène sécrétées par la trompe de sa mère, tout juste suffisantes pour lui fournir un peu d'énergie pendant son voyage du tiers externe de la trompe où se produit la fécondation jusqu'à la cavité utérine où « il n'y a plus rien à manger ». En moins d'une semaine après la ponte de l'ovule, la condition indispensable de la survie embryonnaire est son implantation dans la muqueuse de l'utérus. S'il ne s'implante pas, il meurt. Il n'y a pas de grossesse, et même pas de retard de règles pour la mère.

• Pour s'implanter, l'œuf doit avoir franchi son premier seuil de différenciation (stade *blastula*) : par divisions successives, il a formé deux tissus distincts :

– le trophoblaste, couche de cellules périphériques qui est à l'origine d'une partie des annexes embryonnaires et joue un rôle dans la formation du placenta ;

– le bouton embryonnaire, constitué par un amas de cellules, à l'origine des différents organes de l'embryon lui-même.

Vers le 6e jour, le blastula arrive au contact de la muqueuse utérine par l'intermédiaire du trophoblaste et les contacts s'établissent. La muqueuse utérine est alors hypertrophiée, très vascularisée, sous l'action préparatoire de la folliculine élaborée par l'ovaire maternel. Cet état va être maintenu pendant toute la grossesse sous l'action de la progestérone.

• Au moment de l'implantation, les cellules du trophoblaste prolifèrent.

La partie la plus externe devient le syncytiotrophoblaste qui s'enfonce dans

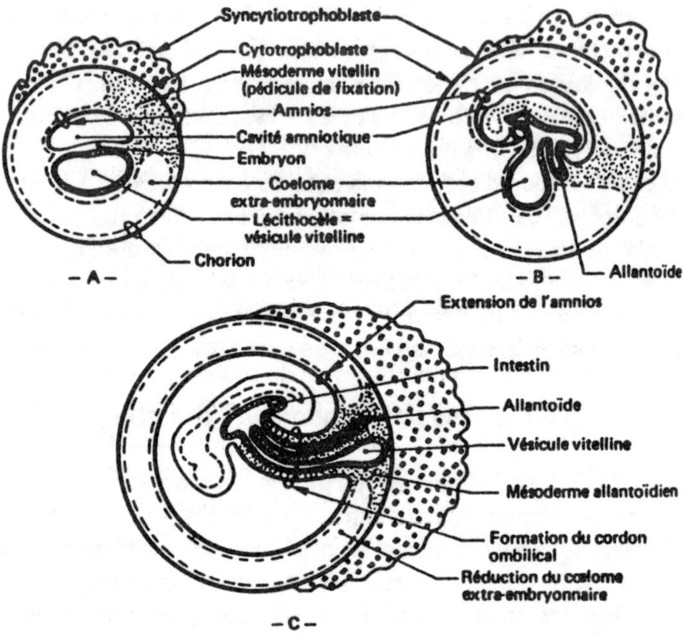

A. Le Moigne, *Biologie du développement*, © Masson 1979

Formation des annexes embryonnaires chez un embryon de mammifère

la muqueuse utérine par digestion des tissus maternels, ouvrant ainsi les vaisseaux sanguins maternels aux échanges et réalisant la portion la plus externe du placenta.

La partie interne va être à l'origine du cordon ombilical de la zone interne du placenta, et des parois membraneuses de l'œuf, amnios et chorion.

• Dès cette période, **l'embryon est responsable de sa survie.** Son avenir dépend totalement de la qualité des échanges qu'il va créer avec l'organisme de sa mère, de la façon dont celui-ci va tolérer ce « corps étranger », véritable greffon que le système immunitaire maternel doit apprendre à ne pas rejeter, contrairement à ce qui se passe lors de la pénétration de tout autre corps étranger dans l'organisme.

L'embryon doit créer des échanges

Pour se faire accepter, l'embryon doit créer des échanges à plusieurs niveaux. Son avenir dépend de la qualité de ce qu'il va savoir « inventer » avec le corps de sa mère.

• **La qualité des échanges anatomiques :** si la pénétration trophoblastique est insuffisante à une bonne nidation, la grossesse ne peut évoluer. Si, au contraire, la pénétration est trop brutale, trop profonde, il peut s'ensuivre une hémorragie, évacuant l'œuf en train de se nider, donc fausse couche très précoce. Exceptionnellement, une pénétration trop profonde, une fixation anormale du placenta dans l'utérus peut entraîner au moment de la naissance une impossibilité absolue de la délivrance. Le placenta est fixé totalement dans la paroi utérine. Cela s'appelle le *placenta accreta*. Autrefois, la mère mourait. Actuellement, une intervention chirurgicale en extrême urgence peut la sauver, au prix d'une hystérectomie (ablation de l'utérus), seule solution pour la libérer du placenta.

• **La qualité des échanges nourriciers et des échanges d'épuration :** nous l'avons déjà vu, ces échanges se font par l'intermédiaire du placenta. La « barrière placentaire » s'amincit au cours de la grossesse et c'est après le 4e mois que la structure la plus favorable aux échanges est réalisée. Cette barrière présente une perméabilité sélective, les échanges se faisant, suivant les substances, par diffusion simple ou par transfert actif. Le fœtus élimine du gaz carbonique, de l'eau, de l'urée, des hormones et des déchets. Le sang de la mère apporte de l'oxygène, de l'eau, des sels minéraux, des éléments énergétiques, lipides, glucides et protides, des hormones, des vitamines et un très grand nombre d'anticorps.

Malheureusement, le placenta n'est pas un filtre parfait. Il laisse passer un certain nombre de produits dangereux, la plupart des médicaments et certains virus. Il ne peut donc protéger le fœtus de toutes les agressions.

D'où l'importance extrême pour la mère, tout au long de la grossesse et surtout pendant les premiers mois où l'embryon se construit, d'éviter tous les toxiques, en particulier l'alcool et le tabac, de fuir tout contact avec des malades contagieux et de ne prendre que les médicaments strictement nécessaires, dont le médecin s'assurera à chaque prescription qu'ils ne sont pas directement dangereux pour le bébé à naître.

• **La qualité des échanges hormonaux :** par l'intermédiaire de son placenta, l'embryon puis le fœtus fabrique des hormones nécessaires au bon déroulement de la grossesse :

– la gonadotrophine chorionique apparaît dès la nidation ; elle sert au maintien de la qualité exceptionnelle de la muqueuse utérine pendant toute la grossesse ;

– dès avant la nidation, on a découvert récemment, dans le sang des jeunes femmes enceintes, une nouvelle hormone, nommée « early pregnancy factor » (hormone précoce de la grossesse). Elle est dosable dès les tout premiers jours après la fécondation, avant même l'implantation du futur embryon dans la muqueuse utérine. On ignore encore quelle en est l'origine, quelles cellules maternelles ou fœtales la fabriquent et, surtout, quel est son rôle exact dans la nidation puis, ultérieurement, dans la grossesse ;

– l'hormone lactogène placentaire joue un rôle essentiel sur la croissance fœtale. Elle a une structure moléculaire et une activité proches de celles de l'hormone de croissance hypophysaire, responsable de la croissance staturale pendant toute l'enfance et l'adolescence ;

– des hormones, œstrogène et progestérone, dont le taux augmente régulièrement jusqu'à la fin de la grossesse et qui sont responsables de son équilibre ;

– au moment de la naissance, la sortie du placenta, donc la chute brutale de ces hormones, va libérer chez la mère la sécrétion de prolactine, permettant le début de la lactation. La prolactine apparaît dès le début de la grossesse, et son taux dans le sang de la mère augmente progressivement, au fur et à mesure que le corps maternel se prépare à la lactation. Mais son action est inhibée, tout au long de la grossesse, par les hormones placentaires. Après la naissance, son activité sera freinée par un « facteur inhibiteur » ou activée par un phénomène nerveux réflexe, lors de la succion du mamelon. La prolactine est la base physiologique essentielle de l'allaitement : le lait coule lorsque l'enfant tète ; lorsque le lait coule, la prolactine monte et la fabricatrion est relancée. Ainsi, très vite, la quantité de lait produite s'adapte à la demande de l'enfant.

> **C'est l'enfant, par l'intermédiaire du placenta, qui contrôle l'équilibre hormonal de la grossesse, puis, au moment de l'accouchement, la transition hormonale de la lactation, donc de sa survie nourricière.**

Lorsqu'il existe, en début de grossesse, des anomalies hormonales évidentes, entraînant des signes d'avortement précoce, on sait maintenant qu'il s'agit presque toujours d'une anomalie de l'embryon lui-même. Un traitement hormonal substitutif de la mère risque de maintenir artificiellement un fœtus malformé, non viable, qui se serait éliminé spontanément. Là encore, sauf exceptions, ne pas intervenir, laisser l'embryon responsable de sa survie, est le meilleur garant de la qualité de la grossesse.

J'insiste beaucoup sur ces notions, car elles sont mal connues et, à mon avis, fondamentales. L'enfant, dès sa nidation, est responsable des échanges qu'il crée avec sa mère. **L'enfant est responsable de lui-même.** Si le placenta est peu fonctionnel, c'est qu'il se passe quelque chose de pathologique **de sa part à lui.** Si les échanges qu'il institue sont trop brutaux, trop violents pour sa mère, il se fera rejeter. On connaît, par exemple, certaines hypertensions artérielles graves de la grossesse qui seraient dues à un rejet de nature immunologique du corps de la mère contre l'enfant qu'elle porte. L'organisme de la mère n'a pas su tolérer ce greffon et cherche à l'éliminer.

Tout au long de la grossesse, l'équilibre qui va se jouer entre les deux partenaires, mère et enfant, est un équilibre qui dépend des deux.

Sa mère l'accueille, il ne peut l'envahir. Il crée les hormones et les échanges nécessaires à sa construction et à son évolution, dans l'espace que sa mère lui concède. Toute la grossesse se déroule sur ce mode, selon cet équilibre délicat, entre une femme dont le corps accueille et un enfant-parasite d'autant plus apte à se faire accepter qu'il respecte mieux son environnement.

La naissance ne change rien à ce modèle relationnel.

L'enfant qui naît va poursuivre avec sa mère, sur un autre mode, les mêmes échanges nourriciers, la même recherche d'équilibre. Il n'est toujours pas autonome, sa survie dépend encore, et pour longtemps, de la qualité des échanges avec celle qui l'a accueilli.

- Il apprend à vivre sans placenta, mais est totalement responsable de sa survie alimentaire, sein ou biberon, selon le choix de sa mère. Il doit s'y adapter.
- Il apprend à épurer lui-même ses déchets par les urines et les selles, mais devient tributaire de son entourage pour les soins d'hygiène corporelle qui vont en découler.
- Il apprend à réguler sa température, mais dépend totalement de l'équilibre thermique que ses parents vont lui donner.

> **On pourrait reprendre ainsi toutes les fonctions vitales. L'analyse reste la même : l'enfant ne peut exister sans la relation directe et quasi permanente avec les adultes qui l'accueillent et, en même temps, il a une compétence propre, génétiquement donnée, une participation active à sa propre survie.**

La double fonction des parents

Être parent, et de plus en plus au fur et à mesure que l'enfant grandit, n'est-ce pas toujours strictement vivre sur cette double fonction : assurer les besoins fondamentaux, tout en respectant la réalité propre de chaque enfant, ses rythmes personnels et son évolution ?

C'est un art difficile, un équilibre à inventer chaque jour, tant pour la mère que pour l'enfant : « L'adaptation à cette autre vie ne va pas de soi mais peut durer toute la vie d'un individu[1] », a écrit Françoise Dolto. Il y a des « enfants »

---

1. *La Cause des enfants*, Laffont, 1985, p. 209.

qui, quarante ans après leur naissance, ont toujours, sans le savoir, la nostalgie de leur vie placentaire. Il y a des femmes qui mettront toute une vie pour se découvrir mères.

Si la qualité des soins dont bénéficie l'enfant ne lui permet pas de vivre paisiblement, en toute sécurité, il s'installera sur un modèle régressif de recherche fusionnelle, recherche de son placenta, incapable d'assurer sa propre survie et de découvrir ses propres rythmes. On concevra sans peine les deux comportements parentaux extrêmes pouvant être à l'origine d'une telle dépendance, aussi bien l'excès de soins et de présence, empêchant l'enfant de découvrir son espace et ses rythmes, que la carence pour les besoins essentiels, mobilisant toutes les énergies de l'enfant sur sa survie, donc ne libérant pas sa disponibilité pour découvrir l'univers et se découvrir lui-même...

Le « plus beau des métiers », comme disaient nos mères sur le rôle parental, est assurément le plus difficile, et aussi le plus passionnant. Il conduit à regarder, à se remettre en cause chaque jour, dans la relation constructive à un autre... C'est, au sens le plus littéral, le métier de la vie.

L'accouchement

Pour la mère comme pour l'enfant, l'accouchement est un moment extrême. On a peut-être à tort insisté, dans les discours sur la naissance, sur la rupture. **Ce n'est pas un temps de rupture**, c'est un temps de chahut, **un moment de transition vers un nouveau mode relationnel**. Un temps difficile et indispensable, trop souvent négligé dans tous ces aspects par notre société moderne qui veut tout faire « vite et bien ».

Le temps du chahut

Chahut pour la mère

Pour la plupart des femmes, il se passe au niveau du corps quelque chose qui représente un temps de bouleversement physique et affectif d'une violence incroyable. À quoi sert de nier, d'intellectualiser la réalité physique de l'accouchement ou d'occulter ce qu'il soulève de peurs et d'angoisse ?

Donner la vie ne peut être que très impressionnant. La violence des contractions utérines, la puissance de l'expulsion sont, pour chaque femme, un temps unique où elle s'affronte aux limites de son corps, aux limites de la vie et de la mort. Il reste peu d'occasions dans notre société très uniformisée, standardisée, pour s'affronter à soi-même, à la souffrance de son corps, pour apprendre à la faire vivre. C'est une expérience unique, exceptionnelle, dont la réalité dépasse de beaucoup le problème de la souffrance physique. Même les femmes qui ont eu une analgésie péridurale, et qui donc ont été protégées contre la douleur, parlent de la naissance de leur enfant en termes de bouleversement, de transformation violente et de choc.

Je suis persuadée qu'il faudrait parler aux futures mères de l'accouchement en d'autres termes que ceux des préparations classiques. Si l'on disait l'extraordinaire puissance de l'enfant qui passe « à travers elles », si l'on disait que la violence qu'elles subissent est porteuse de vie, qu'il faut apprendre à l'aborder sans lutter, s'effacer devant cette houle qui submerge et sur laquelle il n'y a aucune prise. Accepter l'angoisse, renoncer à dominer son corps, laisser passer la souffrance et la peur sans se conformer à la moindre recette comportementale, c'est cela donner la vie. Et, au bout de son corps, au bout de la douleur, il y a l'enfant, cet enfant que la mère « laisse venir au monde », qu'elle va accueillir avec tous les doutes et les joies, les incertitudes et les rêves qui ont cheminé en elle, entre eux, tout au long de la grossesse. Cet enfant qu'elle va « reconnaître », tout autant que son père, pour lui donner un espace où il va construire sa vie.

Seule une femme préparée à « l'intensité », et non celle assagie, infantilisée par des discours lénifiants qui la coupent d'elle-même, sera prête à l'accueil, ouverte à une relation nouvelle où le tout-petit va révéler peu à peu qui il est, qui il peut et veut devenir.

Cette intensité ne s'apaise pas en quelques minutes après la naissance. La mère en reste bouleversée, transformée pour de longues semaines. Il y aura les moments d'euphorie et les moments d'épuisement, les temps d'angoisse et les instants de sérénité, la tendresse passionnée vers le tout-petit et les moments de rejet, la fierté fantastique de la maternité et l'envie de tout abandonner, de n'avoir jamais rien vécu de tout cela…

> **Une extrême sensitivité rend la mère plus ouverte à la rencontre, plus apte à comprendre les besoins d'un tout-petit, plus réactive à ses demandes, mais aussi plus proche des larmes et du découragement.**

N'est-ce pas un élément capital de leur mutuelle découverte ? Cette sensibilité à fleur de peau, cet apparent déséquilibre, ces alternances de bonheur et de peine sont nécessaires à l'enfant, nécessaires à la relation qui se noue entre lui et sa mère. Pourquoi ne pas dire cela aussi ? Pourquoi aucune préparation à l'accouchement ne parle-t-elle de cette période de réadaptation à soi-même, d'approche émouvante de l'autre et de la difficulté qu'il y a à se sentir « en crise » au moment où tout le monde vous croit la plus heureuse des femmes ?

Une des grandes faiblesses des soignants est de regarder tout cela avec l'indifférence technique que l'on porterait à des machines. Les discours des obstétriciens d'autrefois débordaient de commentaires péjoratifs et désobligeants sur ce temps des mères. On les accusait de « régresser », d'être « puériles », « douillettes », incapables de raisonner normalement, exigeantes, agressives, et j'en passe. Dans les hôpitaux modernes, il convient de faire vite, de ne s'occuper que de l'accouchement, des toilettes, des prises de température et autres soins techniques. Une mère qui pleure dérange et l'envoi dans sa chambre de la psychologue de service est souvent bien rapide. Est-il donc si difficile de respecter la sensibilité de l'autre, de comprendre l'intensité de ce qui se vit pour l'enfant à travers lui ? L'accueil d'un nouvel humain peut-il réellement exister si l'on se protège de toute émotion, de toute intensité. Le père, la mère, le personnel soignant, chacun y est confronté au moment de la naissance. C'est cela qu'il faudrait dire et apprendre à regarder.

L'autre problème de notre société, c'est que les jeunes mères quittent la maternité de plus en plus tôt, dès le troisième jour dans bon nombre de villes de France. Nous voyons venir le moment où, pour des raisons de rentabilité des services hospitaliers, elles repartiront quelques heures après l'accouchement. Rien n'est prévu pour qu'elles puissent se reposer et être entourées. Si la famille n'est pas présente (et c'est le cas le plus fréquent : les grand-mères travaillent et ne secondent plus comme autrefois leur fille pendant plusieurs semaines), les jeunes femmes se retrouvent seules, physiquement épuisées, avec cet enfant encore inconnu, seules avec leur nouveau statut de mère dont les magazines féminins rabâchent les mille et une indispensables façons de se bien comporter. Comme si tout était facile et évident ! Elles ont rarement quelqu'un à qui confier l'enfant pour pouvoir oublier un peu les multiples nuits hachées et la fatigue physique, quelqu'un qui saurait écouter calmement les mots de fatigue et de ras-le-bol qui parfois les envahissent jusqu'au malaise, quelqu'un pour donner un coup de main si l'enfant ne va pas bien.

J'ai, un jour, il y a quelques années, reçu, au milieu de mes consultations, un coup de téléphone d'une de mes clientes, mère d'une petite fille de trois semaines. Elle m'a dit en criant : « Je n'en peux plus, je ne la supporte plus, je vais la passer dans le vide-ordures ! » Sidérée par sa violence, je lui ai répondu : « Ce serait dommage, vous habitez au sixième étage, elle pourrait se faire mal en tombant. Passez donc me la poser, ma poubelle est au rez-de-chaussée. » J'ai donc gardé quelques heures cette petite fille qui dormait dans son couffin au beau milieu de mon cabinet. Lorsque la mère, apaisée, détendue, est revenue la chercher, elle m'a simplement dit : « Vous êtes gonflée de m'avoir parlé de votre poubelle, mais si vous saviez comme ça m'a fait du bien… Et qu'a-t-elle fait pendant mon absence ? » Le lien d'amour était recréé, elle est partie, paisible, avec sa petite fille. Plusieurs années après, elle parle encore, avec beaucoup d'émotion, de cette journée inoubliable.

Je suis persuadée qu'il faudrait créer un lieu avec des gens disponibles pour que les jeunes mères envahies et trop énervées puissent ainsi demander de l'aide, à n'importe quel moment. Tout ce qui pourrait être dit, dénoué sur-le-champ avec des moyens tout simples vaudrait mieux que toutes les consultations de psychiatrie infantile où l'on tente de dénouer – trop tard – les dégâts de ces premiers moments d'adaptation. Dans une société qui parle de prévention, celle-ci n'est-elle pas la toute première, la plus fondamentale : soutenir les jeunes parents dans les chahuts de leur toute nouvelle paternité ou maternité, pour favoriser un accueil chaleureux et profond de l'enfant, meilleur gage de son équilibre humain ultérieur.

En Angleterre, une sage-femme passe au domicile de toutes les jeunes accouchées pendant les 28 jours qui suivent la naissance. Elle s'occupe d'éventuels problèmes physiques de la mère ou de son bébé, mais surtout, elle est là pour câliner, pour rassurer, pour écouter. Chez nous, il n'y a rien de tout cela !

Pourtant, si l'on pense à tous les troubles psychologiques et sociaux qu'une structure aussi simple que celle-ci suffirait à éviter, ce serait un investissement de toute évidence très rentable, économiquement intéressant. Nos ministères n'ont pas encore découvert les nouveau-nés et l'intérêt d'une prévention active des premiers jours en favorisant la meilleure adaptation entre une mère, des parents et leur enfant nouveau. Peut-être un jour…

Chahut pour le bébé

Pour le nouveau-né aussi, le chahut va bien au-delà de l'accouchement ; l'enfant mettra plusieurs semaines avant de comprendre comment organiser sa vie en relation avec les adultes qui s'occupent de lui, plusieurs semaines avant de trouver son propre rythme régulier de sommeil ou d'appétit.

Bien sûr, au début, il va y avoir l'accouchement, les contractions utérines, le long travail de dilatation et d'expulsion, les risques de souffrance anoxique, de difficultés mécaniques, l'étroitesse du bassin et des voies génitales maternelles, la violence de la pression qui s'exerce directement sur lui. Mais, nous l'avons déjà vu, si tout se déroule normalement, paisiblement, les contractions utérines sont pénibles pour la mère, mais très peu pour l'enfant. La plupart du temps, il dort tranquillement et les tracés électro-encéphalographiques que l'on peut recueillir sont tout à fait identiques à ceux des périodes de sommeil que l'on pourra enregistrer quelques heures plus tard. S'il dort, c'est qu'il est bien, qu'il ne souffre pas. Il est d'ailleurs protégé de l'intensité des contractions utérines par son matelas d'eau amniotique. Et le brassage final, les fortes contractions qui précèdent et accompagnent l'expulsion l'aident à se réveiller et à se préparer à respirer.

Nul ne peut dire, bien que de nombreuses hypothèses soient soulevées à l'heure actuelle, si le fœtus, l'enfant en train de naître, est totalement passif pendant l'accouchement. Est-il soumis à une force qui l'éjecte ou est-il un participant actif à sa propre naissance ? A-t-il une activité motrice autonome favorisant son engagement puis sa descente vers la vie aérienne ? Joue-t-il un rôle dans le déclenchement des contractions, comme le laissent supposer les études biochimiques sur le placenta à l'approche du terme ?

Toutes ces questions sont encore actuellement sans réponse. Mais le simple fait de les poser ne devrait-il pas nous amener à un peu plus de modestie dans les décisions médicales, une attention plus aiguë de ce qui se vit lors de l'accouchement ? Notre obstétrique dite moderne a encore bien des choses à apprendre.

Le nouveau-né découvre l'insatisfaction

La naissance n'amène pas le nouveau-né au « jardin des délices ». L'ère du chahut continue. Pour la première fois de sa vie, il va **découvrir le manque, et donc le désir**. Pendant toute la vie fœtale, il était alimenté en perfusion continue par le cordon ombilical. Il bénéficiait de tout l'équilibre métabolique de sa mère et son placenta se chargeait de tous les échanges. Il ne connaissait ni la faim, ni le froid, ni l'insatisfaction.

Avec la séparation, c'est toute l'inquiétude vitale que le tout-petit découvre, la peur douloureuse pour sa survie. Plusieurs fois par jour l'enfant se réveille et, chaque fois, se réveille l'inquiétude vitale. La seule détente à cette angoisse est amenée par la mère, par la personne qui accepte de le bercer, de lui parler, de le nourrir et dont il est entièrement dépendant. Cette angoisse et ce besoin sont tellement intenses qu'ils appellent sans retard un apaisement, apaisement pour le corps et apaisement de l'angoisse.

L'enfant fait ainsi sa **première expérience fondamentale : il est mal, sa mère survient, la douleur et l'angoisse se calment.** Petit à petit, il apprendra à avoir confiance dans le déroulement de ce processus, il comprendra de façon toute « préconsciente » que la satisfaction de ses besoins essentiels est assurée, qu'il n'est pas abandonné. Découvrant la confiance en sa mère, il mettra en germe sa confiance dans la vie. Il croira longtemps que sa mère n'est qu'un bout de lui, il ne s'en séparera pour s'inventer une autonomie que plusieurs mois après. Au début, l'enfant a besoin de sécurité, seulement de sécurité, pour avoir envie de vivre. Plus tard viendront les rythmes, l'équilibre entre ses demandes et ce que ses parents peuvent et veulent assurer, la patience et la tranquillité.

Je pourrais détailler les mêmes angoisses pour tous les besoins essentiels du tout-petit, l'obligeant à créer des liens, à appeler sa mère. Il a besoin d'elle pour être propre et ne pas souffrir de sa peau. Il a besoin d'elle pour changer de position lorsqu'un bout de son corps s'ankylose. Il a besoin d'elle s'il a soif, s'il a faim, s'il a trop chaud, s'il a froid, si l'un de ses vêtements est trop serré ou fait un pli inconfortable. Il a besoin d'elle pour savoir d'où il vient, pour s'habituer à sa nouvelle vie. Il a besoin d'elle pour avoir envie de vivre.

> **C'est là, au carrefour de cette angoisse et de ce chahut, que mère et enfant vont pouvoir se rencontrer, vont pouvoir créer des liens.**

Le temps de la rencontre

Il en va de la naissance comme de toutes les rencontres amoureuses de la vie humaine. Des individus se sont rêvés, attendus, préparés l'un à l'autre, les uns aux autres, et se trouvent enfin brutalement face à face.

Il y a un enfant, qui vit depuis neuf mois dans sa coquille utérine, porté par sa mère, riche de toute cette déjà longue histoire commune et qui va changer de vie.

Il y a une femme, chavirée par ce qui vient d'advenir dans son corps, par ce qui lui advient dans la vie.

Il y a un homme, présent ou non, concerné ou indifférent, amoureux ou distant, père de désir ou père de hasard.

Tous trois vont s'« inventer » une rencontre et vont, du plus profond de leur histoire personnelle et de leur projet commun, se donner les uns aux autres un nouveau statut, une nouvelle place sur la planète des humains.

Pour les parents, tout ce qui se vit alors est très profond, partiellement inconscient ou instinctif, non raisonné, relation construite sur une infinité de nuances émotionnelles. La qualité de ces quelques secondes a plus d'importance pour l'avenir de leur enfant (et pour le leur en tant que parents) que des mois de « prévention maternelle et infantile ». Ne va-t-on pas un jour en tenir compte ?

La naissance, c'est la fin d'un rêve

La confrontation entre l'enfant fantasmé, rêvé depuis de longs mois et celui qui survient. La première réaction est souvent de surprise, d'étonnement. Après, si les personnes présentes ont su se taire, il y a la découverte du sexe et le regard profond sur celui qui est là : un enfant « réel », lové contre sa mère, encore relié à elle par son cordon ombilical. Il n'est plus enfant du rêve utérin ;

il peut être reconnu comme cet enfant-là, l'« enfant désiré ». Il y participe de tout son être : il essaie d'ouvrir les yeux pour rejoindre le regard de ses parents, il se détend voluptueusement sous les caresses, il pleure à fendre l'âme pour éveiller la tendresse, il cherche à téter, il semble écouter... Chaque enfant invente « activement » son premier contact. Cette reconnaissance, cette véritable adoption mutuelle du bébé et de ses parents est fondamentale. La plus grande différence, me semble-t-il entre l'enfant imaginaire et l'enfant réel, **c'est que l'enfant imaginaire ne pleure pas...** Je suis souvent frappée de la détresse des jeunes parents aux pleurs de leur bébé, comme s'ils ne l'avaient jamais prévu, comme si cela les détruisait et les rendait incapables de réagir. Cette fragilité est d'autant plus grande qu'il y a eu séparation au moment de la naissance, que la toute première rencontre a été retardée, que le bébé n'a été vu, senti, touché, qu'au retour d'une autre pièce où il a été lavé et habillé. Le lien entre ce bébé « socialisé » et le « bébé du ventre » se fait mal et l'angoisse monte. Je ne le répéterai jamais assez : les premières heures de contact étroit en peau à peau avec la mère, sous le regard du père, ne sont ni du folklore, ni du luxe, ni du temps perdu. Elles sont essentielles à cette reconnaissance physique, émotionnelle et à l'arrivée réussie de ce bébé dans sa réalité.

> **La naissance d'un enfant, s'il s'agit d'un premier, c'est aussi et on l'oublie trop souvent, la naissance d'une famille.**

Tout ce qui va être vécu par chacun d'eux est capital pour leur mutuel équilibre, leur mutuel attachement. Un enfant qui naît, c'est fragile, tout le monde le sait ; une famille qui naît, c'est très vulnérable, personne n'y pense. Chacun des partenaires de cette rencontre y est préparé depuis sa toute petite enfance, depuis le moment de sa naissance, par tout ce qu'il a vécu, tout ce qui l'a « fait lui-même ». Il y arrive riche de son histoire humaine, de ses désirs et de ses peurs. C'est avec tout ce qu'ils sont, dans un déroulement accéléré de leur histoire d'individus, que père, mère et enfant vont se découvrir.

Toute interférence du personnel soignant au moment où se nouent ces liens peut avoir un retentissement considérable sur l'avenir. Les risques de s'immiscer dans ce processus extrêmement subtil de découverte sont énormes. Quel conseil donner puisqu'on ignore totalement qui sont profondément cet homme, cette femme, et ce qu'ils sont en train de vivre l'un et l'autre, par cet enfant ? Que dire des personnes qui assistent à une naissance en bavardant ? Que signifient ces « rapts d'enfants », ces nouveau-nés que l'on enlève à leurs parents impuissants et démunis sous prétexte qu'il vaut mieux passer les deux premières heures... au chaud dans une couveuse sous le regard d'une professionnelle avertie ou, pire encore, pour les éloigner

– dit-on – des microbes de leur mère ? Il est si facile de perturber, de parasiter gravement les premiers liens. Les soignants qui découvrent enfin la gravité de ce moment, la grandeur de la vie qui naît, le respect du tout-petit, ont un rôle d'une autre dimension, mille fois plus passionnant que leur strict rôle technique.

Naître, c'est entrer dans le langage

Bien sûr le nouveau-né ne parle pas et il est même reconnu comme tel : le mot enfant vient du latin *in-fans* (du verbe *for, faris, fari, fatus sum*) qui signifie « celui qui n'a pas l'usage de la parole ». Il ne parle pas, mais il entre dans le monde des humains, un monde où on lui parle, donc dans un monde de langage. En sa qualité d'humain, il est être de parole depuis le début.

Le premier signe de son insertion consiste à lui donner un nom. Celui qu'il va porter toute sa vie, celui qui va résonner tout au long de son existence, celui dans lequel il se reconnaît. Les nouveau-nés mettent très peu de temps à réagir à leur nom s'ils l'entendent dès la naissance. Ils comprennent vite, de façon là encore préconsciente, qu'il s'agit d'eux, que l'on s'adresse à eux.

Ils sont sensibles aux paroles, pas seulement à la musique des mots ou aux voix, mais réellement aux paroles qui leur sont dites. Si l'on regarde attentivement, si l'on sait observer les mimiques, il est évident que, même sans parler, ils répondent. On peut tout dire à un nouveau-né, on devrait tout lui dire : ce que ses parents ressentent en l'accueillant, même et surtout si c'est un peu dur, ce qui va se passer à la section du cordon, au cours des premiers soins… et surtout, si la mère est endormie, expliquer au tout-petit pourquoi il ne l'entend plus, pourquoi elle ne peut l'accueillir. C'est tout à fait essentiel. Parler, expliquer doucement les chahuts de la naissance, apporter les premières réponses, les premières interprétations de ce qui est ressenti, amène toujours un grand apaisement dans le comportement d'un tout-petit.

Naître, c'est entrer dans une lignée

L'enfant est porteur du capital génétique de chacun de ses parents, mais aussi d'un gigantesque héritage émotionnel. Il vient au monde ayant « choisi » de naître de ces parents-là, de ces lignées qui, par lui, se rejoignent et s'accordent. Il va hériter, partager, bâtir ses propres compétences sur cet acquis, modulé depuis des générations. Il parlera comme eux, avec les mêmes mots et les mêmes références symboliques. Porteur du même nom, il se reconnaîtra en eux, parce que eux-mêmes l'ont reconnu, comme eux-mêmes l'avaient été. **Naître, c'est lier les unes aux autres les générations d'humains.**

Chapitre 5

L'EXAMEN MÉDICAL du nouveau-né

Prendre un nouveau-né dans ses bras, lui parler, le regarder réagir, écouter son cœur, le faire marcher sur le lit de sa mère, vérifier la position de ses hanches ou de ses pieds, apprécier la richesse et la modulation de ses réponses si on le caresse ou si on l'ennuie, écouter ce que ses parents lui disent ou disent de lui, pouvoir affirmer paisiblement : « Votre enfant est tout beau, il est normal... », est un rôle merveilleux. Chercher « au-delà », comprendre à travers un examen neurologique détaillé la complexité du cerveau humain qui se construit, ses incroyables capacités, découvrir au jour le jour les potentialités des nouveau-nés – mille fois plus riches et diversifiées que ce que l'on croyait jusqu'alors – est bien plus fascinant encore.

L'examen médical du nouveau-né normal n'est obligatoire en France que depuis 1970. Surtout, son élément capital, l'examen neurologique, décrit et détaillé par Madame Saint-Anne-Dargassies, n'est de réalisation systématique dans la plupart des maternités que depuis trois décennies grâce à l'instauration des visites obligatoires des nouveau-nés par des pédiatres dans les huit premiers jours. Il comporte l'analyse des réflexes primaires et du tonus néonatal, permet d'estimer l'âge réel de la grossesse et d'affirmer le bon état cérébral après la naissance. Ses éléments ne sont connus des parents et des médecins non spécialistes que depuis peu.

Les recherches sur l'autonomie motrice et les capacités relationnelles des tout-petits, réalisées à Bayonne par le docteur Grenier, démonstration magistrale d'une **activité cérébrale volontaire et coordonnée** dès la naissance, sont encore à peu près inconnues de tous. Elles ne sont pratiquées de façon régulière que dans quelques services de maternité privilégiés et presque toujours réservées aux enfants qui ont souffert de conditions d'accouchement difficiles. Il s'agit pourtant d'un « outil » fantastique qui permet au tout-petit de démontrer lui-même, par la réalisation de véritables prouesses motrices complexes, l'intégrité de son système nerveux, et qui amène les parents à découvrir de leurs propres yeux les compétences de leur enfant. Je suis sûre qu'un très grand pas de la médecine sera franchi lorsque tous les nouveau-nés de France (et d'ailleurs) bénéficieront d'un tel examen. On ne peut plus se contenter d'un examen médical sommaire, affirmant que l'enfant a bien deux mains, deux pieds, cinq doigts ou cinq orteils à chacun, un ventre souple, des hanches stables, un cœur qui bat normalement et des ongles au bout des doigts. Bien sûr, c'est important, mais cela ne suffit pas.

> **Ce qui différencie l'humain de tous les autres animaux, c'est son cerveau. Affirmer qu'un petit d'homme est « normal », c'est pouvoir garantir qu'il a un cerveau en bon état, qu'il réagit et communique « en humain » dès sa naissance.**

Les examens indispensables en salle d'accouchement

Au moment de la naissance, les premières relations qui se créent entre le nouveau-né et sa mère, ses parents, sont tellement essentielles qu'il ne saurait être question de les perturber par une intervention médicale intempestive. Si l'enfant va bien, si le score d'Apgar est bon (voir p. 53), les quelques vérifications médicales urgentes se font très facilement sur le ventre même de sa mère et sans imposer la moindre séparation.

Les gestes de vérification sont très simples et peuvent être effectués par toute personne ayant accompagné la naissance, sage-femme ou médecin.

Au moment même de l'accouchement

Les seules nécessités absolues sont de deux types : apprécier l'intégrité générale de l'organisme de l'enfant, sa bonne conformation, et vérifier la perméabilité des orifices naturels : bouche, narine, œsophage, anus. Il suffit pour cela de le **regarder attentivement** « sous toutes ses coutures », presque sans le toucher, de glisser doucement un doigt dans le palais pour s'assurer qu'il n'existe aucune anomalie à ce niveau et de vérifier l'existence normale de l'anus.

Dès la naissance de l'enfant et avant que le placenta ne se décolle, on peut prélever un peu de sang fœtal pour des bilans systématiques. Il suffit d'ouvrir la pince fermant le cordon ombilical du côté du placenta (donc le bout attaché encore à la mère), et de laisser couler un peu de sang dans les tubes d'examen. Le sang ainsi recueilli est du sang de la circulation ombilicale et placentaire, donc du sang de l'enfant. On pourra y rechercher, quand cela est nécessaire, différents éléments :

– le groupe sanguin de l'enfant dans les cas où il pourrait exister une incompatibilité entre le bébé et sa mère : mère rhésus négatif ou de groupe sanguin O ;

– des anticorps spécifiques de cette incompatibilité ;

– des anticorps signalant la présence chez le fœtus d'autres germes pouvant compromettre son démarrage dans la vie. Ainsi, lorsque la mère est négative à la toxoplasmose au dernier prélèvement de la grossesse, on recherche de façon systématique une toxoplasmose, maladie très grave chez le tout-petit. Elle peut, pendant les trois derniers mois de la grossesse, traverser le placenta. Si l'on dépiste dès la naissance l'enfant touché, un traitement simple et très efficace empêchera toute maladie ultérieure.

On pourra aussi, en fonction des conditions des derniers jours de la grossesse, faire un certain nombre de recherches de sécurité. L'exemple le plus fréquent est celui du bilan infectieux pour l'enfant dont la mère a de la fièvre au moment de l'accouchement, ou pour celui dont la rupture des membranes a eu lieu plus de douze heures avant la naissance.

Un moment plus tard

La désobstruction

Il est difficile de remettre en question l'une des pratiques les plus systématiques des salles d'accouchement, la désobstruction des voies aériennes par une sonde passée dans le nez, puis dans la bouche, puis glissée jusque dans l'estomac. Ce geste, indispensable au début de toute réanimation d'enfant, est devenue une habitude pour tous. Certains médecins de maternités en arrivent même à considérer que ne pas l'effectuer serait une faute professionnelle. Depuis les années 1970, les bébés doivent à peu près tous subir ce geste traumatisant de désobstruction auquel « on » donne deux raisons médicales : libérer les voies aériennes du liquide amniotique, pour faciliter la respiration, et contrôler que l'œsophage est bien formé, s'ouvrant jusqu'à l'estomac. J'ai moi-même aspiré en toute bonne foi des centaines d'enfants, avant de réfléchir au geste qui m'avait été enseigné. Or, c'est un geste de réanimation, pas un geste à faire n'importe comment. Reprenons chaque élément :

• La plupart des bébés bien portants éternuent ou vident leurs narines au moment même du passage du thorax dans la filière génitale maternelle et arrivent avec des voies aériennes parfaitement libres pour le passage de l'air. S'ils sont déjà tout roses, c'est que l'air circule, donc le geste est inutile.

• Dans 95 % des cas, ce geste est mal fait. La plupart des soignants enfilent d'emblée la sonde trop loin et aspirent sans hésiter l'estomac.

• Nous connaissons parfaitement les indications médicales vraies : liquide amniotique teinté ou méconial, risque infectieux, excès franc de liquide amniotique, images œsophagiennes suspectes à l'une des échographies anténatales. Cela représente entre 5 et 10 % des bébés. Pas 100 %...

• S'il existe une suspicion réelle d'atrésie de l'œsophage, ce geste ne suffit pas. Tous les étudiants en médecine savent qu'un test à la seringue ou une radiographie sonde en place s'imposent.

Pourtant ce geste n'est pas anodin. Il peut entraîner des conséquences non négligeables, parfois même très graves. Les réanimateurs pédiatriques forment maintenant les soignants des maternités à bien connaître tous ces paramètres négatifs :

• Passer une sonde dans le nez et la gorge est un geste très impressionnant, traumatisant, probablement douloureux, créant pour les heures suivantes une hyper-sécrétion de mucus.

• Une sonde passant la région pharyngée dans les toutes premières minutes, avant la mise en route d'une respiration régulière, occasionne, dans 1 à 2 % des cas, un arrêt cardio-respiratoire réflexe, nécessitant une réanimation vitale immédiate, parfois dramatique.

• Ce geste ne doit être pratiqué que sur indication médicale formelle et en évitant au maximum de le faire immédiatement, sauf si le liquide amniotique est teinté ou infecté, auquel cas – et c'est logique – il doit être fait avant la première inspiration.

• Certaines aspirations devront être décidées en fonction de l'état de l'enfant : après césarienne, en cas de lutte respiratoire ou de salivation anormale, avant le transfert d'un enfant malade ou prématuré... Mieux vaut un bon regard clinique qu'un protocole.

• Pour les parents, ce geste est très impressionnant et perturbe l'accueil du tout petit, leur regard sur lui.

• Enfin, l'introduction de la sonde dans la bouche d'un bébé avant la première tétée compromet, dans deux cas sur trois, sa capacité de téter au sein. La très subtile programmation de cette succion complexe est perturbée et il faudra des heures de patience aux mères et aux auxiliaires de puériculture pour tenter d'y remédier, ce qui n'est pas toujours possible et soulève un douloureux sentiment d'incompétence. Il y a là une des grandes causes d'échec de l'allaitement au sein. Pour les parents qui avaient choisi ce mode d'alimentation, c'est grave.

D'un autre coté, il ne saurait être question de laisser passer une imperforation de l'œsophage (on dit une atrésie œsophagienne), malformation où l'œsophage est fermé, ne débouche pas dans l'estomac.. On compte en moyenne un enfant atteint de cette anomalie pour 3 000 naissances. De nos jours, les échographies de la grossesse, les anomalies du liquide amniotique ont permis la plupart des diagnostics avant la naissance. Après, regarder le bébé les premières heures, sa façon de saliver, de déglutir est très parlant. S'il y a une anomalie, le risque d'inonder les poumons, de noyer le bébé avec son lait est réel. Il faudra donc contrôler et, si l'anomalie se confirme, adresser d'emblée l'enfant au chirurgien pour une intervention immédiate.

Mais ce risque n'a rien de commun selon ce que l'enfant va téter.

• Un bébé qui avale un biberon de lait en poudre est en danger gravissime. Si on arrive à le réanimer, cette fausse route de lait (lait de vache cuit et quantité souvent importante!) dans les poumons va compromettre tout le pronostic : le nouveau-né à moitié « noyé » dans son lait a une ventilation aérienne très diminuée; fragile, il supporte beaucoup moins facilement l'anesthésie et le geste chirurgical nécessaires. De plus, le poumon plein de lait s'infecte et les risques en sont aggravés.

• Par contre, le bébé qui tète le sein de sa mère boit quelques gouttes de colostrum gélatineux, pas vraiment liquide, et n'inonde pas ses bronches avec. Comme, de plus, le colostrum du premier jour est une solution presque pure d'immunoglobulines de défense contre les infections, le risque infectieux de l'opération ne peut pas en être aggravé.

Comment bien passer une sonde ?

En conclusion, pour que le passage de sonde soit réalisé au mieux, on peut retenir que :

– les indications médicales de désobstruction immédiate sont bien connues et ne se discutent pas ;

– pour tous les autres bébés, inutile de leur « sauter » dessus juste au moment de leur naissance ;

– pour les bébés qui vont être au biberon, vérifier la perméabilité de l'œsophage reste une sécurité vraie, mais attendre tranquillement, pour réaliser le test, que les bébés soient bien adaptés à leur nouvelle vie extra-utérine, ventilent calmement et se déclarent prêts à se nourrir.

Des gouttes dans les yeux

Une mesure obligatoire en France depuis le début du siècle veut qu'on instille dans les yeux d'un bébé, dès sa naissance, une solution de nitrate d'argent comme collyre antiseptique. Cette mesure a fait disparaître une redoutable infection oculaire, la « gonococcie ophtalmique » qui entraînait autrefois des cécités irréparables par destruction purulente des yeux. Lorsque la mère est atteinte d'une gonococcie, infection vénérienne encore fréquente, les yeux de l'enfant peuvent être contaminés au moment du passage vaginal de l'accouchement et pourraient alors être le siège d'une effroyable infection qui les détruirait en moins d'une semaine. Ce collyre antiseptique suffit à prévenir ce risque.

En revanche, son inconvénient – mineur –, c'est que les yeux irrités par ce traitement coulent pendant plusieurs jours et qu'un certain nombre d'enfants ont des yeux tellement enflés les premières heures après cette manœuvre qu'ils ne peuvent plus les ouvrir. Tout cela cède rapidement.

D'ailleurs, nombre de maternités ont remplacé ce nitrate d'argent par un collyre antibiotique, tout aussi efficace et moins agressif. Il reste à le rendre légal....

Aucun autre examen ne se justifie en salle d'accouchement.

Les autres examens

La pesée

Il est traditionnel de peser les nouveau-nés pour répondre à l'une des premières questions des parents et de l'entourage. C'est possible, mais cela pourrait attendre. Quant aux autres mensurations, tout cet « étalonnage » traditionnel de nos dossiers : taille, périmètre crânien, périmètre thoracique, diamètre bipariétal, etc., n'ont vraiment aucun intérêt urgent et peuvent sans dommage attendre quelques heures, voire quelques jours.

L'examen neurologique

Réalisé trop tôt, l'examen neurologique d'un nouveau-né n'est pas significatif. L'enfant encore brassé par les chahuts de sa naissance a autre chose à faire qu'à répondre aux stimulations du pédiatre qui passe. Il veut se reposer, découvrir sa mère et ses parents. Souvent le tonus est faible, les réflexes archaïques mal perçus ou incomplets, non parce que le cerveau a souffert, mais simplement parce que l'enfant n'est pas disponible.

Chaque fois que c'est possible, le personnel soignant, et le pédiatre en premier, doit s'effacer, **éviter tout geste inutile**, dans les premières heures de vie, donnant **une absolue priorité à la rencontre**, la mutuelle découverte de ce nouveau-né avec ses parents. Au moment de la naissance, toutes ses compétences doivent se focaliser sur sa survie, donc sur son adaptation physiologique et sur le lien avec les adultes qui l'accueillent. Toute stimulation parasite, tout geste étranger à cette priorité absolue ne pourra qu'entraver le plus fondamental des processus.

Je me suis toujours demandé ce que signifient les comportements des femelles dans un certain nombre d'espèces animales. La chatte ne laisse jamais approcher un étranger de ses petits avant de les avoir longuement léchés et avant qu'ils aient commencé à marcher et à chercher les mamelles. Il est fréquent de voir des lapines ou des femelles hamsters dévorer leurs petits nouveau-nés, les croquer à belles dents si on les a dérangés, pris dans les mains, sortis du nid. Préfèrent-elles instinctivement les tuer que d'accepter cette stimulation extérieure envahissante ? La perturbation apportée par les visiteurs curieux casse-t-elle quelque chose d'essentiel dans le processus d'attachement et rend-elle la mère inapte à continuer d'assurer les soins et l'élevage de sa progéniture ? Les risques de tous ces gestes étrangers inutiles sont-ils si grands que le petit s'en trouve d'emblée condamné ?

Je n'essaye pas de faire un parallélisme direct entre une mère et ces femelles animales. Je crois que notre fonctionnement humain est hautement complexe et que toute interprétation sommaire ne peut être qu'erronée. Il n'empêche que cela mérite qu'on se pose des questions. Les jeunes mères oseront-elles un jour protéger leur petit, le garder contre elles, comme savent le faire les autres femelles de mammifères, quand oseront-elles imposer leur désir le plus profond ? Trop souvent, le personnel soignant « enlève » les enfants à leurs parents sous prétexte de les mesurer, les étiqueter, les réchauffer, de mieux les admirer. Et n'avez-vous pas vu les premiers visiteurs curieux, les grand-mères émues, attraper les bébés, les séparer de leur mère pour les bercer, les regarder… Les parents démunis, impuissants, n'osent rien dire, et la tendre découverte, l'extraordinaire désir de se connaître sont parasités par des soignants ou des visiteurs indélicats.

Bien sûr, il est des cas où un geste urgent s'impose et où les soignants doivent intervenir. Ce n'est pas cela que je remets en question. Je parle ici de toutes les petites interventions inutiles, des habitudes peu réfléchies, des gestes que l'on pourrait éviter ou retarder, du bavardage autour de la jeune accouchée, de l'envahissement de son espace par des soignants, des amis, des parents, trop contents d'être là « les premiers », tout ce petit monde qui allègrement commente l'événement, le revit, le décrit, saccageant sans le savoir les premiers regards, les premiers instants d'un petit humain. Aurions-nous perdu toute « humanité » ?

Quand je vois un grand remue-ménage de visiteurs dans la chambre d'une nouvelle accouchée, je suis toujours mal à l'aise. La naissance me paraît l'un des moments « uniques » de la vie, moment où l'individu apparaît au monde des vivants et choisit d'y participer. Pourquoi y a-t-il une telle différence de comportement dans la chambre d'un nouveau-né et dans celle d'un mourant, autre moment unique. Spontanément, devant un humain qui disparaît, chacun se tait, reste immobile et attentif. Il y a un grand silence et un grand respect. Pourquoi l'humain qui naît ne suscite-t-il pas la même émotion, pourquoi l'accueille-t-on dans un tourbillon de bruit, de mots et de gestes inutiles ? Là encore notre société envahissante, nos hôpitaux inattentifs ont tout à repenser.

Les conditions d'un bon examen médical

Respecter les premières heures

La première condition d'un examen valable, après un accouchement normal, est d'attendre que l'enfant soit bien adapté à sa nouvelle physiologie cardio-respiratoire, qu'il ait pu manger et que ses parents aient eu le temps de l'accueillir doucement comme ils le désiraient. En d'autres termes, lorsqu'il n'y a aucune raison particulière de surveillance, un intervalle libre minimum de 6 à 12 heures entre la naissance et le premier examen est recommandé. Il donne au tout-petit et à ses parents le temps de se retourner, de se « reconnaître », de se rassurer mutuellement, de se préparer à vivre ensemble. De plus, l'enfant sera reposé, beaucoup plus disponible pour montrer ce dont il est capable.

Examiner l'enfant en présence des parents

La deuxième condition est pour moi absolue. L'examen doit se dérouler en présence des parents, au minimum aux côtés de la mère. Celle-ci vient d'accoucher. Elle est endolorie, fatiguée, ne peut pas toujours se lever. Il est donc nécessaire que l'examen soit fait dans sa chambre, à proximité de son lit, et s'il n'y a aucune place prévue à cet effet, directement sur le lit. C'est tout à fait réalisable. Je l'ai toujours fait !

Pourquoi en présence des parents ? D'abord pour rassurer l'enfant. Il connaît leur odeur, leurs voix. Si l'examen lui paraît trop dur ou trop remuant, il peut se faire consoler, caresser par les seuls gens au monde qui lui sont importants. Ils sont sa sécurité. L'examen ne sera « parlant » que si l'enfant se sent en confiance.

Les parents, eux aussi, en ont absolument besoin. Tout ce qui arrive à leur petit les concerne au premier chef ; ils sont les témoins privilégiés de ce qu'il va vivre pendant des années. Il leur faut découvrir qui il est, comment il réagit aux sollicitations, comment il se défend si on l'ennuie, tout ce qu'il sait faire. L'examen neurologique est en ce sens merveilleusement riche d'informations.

Beaucoup de jeunes parents n'ont jamais vu de nouveau-né. L'aspect général, certains petits détails de la peau, la taille de ses organes génitaux, la forme de son crâne, la couleur de ses mains, tout peut être interprété par des parents fatigués et inquiets comme anormal et angoissant. Il y a toujours un long travail du médecin pour rassurer, expliquer ces petits détails tout simples qui sont le propre des nouveau-nés.

En plus, si l'examen médical révèle une anomalie quelconque, les parents en seront immédiatement avertis. Je crois indispensable de tout dire, calmement, d'emblée : le vrai nom et l'explication de ce que l'on a trouvé, quand on est certain de ce que l'on a vu. Si l'anomalie est moins évidente, expliquer le doute et la nécessité d'examens complémentaires, lesquels et pourquoi.

Choisir un moment où l'enfant est « examinable »

C'est la troisième condition. S'il hurle en cherchant à se nourrir, il ne fera rien d'autre dans les mains du pédiatre que de continuer, et la seule conclusion honnête sera de dire « il crie ». Si, à l'inverse, il est profondément endormi, « branché » sur l'intense activité cérébrale du sommeil (voir chapitre 7), il peut très bien ne pas se réveiller et laisser croire au pédiatre inattentif et à son entourage que son cerveau est bien ralenti.

Il est donc impératif de choisir les temps d'éveil spontané de l'enfant, seuls moments où l'examen sera significatif.

Prendre le temps

C'est le quatrième élément, corrélé au précédent : avoir du temps... du temps pour choisir le moment et revenir plus tard si l'enfant ou ses parents ne sont pas disponibles ; du temps pour apprivoiser le bébé ; du temps pour l'examen lui-même dont la réalisation correcte demande plus d'une demi-heure ; du temps pour parler avec les parents, écouter ce qu'ils disent et ce qu'ils vivent ; du temps pour expliquer ce que l'on voit, ce que l'on sent au cours de l'examen ; du temps pour discuter avec l'équipe soignante et rapporter les points essentiels de l'examen ; du temps pour revenir, dans les jours qui suivent, aider au bon démarrage de l'allaitement, revoir un petit problème, contrôler un détail de l'examen ; du temps pour reparler avec la mère d'une difficulté particulière, pour accompagner les moments difficiles de l'adaptation, pour prévoir avec elle le retour à la maison.

Dans l'idéal, recommencer l'examen quelques jours plus tard

Il faudrait aussi du temps pour cela. Le premier examen ne donne qu'une vision instantanée des possibilités de l'enfant. Or, tester ses capacités d'habituation, d'évolution, les moyens qu'il met en œuvre pour répondre – chaque fois plus vite, chaque fois mieux – à la même stimulation, donne une idée bien plus intéressante de ce qu'il peut et veut faire. De plus, les parents, au bout de quelques jours, savent qui est l'enfant présent à leurs côtés, ses moments de sensibilité, ses peurs, les mouvements ou les bruits qui le font sursauter, les positions qu'il ne supporte pas. Il peuvent guider le pédiatre ; cela aussi donne à l'examen une tout autre dimension.

L'examen d'un tout-petit ne permet jamais de le juger

C'est le dernier point à toujours soigneusement garder dans un coin de son esprit. Si l'enfant ne réalise pas la performance que le médecin lui propose, nul, pas même le neurologue le plus réputé, ne peut affirmer d'emblée qu'il n'en est pas capable. Il n'y a aucune différence, sur un seul examen, entre l'enfant qui ne **veut** pas et celui qui ne **peut** pas réaliser un geste. En plus, en cas de souffrance cérébrale de l'enfant, nul non plus ne peut faire la différence entre l'enfant dont le cerveau est momentanément ralenti, peu réactif, et celui qui présentera plus tard d'authentiques lésions.

> **Combien d'enfants parfaitement sains se sont vus soupçonnés des pires dégâts cérébraux, avec toutes les conséquences dramatiques que cela peut avoir dans leur insertion familiale, simplement parce qu'au moment de l'examen ils n'avaient pas envie de coopérer ou avaient besoin de dormir ?**

Les seuls éléments valables de l'examen, ceux que l'on peut reconnaître sans crainte d'erreur, c'est ce que l'enfant a réussi. S'il a suivi des yeux l'objet qu'on lui montre ou s'il imite une grimace de l'interlocuteur, « il voit ». C'est une certitude tranquille. S'il sait clairement voir au premier jour, il saura encore voir le lendemain, puis les jours et les années qui suivront. Sauf pathologie ultérieure, c'est une compétence qui ne pourra que s'améliorer. Par contre, si l'enfant ne suit pas des yeux l'objet proposé, il peut être indifférent, fatigué, le trouver trop laid, avoir envie de faire marcher l'examinateur (oui, oui, cela existe...) ou trouver que l'examen est vraiment trop ennuyeux. Inutile de s'affoler ou de s'impatienter. Il suffira de regarder soigneusement dans les jours qui suivent : il y aura un signe évident « d'intérêt visuel », au moment où l'on s'y attend le moins, et qui rassurera tout le monde. Les nouveau-nés réellement aveugles sont l'exception. Par contre, presque tout le monde croit encore qu'un nouveau-né ne voit rien, simplement parce que les signes, les regards vrais sont rares dans les premières journées. L'examen pédiatrique doit se jouer dans cette logique ; **un peu de bon sens et de respect du libre droit de l'enfant à participer ou non à ce qu'on lui propose.**

Compte tenu de toutes ces conditions, bien peu de nouveau-nés français bénéficient d'un examen médical d'une réelle qualité. Très peu d'établissements disposent d'un personnel pédiatrique suffisant, travaillant sur place. La plupart des services de maternité font appel à un médecin « de ville », pas toujours formé à la pédiatrie néonatale et qui a rarement le temps d'attendre que l'enfant soit réveillé et disponible, et encore moins celui de revenir. Son seul avantage, et c'est déjà beaucoup, est de connaître parfois la famille et d'être celui qui pourra prendre l'enfant en charge pendant les premières années.

Si la prise en charge de cet examen est mal assurée, ce n'est pas un problème de qualité des médecins, mais un problème économique. Les pouvoirs publics n'ont jamais considéré un nouveau-né comme un citoyen à part entière. Officiellement, un nouveau-né en bonne santé n'existe pas sur les relevés de compte de la maternité. Il n'y a pas de prix de journée ou de cotation d'actes correspondant à sa présence. Le prix payé par une accouchée est strictement le même si son bébé est à côté d'elle, si pour une raison quelconque (décès, transfert dans une unité de soins intensifs...), il n'est pas dans la maternité, ou si, au contraire, à côté de son lit, il y a des jumeaux. Seule est reconnue par la Sécurité sociale la fameuse et obligatoire « visite médicale » des huit premiers jours, dont le tarif, pour un médecin spécialiste de pédiatrie, est strictement le même que celui de consultations banales pour un rhume ou pour un vaccin.

De plus en plus souvent, le pédiatre est appelé en urgence en salle d'accouchement pour une réanimation. Il y passe généralement des heures, rarement moins de deux à trois heures. Faire respirer un enfant en grande détresse et le ventiler jusqu'à ce qu'il puisse assurer seul son oxygénation, faire repartir son cœur, compenser, par une perfusion dans des veines minuscules, les déséquilibres métaboliques liés à une souffrance fœtale sont des gestes de très haute technicité. Après, il faudra le temps de s'assurer que le problème initial est bien résolu, ou celui d'organiser le transfert de l'enfant malade vers une unité spécialisée, en assurant jusque-là une surveillance ininterrompue. Le prix admis à la sortie sera toujours de 150 francs, dix fois moins que ce que recevrait l'obstétricien pour un accouchement sans complications...

La réanimation du nouveau-né, l'extraordinaire travail réalisé par les pédiatres dans les salles d'accouchement n'existe pas... n'a aucune reconnaissance officielle. Comment voulez-vous alors obtenir un examen médical dans les conditions que j'ai énumérées précédemment ?

L'examen général de l'enfant

Je vais tenter de vous raconter ce que fait le pédiatre examinant un enfant, ce qu'il cherche, ce à quoi il pense, comment se déroulent au ralenti les différentes phases des investigations. C'est important car, geste après geste, vous le verrez démontrer la normalité corporelle de l'enfant, puis communiquer avec lui, puis lui demander de réaliser un certain nombre d'« exploits » dont personne ne croît les nouveau-nés capables. Filmons donc lentement ce qui se passe.

D'abord le regarder

Examiner un nouveau-né, c'est d'abord le regarder, dans son berceau, immobile ; le regarder pendant qu'on lui parle sans l'avoir encore touché, le regarder réagir pendant qu'on le déshabille, quand on le repose sur le lit d'examen, quand on le manipule. Ce regard attentif va apporter une multitude d'informations.

La première des informations, c'est son état de vigilance

Cet état devrait déterminer si on le dérange pour l'examen ou non.

• La plupart du temps, **un nouveau-né dort**. Il dort plus de 20 heures sur 24. Et ce temps se partage, à parts à peu près égales, en deux moments bien distincts.

– **le sommeil calme** : les yeux sont fermés, la respiration est régulière, il est immobile dans la position où on l'a posé, les poings sont fermés, et seuls quelques rares mouvements souples des mains ou de la bouche viennent troubler l'immense calme de cet évident bien-être. Dans ce cas, bien sûr, mieux vaut ne pas le réveiller ;

– **le sommeil de rêve ou sommeil agité :** l'enfant remue, bouge bras et jambes, ouvre et ferme les yeux, sourit parfois. On voit des mouvements oculaires à travers les paupières. Il présente de vifs mouvements de succion. Sa respiration est irrégulière et on peut entendre des petits cris ou vagissements pouvant laisser croire à un réel malaise. Tous ces signes sont importants à connaître. Ce sont des **signes de sommeil** ! Ils alternent avec le sommeil profond toutes les 20 à 30 minutes environ. Je suis persuadée que la méconnaissance de ces phases de sommeil agité est à l'origine de bon nombre de troubles du sommeil ultérieurs. Les parents croyant le bébé réveillé, voulant bien faire et craignant qu'il n'ait faim ou mal, le prennent dans les bras. Le bébé qui, spontanément, serait repassé en sommeil calme au bout de ce cycle de sommeil agité, est alors totalement réveillé par la stimulation intempestive. Si cela se renouvelle souvent pendant les premières semaines, l'enfant perdra sa compétence naturelle à alterner des cycles de sommeil calme et de sommeil agité. Il s'éveillera jour et nuit à chaque fin de « cycle léger », toutes les heures ou toutes les heures et demie, et les parents épuisés mettront des mois, parfois des années, à retrouver des nuits normales. Nous reviendrons sur ces données capitales dans le chapitre sur « l'acquisition des grands équilibres ».

• **Le nouveau-né éveillé** est totalement différent. Là encore on peut décrire les deux états opposés de bien-être tranquille et de tension :

– dès la naissance, mais *a fortiori* au bout d'un ou deux jours, l'enfant vit d'authentiques moments d'éveil attentif. Immobile dans son berceau, il garde les yeux ouverts. Son regard est très vif, il cherche les images, les visages. Il peut suivre des yeux tout ce qui lui semble digne d'intérêt et manifester son plaisir par des mouvements toniques. Cette vigilance attentive est évidemment le meilleur moment pour réaliser un examen neurologique. Toutes ses capacités de compréhension et de découverte sont en éveil. Il capte la moindre information et répond au mieux à tout ce qui lui est proposé ;

– mais cette vigilance le fatigue très vite. Je l'ai déjà dit, mais je ne le dirai jamais assez. Au bout de deux ou trois minutes, l'enfant relâche son attention, laisse flotter son regard. Il peut basculer instantanément dans le sommeil. Il peut aussi traverser une période d'« absence » ou un moment d'inconfort, avec une activité désordonnée, une agitation apparemment désagréable et des pleurs parfois violents. Seul ou apaisé par l'entourage, il se rendormira alors profondément.

L'allure de sa peau

C'est la première chose étonnante pour un observateur non averti qui regarde un nouveau-né tout nu.

• Le vernix sébacé de la naissance a déjà disparu, mais si l'examen se fait avant la 24e heure, il peut en rester quelques traces crémeuses au pli des cuisses, des aisselles ou du cou. Partout ailleurs, la peau est fine et douce, parfois merveilleusement lisse, parfois au contraire ridée. Cela dépend de l'état nutritionnel de l'enfant en fin de grossesse et de son état d'hydratation, donc, globalement, de son poids.

• Par contre, ce qui attire d'emblée l'attention des parents, c'est la **pilosité**. La peau de presque tous les nouveau-nés est recouverte d'un abondant duvet noir, très dense sur les épaules, le dos et les membres, doux à caresser et qui va disparaître en trois ou quatre semaines. On l'appelle *lanugo*.

• Des petits boutons blancs, gros comme une tête d'épingle, très rapprochés les uns des autres, que l'on appelle **milium**, recouvrent le nez, parfois un peu les joues et le menton.

• La couleur générale aussi saute aux yeux. L'enfant est souvent très rouge, un peu framboisé, ce qui traduit la grande richesse en globules rouges des premiers jours, richesse dont nous avons analysé les raisons au chapitre sur les mécanismes exceptionnels de sécurité. Avant la 24e heure, les pieds et les mains peuvent rester gonflés, grisâtres, avec les ongles un peu bleutés, témoins du long séjour aquatique et de l'incomplète circulation sanguine périphérique des moments d'adaptation La priorité de circulation sanguine va aux organes précieux. Les extrémités du circuit, ce sera pour demain...

• Les nouveau-nés normaux présentent un certain nombre de **taches colorées** :

– **des angiomes** rouge framboise sur les paupières, l'arrière du cou à la racine des cheveux et, plus rarement, répartis sur une large surface du visage ou d'un membre. Ces angiomes que les parents signalent toujours avec inquiétude sont tout à fait banals et disparaissent tout seuls au cours des premiers mois, au plus tard avant deux ans ;

– les bébés bruns présentent en plus une curieuse tache bleuâtre, comme un volumineux hématome, qui recouvre toutes les fesses et le bas du dos, dont l'aspect peut être très impressionnant. Cette tache, spécifique des sujets à peau mate et cheveux sombres et qui porte l'effroyable nom – sans aucun rapport avec la maladie du même nom – de « tache mongoloïde », est elle aussi tout à fait bénigne et disparaît en deux ou trois mois.

• **L'érythème toxique** est une des « fantaisies » cutanées des cinq ou six premiers jours de vie, jamais grave, mais souvent motif d'appel du médecin pour identification. Ce sont des petites bulles jaunâtres sur une base rouge, un peu enflammée, disséminées sur tout le corps et le visage, pouvant faire craindre une infection locale. Ce qui le caractérise est sa mouvance. L'enfant peut présenter une dizaine de bulles, plus rien vingt minutes après, quinze autres au change suivant, trois un quart d'heure plus tard. Et, en plus, elles se baladent. À peine le temps de repérer l'emplacement de deux ou trois, on appelle le médecin et, lorsqu'il arrive, il n'y a rien, plus rien aux endroits annoncés, et d'autres se sont installées en de tout autres lieux. On ne sait absolument pas quel mécanisme est à l'origine de ce curieux phénomène.

• Un élément lié directement à l'adaptation à la vie aérienne et à la sécheresse de l'air est **la desquamation physiologique:** l'enfant pèle, sa peau se détache en grands lambeaux, sur tout le corps, et peut présenter de larges et profondes fissures au fond desquelles une nouvelle peau toute neuve est déjà en place. Ce signe est d'autant plus intense que l'enfant est plus à terme. Certains bébés donnent presque l'impression de muer, de changer d'enveloppe. Mais comment s'en étonner? Ils viennent de passer neuf mois dans l'eau. Il est normal que la peau réagisse à un changement aussi drastique. Aucune peau d'adulte ne pourrait supporter sans dégâts de telles conditions brutales de changement! La peau de l'enfant mettra près de quatre mois à trouver un équilibre, avec un fond de grande sécheresse, entrecoupé de véritables « poussées d'acné ».

• Enfin la peau du tout-petit peut, bien sûr, porter ***des traces traumatiques*** de sa naissance :

– petits éclats bleus granités sur le visage nommés pétéchies, très intenses quand il y a un circulaire du cordon et que l'enfant s'est littéralement « étranglé » dans son cordon;

– hématomes sur les fesses des bébés nés en siège;

– plaies et bosses du crâne et du front, fréquemment associées à des déformations crâniennes majeures, traduisant les efforts qu'a fait la tête fœtale pour se modeler afin de franchir le bassin maternel;

– traces de forceps, etc.

Tout cela disparaît en un temps record. Moins de 24 heures pour la cicatrisation des plaies, quelques jours pour éliminer les « bleus ». Le nouveau-né se répare aussi vite qu'il se construit. Inutile de s'alarmer pour les quelques malheureux qui arrivent au monde avec une tête de catcheur après le match... Deux jours plus tard, toute trace aura disparu.

Un seul signe traumatique pourra se voir pendant plusieurs semaines : les petits épanchements sanguins dans la conjonctive de l'œil, sorte de traînée rouge en croissant sur le pourtour de l'iris. Ce signe montre à quel point les pressions qui s'exercent sur la tête du bébé sont fortes, pouvant entraîner des ruptures de petits vaisseaux au niveau des yeux. Ce n'est pas grave, on le voit souvent, cela dure quelques semaines et disparaît sans séquelles.

Son allure générale

Observons toujours ce bébé sans le toucher. Son allure générale est très typique. Une tête très volumineuse, un cou très court, un thorax triangulaire surmontant le ventre rond. Bras et jambes incurvés sont fléchis en permanence, terminés par des pieds et des mains gonflés qui paraissent volontiers de grande taille. Les différentes parties du corps ont des proportions tout autres que chez l'adolescent et l'adulte. La tête est plus grosse, le tronc est la plus longue partie du corps, et relativement, les jambes sont très courtes.

• **Le poids moyen,** à terme, est de 3 300 g pouvant aller de 2 600 à 4 000 g et plus. La taille est de 50 cm, avec des écarts de 46 à 54 cm. Ces mensurations sont grossièrement corrélées à la taille des parents, aux poids et taille d'autres enfants dans la fratrie. Il y a indiscutablement des familles à gros enfants et d'autres à petits gabarits.

• **Le crâne** est tout déformé par les modelages de l'accouchement, allongé dans le sens qui lui a permis de s'engager dans le bassin maternel, et l'on voit très bien les zones, sur les tempes et derrière la tête, où les os du crâne se chevauchent encore. Ils ont glissé l'un sur l'autre pour rétrécir le diamètre de la tête et faciliter son passage. Ils se remettront à leur juste place en trois à quatre jours.

• **Les paupières,** souvent enflées, gênent l'ouverture des yeux, et l'enfant réagit souvent à une lumière un peu vive. Les yeux sont de la même couleur pour tous, bleu foncé, un peu dépolis. La couleur définitive, impossible à apprécier à la naissance, n'apparaîtra qu'entre deux et quatre mois.

• **La respiration** est rapide : près de 40 mouvements par minute. Le thorax bouge peu ; c'est l'abdomen, transmettant les mouvements du diaphragme, qui se soulève nettement à chaque inspiration. À cet âge, les côtes sont encore molles et peu fonctionnelles pour une ventilation efficace. Ce sont les mouvements alternatifs de montée et descente du diaphragme (qui sépare le thorax de la cavité abdominale) qui assurent la mobilisation pulmonaire.

• Au milieu de l'abdomen pend le moignon du **cordon ombilical**, fermé pendant les trois premiers jours environ par une ligature ou par une pince-clamp. Pendant les premières 24 heures, le cordon est blanchâtre, gélatineux, plus ou moins épais. Ensuite il se dessèche, devient une petite croûte tout à fait banale qui tombe entre le sixième et le dixième jour, laissant une cicatrice profonde indélébile, le nombril. Dès que le cordon commence à sécher, il se produit à sa base une fibrose définitive enserrant les vaisseaux placentaires.

Il n'y aura plus, dès lors, aucun risque d'hémorragie ou de traumatisme. Quelques soins d'hygiène élémentaire assureront une cicatrisation totale très précoce.

Les organes génitaux sont démesurés

• **Les petites filles** ont les lèvres et un clitoris foncés, rougeâtres, très enflés, et le vagin laisse sourdre une sécrétion blanche, filante, parfois abondante. Vers le quatrième jour de vie, il peut arriver une petite hémorragie, véritables « mini-règles » attestant que l'utérus est bien en place et réactif aux variations hormonales. Le taux d'œstrogènes d'origine placentaire était élevé, il chute à la naissance puisque le placenta n'est plus là ; brusquement, l'utérus saigne, c'est le même mécanisme que celui des règles sous pilule contraceptive.

• **Les garçons** ont souvent des bourses volumineuses, parfois remplies d'eau (hydrocèle), parfois simplement pendantes. Le pénis est gonflé et les érections fréquentes. Plus rarement, verge et bourses paraissent minuscules, enfouies dans la graisse du pubis. Cela n'a aucune signification particulière.

• **Dans les deux sexes**, les seins sont, sauf exception, enflés, durs, sièges d'une inflammation d'origine hormonale pouvant aller jusqu'à l'écoulement de quelques gouttes de liquide lactescent. Ce « lait de sorcière », très prisé au Moyen âge pour les pratiques magiques, traduit la maturité précoce de la glande mammaire, qui va se rendormir après ce premier essai, pendant une douzaine d'années chez la fillette et définitivement pour le petit garçon.

Tous ces signes ont la même origine. Ils sont témoins de l'imprégnation de l'enfant par les hormones sexuelles de sa mère, hormones qui ont traversé le placenta à l'approche du terme. Ces signes sont donc l'un des critères pour apprécier l'âge gestationnel du bébé. Ils disparaîtront en quelques semaines, au fur et à mesure que les hormones maternelles responsables seront dégradées et éliminées. Mais ils ont l'intérêt de prouver que, dès la naissance, les différents organes sexuels sont terminés et potentiellement actifs.

De petites anomalies de position

Enfin, ce simple coup d'œil permet de repérer un certain nombre de petites anomalies de position, reflet direct des zones de pressions utérines sur le corps fœtal dans les semaines qui ont précédé la naissance. Ces anomalies, que j'appelle volontiers auprès des parents les « faux plis de l'emballage », racontent avec beaucoup de précision dans quelle position l'enfant s'était installé dans l'utérus.

La plus fréquente de toutes est une petite anomalie des pieds, dite **pied varus** ou métatarsus-varus. Les pieds ou l'avant-pied s'arrondissent vers l'intérieur au niveau de leur partie moyenne, ils se mettent « en dedans». C'est la conséquence évidente de la position classique du fœtus tête en bas, jambes en tailleur, pieds croisés sur le bassin. De même, certains pieds, dits pieds talus, sont entièrement relevés en avant le long de la jambe. Tout cela se remet en place seul ou avec des manipulations minimes. Ces petites malpositions n'ont rien à voir avec les vraies malformations, le pied bot par exemple, où les rapports anatomiques sont déviés et où les lésions sont fixées.

De la même manière, on peut décrire des anomalies de position des jambes chez les bébés nés en siège, des anomalies de position de la tête et du cou lorsque la tête était mal fléchie dans le bassin, des asymétries du visage ou du nez appuyés sur une des branches du bassin maternel, etc. Il y a une infinité de variétés selon toutes les fantaisies d'installation des bébés dans leur étroite cachette utérine.

Toutes ces anomalies se corrigent spontanément ou avec une « gymnastique » minime. À cet âge-là, l'enfant est « en caoutchouc ». Il prend la forme de ce qui l'entoure, il se déforme selon la façon dont on le couche. Dès que les pressions utérines disparaissent, il se redresse tout seul et peut prendre d'autres faux plis dans son lit, faux plis qui se corrigeront à leur tour tout seuls, lorsque l'enfant passera de la position toujours couchée à la position souvent assise, puis de la position assise à la station debout.

Le seul risque de ces petites anomalies, c'est de multiplier inutilement les actes médicaux de kinésithérapie ou d'orthopédie. Toute personne non habituée aux nouveau-nés et à leur malléabilité peut croire à des lésions fixées. Les pédiatres voient souvent des traitements excessifs de ces « faux plis ».

Ensuite le palper de la tête aux pieds

Après avoir longuement regardé l'enfant, le pédiatre va le palper de la tête aux pieds, explorer tous les recoins du corps pour vérifier que tout est bien normal.

Le crâne

• Avec ses deux **fontanelles**, l'une antérieure, sur le haut du crâne, grande, losangique, d'environ 2 cm de côté, sous laquelle on sent battre un vaisseau sanguin ; l'autre postérieure, située au-dessus de l'occiput, triangulaire, d'1 cm de côté environ. Entre les fontanelles, on peut suivre du doigt les sutures osseuses séparant les différents os du crâne. Ils se chevauchent les deux premiers jours, mais, au-delà, les points de jonction sont largement ouverts, comme une fissure de 1 à 2 cm de large. Cette structure souple a deux significations. Elle permet le passage de la tête fœtale pendant l'accouchement, avec une bonne adaptation des différents éléments osseux les uns par rapport aux autres. Surtout, elle permet l'extraordinaire croissance du cerveau dans les derniers mois de la grossesse, puis pendant les deux premières années de vie. À la naissance, le périmètre crânien mesure 35 cm (de 33 à 37 cm). Un an plus tard, ce périmètre est déjà de 47 cm, et de 50 cm ou plus au-delà de deux ans. Ces chiffres illustrent l'énorme construction cérébrale qui se réalise pendant ces deux années. Nous y reviendrons.

Les fontanelles ne sont pas, comme le croient la majorité des parents, des zones de fragilité. Il n'y a aucun risque à les toucher, à appuyer dessus, à frotter pour nettoyer la tête. Sous la peau du crâne, en effet, se trouve une méninge extrêmement résistante, la dure-mère, véritable cuir épais, légèrement élastique, très résistant, d'une solidité exceptionnelle. Cette membrane donne à la fois sa souplesse et sa résistance au crâne du tout-petit.

L'ossification définitive des sutures et des fontanelles se fera progressivement, au fur et à mesure de la construction cérébrale. La fontanelle postérieure se ferme la première, vers la fin du premier mois de vie, la fontanelle antérieure se soude suivant les enfants, entre 6 et 24 mois. Les différentes sutures ne finiront leur soudure qu'aux environs de la puberté.

• La palpation du crâne révèle aussi, chez tous les enfants nés « tête première », **une bosse molle** non douloureuse, plus ou moins volumineuse. Elle n'est pas vraiment un signe traumatique de la naissance, mais marque plutôt le point qui appuyait sur le bassin de la mère et dont la moins bonne vascularisation du fait de cet appui a entraîné un œdème séro-sanguin localisé. Cette bosse, qui peut être énorme, se résorbe généralement en trois ou quatre semaines. Plus rarement, il existe une bosse dure, profonde, douloureuse, qui se situe dans l'épaisseur d'un os crânien (céphalhématome) et qui mettra, elle, plus de deux mois à disparaître.

Enfin, certains enfants présentent, à l'examen, des os du crâne morcelés, multiples, littéralement en mille morceaux, appelés, je ne sais pourquoi, os wormiens... C'est classique, normal, et tout cela s'ossifiera sans problèmes aussi vite que pour n'importe quel enfant.

• On jette ensuite un coup d'œil aux oreilles, à leur implantation, à la finition de leurs contours, à la bonne perméabilité des conduits auditifs. Il existe fréquemment des petits polypes résiduels en avant de l'oreille qu'il est facile de ligaturer et qui s'éliminent alors très rapidement.

• Dernier petit geste indispensable, glisser un doigt dans la bouche pour revérifier la parfaite fermeture du palais. On aperçoit alors souvent de minuscules taches blanches sur le palais et les gencives, les « perles », qui ne sont que des glandes de la muqueuse buccale un peu dilatées et enkystées. C'est tout à fait banal et normal.

Le cou

Laissons glisser les mains. L'examen du cou est plus rapide. On recherche quelques ganglions qui peuvent exister dès la naissance. Il faut aussi estimer la souplesse du cou pour éliminer un (rare) torticolis congénital. Enfin, un certain nombre de nouveau-nés présentent des signes traumatiques liés aux difficultés de sortie des épaules lors de l'accouchement. Soit un hématome intramusculaire sur les régions latérales du cou (hématome du sclerno-cléido-mastoïdien), que l'on sent sous les doigts comme une petite masse arrondie du volume d'une noix environ. Soit, encore plus fréquent, une fracture de clavicule, que l'on sent crépiter sous les doigts en passant dessus. Cette fracture n'a aucune gravité. Elle se ferme toujours sans problèmes et sans traitement. La vitesse de cicatrisation et de reconstruction des tout-petits fait, là aussi, merveille.

Le thorax

Plus bas encore, l'examen du thorax : les côtes sont souples, parfois un peu molles, et se creusent fréquemment pendant l'inspiration. La pointe du sternum est proéminente, on la voit très bien pointer dans l'échancrure du thorax. On palpe les glandes mammaires, souvent volumineuses, et, exceptionnellement, on peut repérer, en dessous, des mamelons surnuméraires dessinant une ou plusieurs petites taches brunâtres régulièrement étagées le long du thorax.

On pose les doigts sur le cœur à la recherche d'un « frémissement » anormal et, si l'enfant est calme, on écoute les bruits du cœur : deux petits bruits réguliers évoquant une sorte de « toum-ta... toum-ta » répété. Le rythme est très rapide, aux environs de 120 battements par minute. Il sera encore de près de 100 à la fin de la première année et ne rejoindra des valeurs adultes (60 à 80 par minute) qu'à l'approche de la puberté.

On vérifie enfin, en prenant le thorax à pleines mains, que la respiration est bien symétrique, ce que confirme l'auscultation des poumons et l'inspection des mouvements de l'abdomen.

L'abdomen

Sa paroi musculaire est encore très flasque, se laissant facilement distendre. On sent le foie sous le rebord costal droit, la rate, sous le rebord gauche, l'intestin et les selles qu'il contient, dans le flanc gauche. En appuyant un peu plus et en plaçant une main dessous, on peut même vaguement percevoir les reins et leur volume.

La paroi musculaire n'est pas continue. Il existe, sur la ligne médiane, un intervalle entre les muscles abdominaux (déhiscence des grands droits), source de petites hernies surtout visibles à l'ombilic. Tout cela disparaîtra seul, sauf exceptions, lorsque l'enfant debout renforcera sa musculature en courant et trottant partout.

Dans les plis des cuisses, juste au carrefour de l'abdomen et des membres inférieurs, l'examen va rechercher les pouls fémoraux, donc le battement bilatéral des artères fémorales. Leur présence atteste qu'à sa sortie du ventricule gauche, l'aorte, plus gros vaisseau artériel de l'organisme (responsable de la vascularisation du corps entier par le sang oxygéné revenant des poumons) est bien normale.

Retournons l'enfant : l'examen vérifie que le pli fessier est bien terminé et qu'il n'existe aucune structure anormale au niveau de la colonne lombaire basse et du sacrum.

Les hanches

Un temps capital de l'examen est celui des hanches. Parce que l'articulation des hanches est l'une des plus importantes de la vie, supportant le poids du reste du corps et régulant la station debout et la marche ; parce qu'il existe fréquemment, à ce niveau, une anomalie fœtale ; et parce qu'un minime traitement préventif de quelques semaines peut redonner à cette articulation toutes ses chances de fonctionner parfaitement. Expliquons un peu tout cela.

À la naissance, l'articulation des hanches est incomplètement terminée, les os sont encore mous et malléables. L'enfant caoutchouc dont nous avons parlé peut très bien avoir déformé un peu son bassin et les os de ses hanches sur le bassin de sa mère, surtout s'il était en siège en fin de grossesse. L'examen attentif des hanches va rechercher une instabilité d'une ou des deux hanches, prouvant que l'articulation s'est modifiée pendant la période anténatale et qu'il existe donc un risque ultérieur de luxation ou de malposition plus ou moins instable de l'articulation.

Si la moindre anomalie est suspectée, il suffit de mettre l'enfant en position dite d'abduction, jambes remontées et très écartées pour que l'ossification définitive qui survient entre le troisième et le sixième mois se fasse en très bonne position.

Pourquoi cette position ? Pour que la partie supérieure et externe de la hanche, nommée talus, celle qui sera le garant de la stabilité de la tête fémorale dans son articulation en position debout, celle qui supportera le poids de tout le haut du corps, ne soit plus soumise à une pression verticale de bas en haut. Le fémur ayant grossièrement la forme d'une manivelle, si on écarte les jambes, l'appui se fait horizontalement, et la cuvette arrondie supérieure de l'articulation, ou cotyle, ne subira plus de pression dangereuse et s'ossifiera en bonne position.

La luxation de hanche, c'est ce qui se passe à partir du 4e mois de vie, lorsque le diagnostic d'instabilité n'a pu être fait en période néonatale et que la hanche s'est ossifiée en mauvaise position. La tête du fémur n'est plus tenue correctement dans son logement, elle s'en échappe et se coince plus haut dans le bassin. D'où, d'abord, une boiterie, puisque la jambe ainsi déplacée est plus courte que l'autre puis, plus tard, des douleurs et des enraidissements à la marche pouvant rendre la personne atteinte plus ou moins invalide.

Il est donc du plus haut intérêt de faire, dès la naissance, le diagnostic d'une instabilité fémorale, d'autant plus que l'on aura l'attention attirée par certains éléments :

– des antécédents familiaux. Il y a indiscutablement des familles à risques, et l'existence de cas similaires dans les fratries doit renforcer la surveillance ;

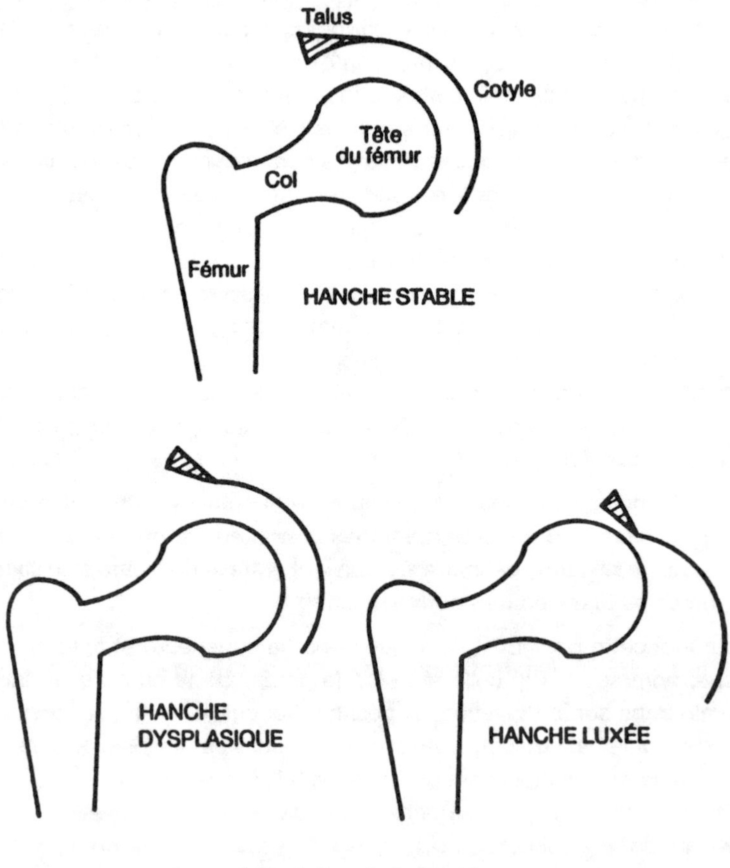

Articulation de la hanche

– l'origine géographique. Il est des régions où, statistiquement, le risque est plus élevé ; par exemple, pour la France, la Bretagne ;

– une naissance en siège ou un bébé resté longtemps en siège dans sa vie utérine et qui a tourné au dernier moment ;

– des plis fessiers asymétriques ;

– une hanche qui craque sous les mains.

Tous ces signes font rechercher encore plus attentivement le symptôme typique d'instabilité, le « ressaut de hanche », sorte de craquement nettement perçu au cours des manipulations lorsque la tête du fémur sort de sa cupule ou lorsqu'elle la réintègre.

Les organes génitaux

• **Chez le petit garçon,** on commence par palper les deux testicules, du volume d'une petite noisette environ. On les sent facilement dans les bourses ou, parfois, juste au-dessus, dans le canal inguinal. Plus rarement, ils sont absents, encore logés dans l'abdomen. Il faut alors surveiller de près. En effet, les testicules craignent la chaleur (d'où sans doute leur position extra-corporelle), et il ne leur convient pas de rester longuement dans l'atmosphère trop chaude de l'abdomen. Si la descente ne se fait pas, il faudra intervenir pour « aller les chercher » vers trois ou quatre ans, de peur d'une stérilité ultérieure.

En remontant un doigt dans les bourses, au-dessus du testicule, on perçoit le canal inguinal. Il est normalement vide et de faible diamètre, celui d'un petit doigt environ. Parfois il est plus large, et on perçoit à l'intérieur une masse molle arrondie, souple et non douloureuse correspondant à des anses intestinales qui se sont glissées dans ce canal. C'est ce que l'on appelle une hernie inguinale. Cette hernie, fréquente pendant les premiers mois de vie, ne devient pathologique que si le paquet intestinal se coince dans le canal, ce qui nécessite alors une intervention chirurgicale urgente. Tant que l'enfant n'a pas mal, que la masse perçue est souple et qu'on peut la remonter avec le doigt dans l'abdomen, il n'y a pas de problèmes.

Toujours chez le petit garçon, on vérifie la position terminale et bien centrée du méat urinaire, l'état de la verge et du gland.

Le problème de la circoncision

Le problème souvent posé par les parents est celui de la nécessité ou non d'une circoncision. En fait, il y a **deux signes complètement différents** qu'il faut se garder de confondre. À cet âge, le prépuce qui recouvre le gland est entièrement collé, adhérent, laissant juste l'ouverture du méat urinaire. C'est normal.

De **petites adhérences** fines relient le prépuce et le gland et les rendent momentanément inséparables. Tout cela se décollera tout seul, progressivement et sans douleurs dans les premières années de vie. Je connais bon nombre de médecins qui ne supportent pas ces adhérences et cherchent à les faire céder au cours des premières consultations. Cela fait très mal au bébé. C'est une agression sexuelle inacceptable car inutile, à un moment où l'enfant ne peut pas comprendre ce qui lui arrive. En plus, il a plus de quinze ans avant les premiers rapports sexuels. Pourquoi vouloir le faire ressembler très tôt, trop tôt, à un petit mâle de type adulte. Ce « mini-faux problème » se règle lentement tout seul au cours de la maturation sexuelle pubertaire, des érections spontanées de l'enfance et des jeux avec les copains...! Ces adhérences n'ont rien à voir avec **le phimosis**, celui qui nécessite une circoncision, beaucoup plus connu mais infiniment moins fréquent qu'on ne le croit. Il s'agit d'une sorte d'anneau fibreux solide, à l'extrémité du prépuce, empêchant ce dernier de coulisser le long du gland, comme un lacet qui resserrerait l'orifice d'un sac plus large. Il faudra alors une petite intervention dans la première enfance, pour couper cet anneau et favoriser la libération du gland.

• **Chez la petite fille,** l'examen vérifie la taille du clitoris, la présence normale du méat urinaire en avant et du vagin avec la petite ouverture hyménéale nettement visible en arrière. Les grandes lèvres sont très gonflées, fermes au toucher. Les petites lèvres sont encore inapparentes, non formées. De temps en temps, le bord des parois au niveau des futures petites lèvres est soudé par une fine membrane, comme si l'embryon avait légèrement hésité à poursuivre une différenciation de type masculin, en essayant une petite « couture » supplémentaire et s'était ensuite ravisé. Là encore, il s'agit de quelque chose de normal, facile à corriger (en appuyant dessus avec un simple coton tige, si elle ne cède pas toute seule pendant les premiers soins d'hygiène). Cela n'a rien à voir avec la « virginité » qui est la fermeture plus profonde de l'entrée du vagin par une membrane plus résistante, partiellement ouverte, et qui ne se déchire habituellement qu'aux premiers rapports sexuels.

Entre les différents replis vulvaires, les petites filles ont d'importants dépôts de sécrétions épaisses, crémeuses, adhérentes, témoins de l'activité sécrétoire de la vie intra-utérine. Il faut parfois plusieurs semaines pour bien les nettoyer sans blesser l'enfant. Une fois de plus, inutile de se presser.

Enfin le pédiatre va palper, comme chez le petit garçon, les canaux inguinaux à la recherche d'une hernie, et les plis de l'aine à la recherche de ganglions, voire parfois d'un ovaire en position extérieure, anormale. C'est rare, mais, dans ce cas, il faudrait opérer rapidement pour le remettre en place, car l'ovaire dans cette position est instable, risque de tourner autour de son cordon, et cette torsion, bloquant les vaisseaux sanguins, pourrait provoquer des problèmes ultérieurs de stérilité.

Les membres

Ce bilan génital terminé, passons à celui des **membres**. Compter les doigts de la main et les orteils, vérifier les plis des paumes de main et des plantes de pied, s'assurer que les anomalies de position des pieds sont bien souples et facilement réductibles, contrôler que les membres ont une longueur correcte proportionnellement au reste du corps et tester la souplesse de chaque articulation. Le bilan est vite fait, bien fait. Les ongles, tous formés, sont mous et souples. Ils sont adhérents à la pulpe du doigt, car une fine peau relie l'extrémité des ongles à celle des doigts. C'est pour cela qu'il est recommandé de ne pas les couper pendant le premier mois. Si on coupe l'ongle, on ouvre la peau du doigt et on peut provoquer des infections inutiles.

Quelques mesures

Il reste alors au pédiatre à vérifier quelques paramètres avant d'entamer l'examen neurologique.

– le maintien de la température ;

– le moment d'émission des premières selles (avant 48 heures) et des premières urines (avant 24 heures) ;

– c'est aussi le bon moment pour peser et mesurer l'enfant : taille, périmètre crânien, périmètre thoracique (grossièrement parallèles tous deux pendant les deux premières années de vie).

L'examen neurologique du nouveau-né

C'est le moment le plus captivant, mais aussi le plus difficile à décrire. Il faudrait des heures de caméra pour filmer et expliquer tout ce qui peut se dire sur ce sujet.

Aucun nouveau-né ne ressemble à un autre. Il y a des bébés calmes et d'autres qui ont envie de crier, des enfants qui regardent passionnément et d'autres qui écoutent avec intensité, en fermant les yeux. Il y a ceux qui ne supportent pas d'être déshabillés, ceux qui veulent rester à plat ventre, ceux qui gigotent sans cesse par plaisir, ceux qui se comportent au cours de l'examen comme de petits adultes calmes et pondérés, ceux qui ne restent tranquilles que si la mère parle, et ceux qui ne veulent participer à aucun prix. Il y a l'enfant tout endolori de sa naissance et qui gémit plaintivement quand on le dérange, et celui en pleine forme, mais furieux, qui crie avec une vigueur à alerter le voisinage. Il y a le gros père paisible et la petite puce qui sursaute au moindre bruit...

En plus, tous les signes évoluent en fonction du temps. Un nouveau-né à terme et un prématuré de 35 semaines n'ont presque rien de commun au niveau neurologique. C'est tellement vrai que l'on calcule l'âge de la grossesse en fonction des performances de l'examen. Et après la naissance, les signes évoluent d'un jour à l'autre, d'une semaine à l'autre au fur et à mesure que le cerveau poursuit sa construction.

Le temps, premier des paramètres

Pour interpréter l'examen il faudra toujours tenir compte, de très près, de ce facteur temps :
– âge gestationnel précis en fonction de la date des dernières règles et, quand elle existe, de l'échographie précoce ;
– nombre d'heures ou de jours depuis l'accouchement, et conditions dans lesquelles ce dernier s'est déroulé. Tous ces facteurs sont essentiels pour apprécier ce que l'on voit du nouveau-né et en déduire ce que l'on peut imaginer du degré de maturation cérébrale.

Je vais essayer, pour chaque catégorie de symptômes observés, d'expliquer ce qui caractérise l'enfant à terme, ce qu'aurait montré le même enfant s'il était né un mois ou deux plus tôt, et ce qu'il fera un ou deux mois plus tard. Cette progression dans les acquisitions est du plus grand intérêt à comprendre. Elle atteste de la colossale croissance du cerveau et du déroulement équilibré des différentes phases de sa construction.

Le tonus du nouveau-né

Si l'on en croit les dictionnaires, le tonus, c'est « une légère contraction permanente des muscles vivants » et, de façon plus générale, une forme d'« énergie, de dynamisme ». En effet, tout muscle est soumis à une stimulation nerveuse qui le maintient en permanence dans un certain état de tension. Même au plus profond de notre sommeil, ou dans un état de détente totale, ce tonus spontané inconscient des muscles du corps régit nos positions et nos réactions.

Le tonus des membres

Sur un nouveau-né à terme, le tonus des muscles fléchisseurs des membres, particulièrement intense, saute aux yeux. L'enfant n'est pas étendu mollement sur le lit d'examen. Il est soumis à un tonus postural lui donnant une position tout à fait caractéristique : les bras et les jambes sont fléchis, la tête tournée sur le côté. Si on le met à plat ventre, il s'installe littéralement à quatre pattes, bras pliés, jambes remontées sous lui et fesses en l'air. Là encore, la tête est tournée sur le côté. Si on essaye d'étendre les bras et les jambes d'un nouveau-né, ils résistent avec force à l'étirement. Si on arrive à les étendre, ils se remettent en place, en position fléchie : soudainement, si on les relâche brutalement; au bout de quelques secondes, si on les lâche doucement.

Ce tonus touche tous les segments de membre : les cuisses sont fléchies sur le bassin, les jambes sur les cuisses, et les pieds sur les jambes. De même, les bras sont près du corps, les avant-bras repliés sur les bras, les doigts repliés dans le creux de la main. Les poignets seuls sont relativement libres.

Ce tonus porte essentiellement sur les muscles fléchisseurs des membres, c'est-à-dire sur ceux de la face interne des bras, des avant-bras et des mains (flexion des coudes et des poignets), et ceux du plan postérieur des cuisses (flexion du genou) et du plan antérieur des jambes (flexion du pied). Il est tellement intense qu'il peut empêcher d'ouvrir librement les segments de membre les uns par rapport aux autres. S'il est relativement facile d'ouvrir les avant-bras sur les bras pour les mettre dans le prolongement l'un de l'autre (soit un angle de 180°), la même manœuvre au niveau des membres inférieurs est toujours limitée : l'angle maximum d'ouverture de la jambe sur la cuisse ne dépasse pas 90°. Il est presque impossible de faire ouvrir les mains d'un nouveau-né s'il ne les relâche pas lui même.

• On peut ainsi décrire **un certain nombre d'angles caractéristiques** de ce tonus et dont les mesures permettent de chiffrer précisément l'état néonatal de l'enfant :

– l'angle poplité, c'est-à-dire celui du genou dont l'ouverture maximum, nous venons de le voir, est, à terme, de 90°;

– l'angle du pied sur la jambe qui peut atteindre 0°;

– l'angle des abducteurs, formé par l'écart entre les deux cuisses quand les jambes sont allongées, qui représente environ 30°;

– l'angle de flexion de la main sur l'avant-bras, là aussi presque fermé à 0°.

• De même, un certain nombre de manœuvres peuvent évaluer **la souplesse**

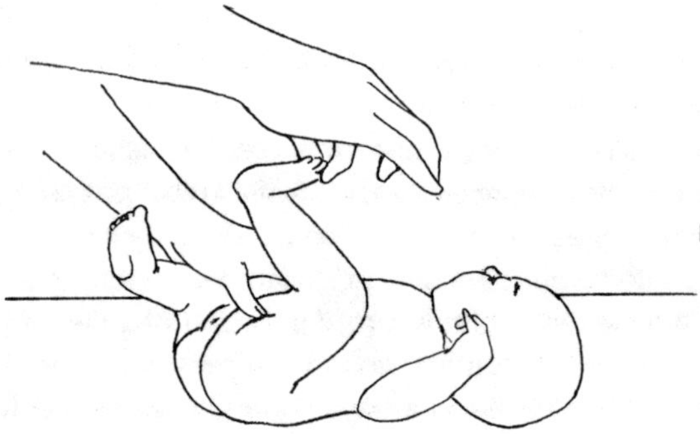

L'angle poplité

L'angle du pied
sur la jambe

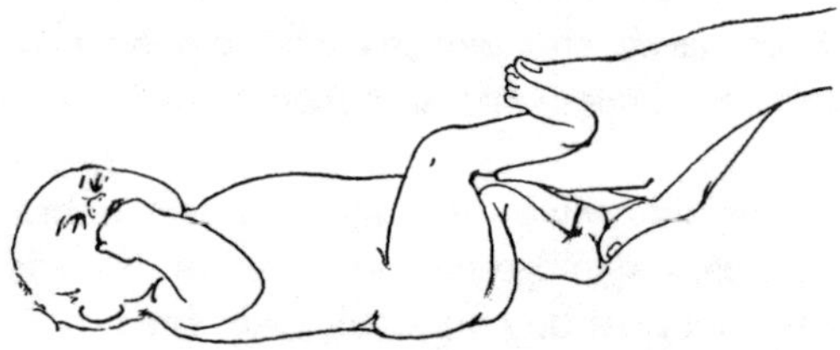

L'angle des abducteurs

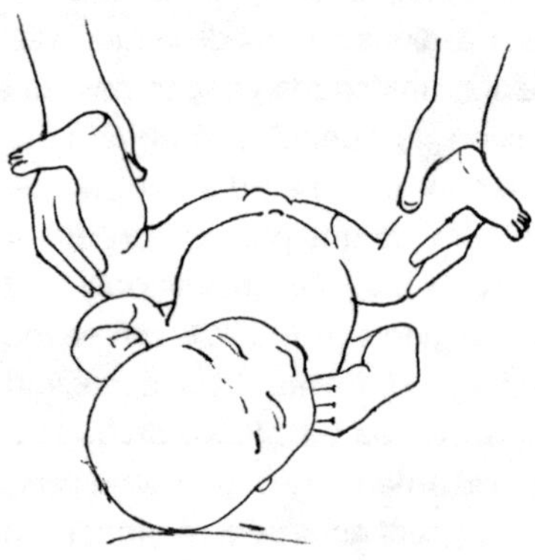

L'angle de la flexion de la main

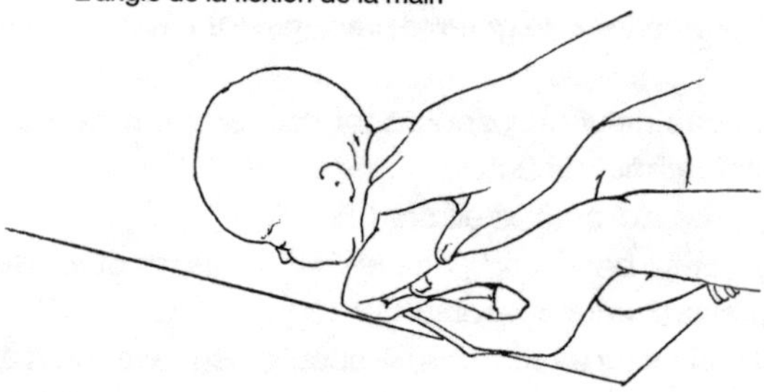

de l'enfant, donc sa résistance tonique à un certain nombre de mouvements. Les plus classiques sont :

– la manœuvre du foulard, c'est-à-dire jusqu'où va le bras de l'enfant quand on le fait passer devant le thorax vers l'épaule opposée ;

– la manœuvre talon-oreille ;

– l'étude du balancement spontané (on dit du ballant) des mains, des pieds, ou des bras.

• **Ce tonus évolue en fonction de l'âge de l'enfant.** Le bébé prématuré a un tonus beaucoup plus faible, il est beaucoup plus mou et résiste peu ou pas à l'étirement. C'est au moment de la naissance et dans les deux mois qui suivent que le tonus des membres est le plus élevé. À partir du 3e mois, les bras vont peu à peu se libérer, s'assouplir, se détendre. L'enfant pourra enfin quitter sa position fœtale, jouir librement de ses bras et de ses mains, les déplier pour commencer à s'en servir pour le jeu et la préhension. On va alors assister à toute une évolution qui peut se résumer brièvement selon le schéma suivant :

– **pendant le 3e mois**, l'enfant peut voir passer ses mains et y fixer son regard quelques secondes ;

– **au cours du 4e mois**, il regarde longuement ses mains, prenant plaisir à les tourner et retourner devant ses yeux, à plier et déplier ses doigts, comme s'il en étudiait le mécanisme. Au même moment, dans certaines positions, il commence à apercevoir ses pieds ;

– **au cours du 5e et 6e mois,** l'enfant va réussir à attraper ses pieds, à les porter à sa bouche, puis à les sucer ;

– un peu plus tard, il va réussir à porter la main à son sexe et à ses oreilles, qu'il va explorer longuement.

Le tonus passif des muscles de l'axe du corps

Il va suivre une évolution inverse. À la naissance, le nouveau-né à terme présente une faible tenue de sa tête et de son dos. Les muscles du cou et ceux de l'axe vertébral ne sont le siège que d'un tonus modéré empêchant toute rigidité de l'axe corporel. Lorsque l'enfant est assis, la tête tombe presque sans retenue en avant ou en arrière, et si on le couche sur une main, sur le dos ou à plat ventre, il s'incurve, se laisse tomber en rond autour de la main. Ces signes sont d'ailleurs d'autant plus intenses que l'enfant est loin du terme.

L'axe corporel va se tonifier progressivement après la naissance. Vers 2 mois, l'enfant tient bien sa tête ; vers 4 mois, si on le tient assis, il redresse son dos ; vers 5 ou 6 mois, il se tient assis tout seul en prenant appui en avant sur ses mains ; entre 6 et 8 mois, il commencera à tenir assis seul et sans appui, d'abord quelques instants, puis, en quelques semaines, aussi longtemps qu'il le désirera.

Toute cette évolution traduit la progressive augmentation de tonus de l'axe du corps, préparant la station debout et la marche. Pour extrapoler encore, un bon nombre d'adultes qui se sont « trop redressés » pour être « verticaux », souffrent du dos parce que le tonus des muscles du plan postérieur, donc du cou et du dos, est excessif et que leur tension importante est source de douleurs.

Il existe enfin une **interaction** curieuse **entre ces deux systèmes toniques.** Le tonus fléchisseur du bras et de la jambe peut être franchement diminué si l'enfant tourne la tête du même côté. C'est ce que l'on appelle la « position de l'escrimeur ». Si par exemple l'enfant regarde son côté gauche, il peut étendre souplement bras et jambes gauches. Ceci est dû à l'action des réflexes toniques asymétriques du cou, permettant un relâchement asymétrique d'un côté du corps en fonction de la position de la tête.

Le tonus actif

Tout ce que je viens de décrire correspond à ce que l'on appelle le tonus passif, c'est-à-dire celui de repos, lorsque l'enfant n'envoie aucune commande nerveuse spécifique pour tenter de contrôler ses membres ou son dos. Mais il existe aussi un autre tonus, dit tonus actif, tonus de réponse à une stimulation extérieure.

- Si on lui donne les mains, pour lui suggérer de s'asseoir, il contracte ses bras et participe à son redressement.
- Dès la naissance, il existe un indiscutable contrôle de la tête lorsque l'enfant est assis. Agissant alternativement sur les muscles antérieurs et postérieurs, il arrive à tenir sa tête quelques courtes secondes, à l'empêcher de basculer en avant ou en arrière, voire de tenter de la relever si elle a basculé.
- De même, si on pose l'enfant sur ses pieds, il redresse ses jambes en extension pour se préparer à marcher.

Tous ces signes, présents dès la naissance, vont se renforcer au cours des premiers mois pour participer à la réalisation d'actions complexes et volontaires, permettant les véritables performances motrices des tout-petits.

Un tableau peut facilement résumer sans autre commentaire les principales caractéristiques de cette évolution (voir page 170).

Les réflexes archaïques

Ce sont une série d'actions motrices très sophistiquées, mais involontaires, présentes à la naissance et qui vont disparaître progressivement dans les mois qui suivent. On a longtemps soutenu qu'il s'agissait là de traces des premiers âges de l'humanité, lorsque les petits humains devaient, pour survivre, comme les petits singes de nos jours, s'accrocher à la fourrure de leur mère, se débrouiller partiellement pour se déplacer et trouver leur nourriture. Ces théories évolutionnistes ne sont pas retenues par tous les chercheurs et les publications contradictoires, les débats d'idées passionnés entre partisans et opposants farouches de Darwin ne sont pas terminés... Je reprendrai néanmoins cette vision finaliste des réflexes archaïques (même si elle ne peut être démontrée scientifiquement et reste très contestable dans l'histoire de l'espèce), car elle a l'avantage de figurer clairement les mouvements effectués par le bébé et me permet d'illustrer chaque réflexe pour mieux l'expliquer.

Le réflexe d'agrippement, ou grasping

C'est le premier de tous. Si on place les doigts au creux des mains d'un nouveau-né, il les serre avec une grande vigueur, tellement fort qu'en le soulevant un peu, il peut s'asseoir et même se balancer à bout de bras, seulement soutenu par sa prise manuelle serrée sur les doigts de l'observateur. Il peut ainsi supporter son propre poids plusieurs secondes. Il est très rare qu'un nouveau-né en pleine santé lâche cette prise tant qu'il n'est pas reposé sur le plan du lit.

Peut-on en déduire qu'il était capable, il y a quelques millions d'années, de s'accrocher aux branches ou au pelage de sa mère qui le transportait, comme le font encore les bébés des grands singes ?

Le réflexe dit de Moro

C'est le deuxième réflexe, presque aussi spectaculaire. Si on assied un bébé et qu'on le lâche d'un coup, il ne tombe pas mollement sur le côté ou en arrière. Il va tenter de se raccrocher. D'un geste très violent, excessif, il écarte largement les bras et ouvre les mains et les doigts à la recherche d'un support, puis, n'ayant rien trouvé, les replie sur lui-même, comme s'il se roulait en boule pour se préparer à l'atterrissage.

Cela signifie-t-il qu'il savait se raccrocher aux branches quand il tombait du nid ?

La chose importante à comprendre, c'est que ces deux réflexes, du fait de leur intensité et de leur répétition systématique chaque fois que la situation

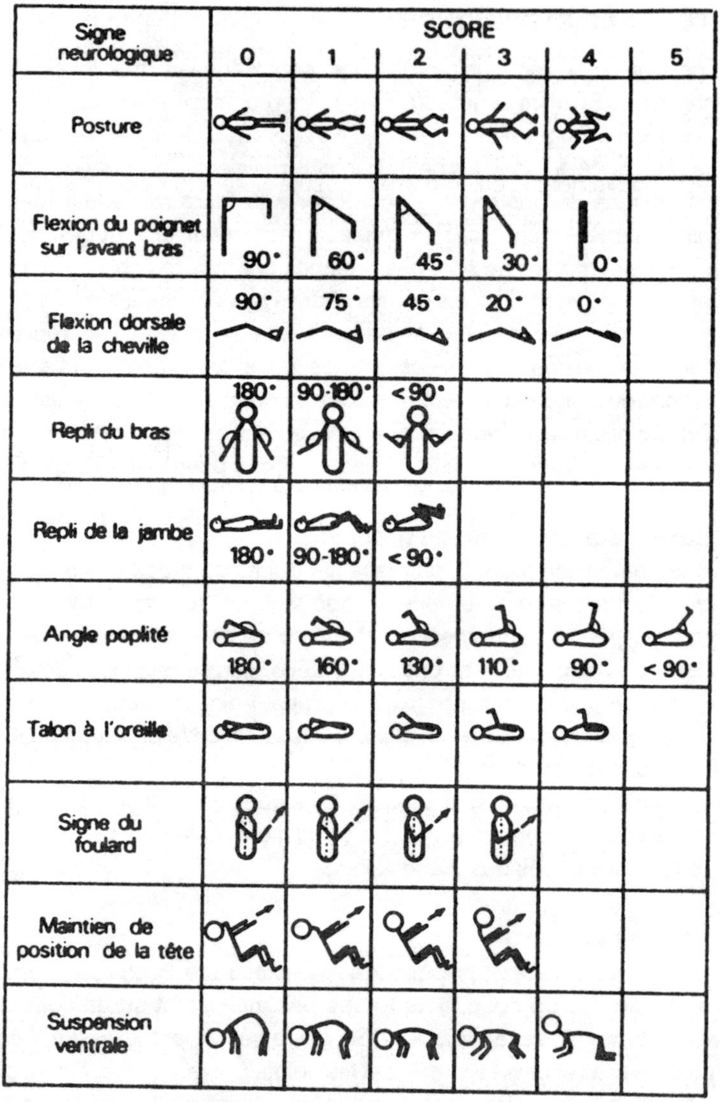

Signe neurologique	SCORE 0	1	2	3	4	5
Posture						
Flexion du poignet sur l'avant bras	90°	60°	45°	30°	0°	
Flexion dorsale de la cheville	90°	75°	45°	20°	0°	
Repli du bras	180°	90-180°	< 90°			
Repli de la jambe	180°	90-180°	< 90°			
Angle poplité	180°	160°	130°	110°	90°	< 90°
Talon à l'oreille						
Signe du foulard						
Maintien de position de la tête						
Suspension ventrale						

Évaluation de l'âge gestationnel
Score de Dubowitz
Critères neurologiques

déclenchante est présente, sont essentiellement une « gêne » pour l'enfant. Il ne représentent pas une vraie capacité à s'accrocher ou à se rattraper, mais seulement une caricature de ces gestes. Et comme ils se déclenchent pendant les deux premiers mois au moindre mouvement brusque du cou ou au plus petit effleurement de la paume de la main, ils entravent par leur seule présence d'autres mouvements ou d'autres gestes intentionnels. L'enfant est littéralement parasité dans ses mouvements par la violence de ces réactions réflexes. Nous verrons plus loin qu'il est possible de les éviter, ce qui permet d'assister à des gestes des nouveau-nés d'une précision étonnante, gestes hautement élaborés et, dès les premiers jours de vie, gestes parfaitement conscients et volontaires.

Le réflexe d'extension croisée

Le troisième réflexe est un réflexe défensif. Si on étend la jambe d'un enfant en tenant fermement le genou, ce qui est déjà en soi désagréable, et qu'en plus on lui chatouille la plante du pied, il va se servir de son autre jambe pour essayer de repousser la main de celui qui le dérange. Il plie la jambe restée libre, la dirige vers la main de l'observateur et tente de l'éloigner en poussant dessus. Ce réflexe n'est complet que si l'enfant est vraiment à terme, au-delà de quarante semaines de gestation. Huit jours plus tôt, il replie sa jambe, mais ne sait pas l'orienter vers la main qui lui fait mal. Un mois avant, donc à huit mois de grossesse, il n'ébauche presque aucun geste de défense. Par contre, un mois après la naissance, tous ces signes ont pratiquement disparu.

Là encore, peut-on imaginer que les petits de nos lointains ancêtres savaient se défendre en cas d'agression ou, au moins, pouvaient repousser, par exemple, les insectes trop entreprenants ?

Le réflexe de la marche

Si on pose l'enfant sur ses pieds, en le penchant légèrement en avant et en le soutenant sous le thorax ou les aisselles, il commence par se redresser (nous l'avons vu au paragraphe sur le tonus actif) et se met à marcher, un pas après l'autre, régulièrement. Il peut ainsi traverser le plan de la table d'examen ou la longueur du lit de sa mère. Comme il a souvent, lors du premier examen, une position utérine arrondie des pieds, il les croise allègrement, réalisant de très drôles pas de danse. Encore plus étonnant : si on lui propose une marche à franchir, bord de table ou oreiller, il la tâte avec le dessus du pied, puis escalade sans hésiter. Il est aussi capable de marcher vigoureusement sur un « terrain » en pente raide comme le thorax de sa mère dans son lit, appuyée sur des oreillers.

Ce réflexe, parfois difficile à obtenir pendant la première journée de vie, est ensuite d'une grande régularité. Il disparaîtra vers la fin du deuxième mois, tandis que la marche volontaire coordonnée n'apparaîtra qu'après huit mois.

Peut-on déduire de ces magnifiques images de marche précoce que les petits d'homme de notre préhistoire se déplaçaient seuls dès leur naissance ?

Les réflexes de la recherche de nourriture

La cinquième série de réflexes est celle de la recherche de nourriture :

- **réflexe de fouissement** qui le fait chercher le sein en fourrant sa tête dans le corps de sa mère ;
- **réflexe des points cardinaux** qui permet au bébé d'orienter sa tête pour centrer sa bouche sur ce qu'il veut sucer ;
- **réflexes de succion et de déglutition** proprement dits. Je les ai longuement détaillés au premier chapitre et, donc, ne les reprendrai pas. Mais il est, pour moi, évident que ce réflexe ou plutôt cette série coordonnée de réflexes n'a rien d'archaïque au sens d'une évolution des espèces comme je l'ai suggéré pour les réflexes précédents. Si le petit d'homme a pu, au cours des millénaires, désapprendre à marcher ou à s'accrocher à sa mère, il doit encore pour survivre, savoir se nourrir. Il en a gardé les compétences. Si on lui en donne les moyens, et donc si on le laisse faire librement, le petit d'homme du XXe siècle, tout comme son très lointain ancêtre, sait parfaitement se nourrir.

Pourtant, comme les réflexes que nous avons décrits plus haut, celui-ci disparaîtra vers deux à trois ans, au moment où l'enfant aura acquis une alimentation diversifiée et son autonomie pour se nourrir. Les grands enfants et les adultes ne savent plus téter et ne peuvent plus réaliser qu'une très mauvaise imitation.

Pour chacun de ces réflexes, la disparition au cours des premiers mois ou des premières années de vie traduit la « prise de pouvoir » du cerveau cortical sur les structures cérébrales profondes ; ce qui permettra un contrôle conscient et volontaire de toutes ces activités primitivement réflexes, donc incontrôlées. Nous reverrons longuement ces notions au chapitre suivant.

Le bilan neurologique général

Les réflexes ostéotendineux

Il existe, dès la naissance, un certain nombre de réflexes qui, eux, sont définitifs, et ne disparaîtront pas au cours des premiers mois. Le plus classique, celui que tout le monde imite en jouant au docteur, c'est le réflexe rotulien : si on frappe avec un petit marteau la face antérieure du genou, donc en réalité la rotule, la jambe se relève vivement. On pourrait également décrire des localisations de toute une série de réflexes équivalents à celui-ci. Certains réflexes ostéotendineux sont présents dès la naissance, d'autres apparaîtront dans les premières années, leur apparition permettant de suivre la bonne maturation du cerveau. Par exemple, il existe un réflexe dit achiléen : en frappant la face postérieure de la cheville, sur le tendon d'Achille, on obtient une extension du pied. Ce réflexe est lui à peu près contemporain de la marche et apparaîtra donc peu de temps avant que l'enfant fasse ses premiers pas.

• De même, chez un nouveau-né à terme, l'examen recherche un certain nombre de **réflexes oculaires**, définitivement présents dès la naissance. Les deux plus connus sont le réflexe photomoteur, c'est-à-dire le rétrécissement de la pupille si on éclaire l'œil violemment, et le réflexe oculo-palpébral, c'est-à-dire l'occlusion instantanée des paupières si on approche rapidement des yeux une main ou un objet.

• On pourrait enfin tester la **sensibilité cutanée** de l'enfant, mais cela n'a guère d'intérêt pour un enfant en pleine santé. Il est donc hors de propos de le détailler ici. Il aime les caresses, il aime l'eau du bain, il réagit si on appuie sur ses bleus, il n'aime pas qu'on lui palpe la tête le lendemain d'un forceps un peu difficile. Tous ces petits signes agréables ou désagréables suffisent à affirmer que sa peau est parfaitement sensible.

Il est souvent dit par les personnes âgées qu'un nouveau-né n'est pas douillet et peut-être même qu'il ne sent rien. Dire cela, c'est n'avoir pas bien regardé.

Les enfants sentent très finement tout ce qui se produit sur eux et réagissent fortement à la douleur. La seule différence avec un enfant plus grand, c'est le temps de réponse. Si, par exemple, on pique un bébé, il met 4 ou 5 secondes pour commencer à pleurer, et le hurlement s'élève alors que le médecin a déjà reposé sa seringue. Il serait donc facile et confortable de croire qu'il n'y a pas de lien entre les pleurs et le geste douloureux. En réalité il n'en est rien. L'enfant pleure bien de douleur. **Le temps de latence observé correspond à la lenteur de conduction nerveuse, elle-même liée à l'immaturité du système nerveux.** Lorsque les nerfs seront enfin recouverts de myéline, l'influx nerveux circulera 10 fois plus vite et l'enfant réagira instantanément à la douleur. Je reprendrai longuement ces notions capitales de maturation nerveuse et de myélinisation au chapitre 6.

L'étude de la sensorialité

C'est un temps important de l'examen neurologique. Il s'agit d'explorer deux principales fonctions, l'audition et la vision. D'abord parce que les anomalies ne sont pas exceptionnelles, ensuite parce qu'un traitement correctif ou une compensation éducative sont souvent possibles et que leur résultat dépend avant tout de la précocité du diagnostic.

La réalisation de ces deux dépistages est simple.

• Pour **la vision**, on propose au nouveau-né de suivre des yeux la lumière d'une lampe crayon, puis un objet coloré (souvent un disque de carton avec des cercles concentriques noirs et blancs brillants) en prenant garde de l'approcher de lui à 30 cm environ puisque, nous l'avons vu, le nouveau-né ne voit bien que de près. Bien sûr, l'autre précaution élémentaire, c'est d'avoir placé l'enfant dans une position où il peut bouger sa tête librement. Le plus simple est de le relever légèrement face à soi, en posant sa tête sur la main à plat de l'examinateur. Il peut alors suivre des yeux tranquillement, à droite, puis à gauche, l'objet qu'on lui présente. Un autre très bon test de la qualité de la vision est le « regard accrocheur », c'est-à-dire un long échange de regard, particulièrement intense et stable entre le nouveau-né et l'adulte qui l'examine. Dans des cas magnifiques, il est même possible de faire imiter à un nouveau-né la grimace de celui qui le tient. C'est une somptueuse preuve de vision, mais preuve aussi d'une activité mentale hautement élaborée. Nous y reviendrons.

• Pour explorer **l'audition**, on regarde attentivement les réactions du nouveau-né à la voix de l'examinateur ou à un bruit léger, une clochette par exemple. L'enfant à terme peut montrer par une mimique expressive qu'il a entendu et, même, tourner la tête en direction de la source du son. Il est donc déjà capable de s'orienter par rapport au bruit.

Au moindre doute sur l'audition, à un moment quelconque de la première enfance, il ne faudra pas craindre de faire pratiquer des tests complémentaires. S'il existe peu d'enfants sourds pour des raisons congénitales, la pathologie ultérieure, en particulier les otites à répétition, peut entraîner des troubles plus ou moins importants, passagers en cas de traitement approprié, définitifs si aucune surveillance ne permet d'y remédier. L'audition se surveille donc pendant toute l'enfance.

Ces deux compétences essentielles, reconnues dès la naissance, sont un gage du bon développement futur. Les stimulations des sens jouent un rôle majeur dans le développement d'un tout-petit et leur absence peut entraîner des retards graves ou des troubles du caractère. D'où l'intérêt d'un dépistage précoce attentif, pour pallier autant que possible et aussi vite que possible le moindre déficit.

L'étude des comportements moteurs intentionnels complexes

Il s'agit du plus beau moment de l'examen neurologique d'un tout petit, celui où il révèle vraiment les fantastiques compétences qui sont en lui dès sa naissance. À la grande surprise des parents et des personnes présentes à l'examen, l'enfant peut entrer en communication intense avec l'interlocuteur et réaliser, parce que ce dernier le sollicite, des gestes d'une précision et d'une complexité dont personne ne le croyait capable. Tout à coup, se dessine, derrière le nouveau-né endormi, peu conscient et partiellement impotent, un humain au cerveau intact, performant, riche de potentialités, capable de choisir et de créer des liens, capable d'apprivoiser et de se laisser apprivoiser pour mieux communiquer. Je n'ai jamais « réussi » un tel examen sans une immense émotion, émerveillée de ce qui, chaque fois, se dit et se vit entre mes mains, mon regard et la calme volonté de l'enfant.

Repérer la normalité cérébrale d'un enfant qui a souffert

Cet examen est encore méconnu en France, comme je l'ai dit dans l'introduction de ce chapitre, peu utilisé en routine par les pédiatres et réservé, le plus souvent, aux nouveau-nés dits à hauts risques, ceux des services de soins intensifs, ceux qui sont soupçonnés de troubles neurologiques du fait des conditions difficiles de la grossesse ou de l'accouchement. C'est vrai qu'il prend là sa signification médicale et c'est dans ce cadre que son « inventeur », le docteur Grenier à Bayonne, l'a décrit. Cet examen permet alors, et c'est essentiel, de repérer, beaucoup plus tôt que ne le laissaient croire les livres de neurologie pédiatrique classique, la normalité cérébrale d'un enfant qui a souffert.

Un enfant qui réalise ainsi, dès les premiers jours ou les premières semaines de vie, un vrai contact relationnel et des performances motrices complexes ne peut être que cérébralement normal. Ses parents peuvent être définitivement rassurés.

Par contre, celui qui ne le fera pas – je le répète, car c'est presque le plus important à comprendre – ne peut en aucun cas être considéré comme malade. Il peut parfois être fatigué ou convalescent, et il en a le droit. Il va récupérer et sera capable des mêmes performances au bout de quelque temps. Il peut aussi, et c'est bien plus fréquent, être en parfaite santé, mais ne pas avoir envie de participer à l'examen. Il peut avoir sommeil, avoir faim, être dérangé par le bruit, l'entourage ou une odeur inconnue. Il peut trouver que l'examinateur l'ennuie ou n'a pas une tête qui lui revient, ou a une voix qui lui déplaît... Tout cela existe, c'est sûr. Sa liberté de participer ou non à l'examen est à lui.

Cela signifie donc, je le redis, que **seules peuvent être interprétées les réussites de l'enfant**. Ce qu'il fait témoigne de son cerveau ; ce qu'il ne fait pas ne peut et ne doit, en aucun cas, être utilisé à des fins diagnostiques et encore moins pour des interprétations sommaires.

Pour ma part, je ne pratique cet examen que sur des nouveau-nés sains, ceux qui sont à côté de leur mère en maternité après une naissance normale et qui, *a priori*, ont un cerveau parfait. C'est alors l'occasion d'admirer, sans aucune arrière-pensée, les compétences des petits d'homme et la richesse de comportements dont ils sont capables. Je vais essayer de vous le raconter.

• Ce bilan neurologique repose sur deux objectifs complémentaires

– d'abord créer des conditions d'observation au cours desquelles l'enfant peut exprimer une série de performances relationnelles et motrices ;

– secondairement, obtenir alors une participation personnelle de l'enfant, participation sans contestation possible consciente, intentionnelle et volontaire.

Cela n'a donc rien à voir avec tout ce que j'avais décrit jusqu'ici où l'on se contentait de tester des réactions primaires de l'enfant, réflexes ou toniques, réactions qui ne lui demandaient pas d'être directement concerné par ce que l'examinateur recherchait sur lui. Dans ce que nous décrirons maintenant, la participation active de l'enfant est obligatoire et la qualité de la relation qu'il établit avec l'examinateur va conditionner ses réalisations.

• Cet examen repose sur deux idées de base :

– la première, c'est que la motricité spontanée de l'enfant est parasitée par les réflexes primaires, notamment le réflexe de Moro (voir p. 169). L'enfant nouveau-né ne peut pratiquement rien faire de ses mains parce qu'il ne sait pas tenir sa tête et qu'au moindre mouvement, au moindre changement de position, au moindre étirement des muscles de son cou, son réflexe de Moro l'oblige à partir en arrière en écartant les bras, perturbant son attention et annulant tout autre mouvement. D'ailleurs, quand on regarde attentivement les échographies fœtales, au moment où l'enfant dans sa bulle d'eau n'a pas ce problème de tenue du cou et de pesanteur de sa tête, il peut visiblement bouger ses bras et ses mains librement, avec des gestes lents et harmonieux proches de ceux dont il redeviendra capable quelques mois après la naissance. C'est donc une compétence réelle du tout-petit humain, compétence masquée dans les premières semaines de vie par les réactions primaires parasites de son réflexe de Moro.

Si donc on évite ce réflexe, en soutenant soigneusement la tête du bébé d'une main et en évitant tout sursaut brusque lié aux réactions des muscles de son cou, on obtient en quelques minutes calmes ce que Grenier a appelé un état de « motricité libérée ». Le contrôle de sa tête par l'examinateur lui donne les moyens de se servir de ses bras. L'enfant, apaisé par l'absence des réflexes parasites, peut enfin se servir de ses mains, de ses bras, de son dos, pour des gestes précis dont il a envie ;

– la deuxième idée de l'examen, c'est de donner à l'enfant, rassuré par la stabilité de son cou, l'envie de communiquer avec celui qui l'examine, l'envie de montrer ce qu'il sait faire. À un moment où l'enfant est bien réveillé et où il n'a pas faim, dans des conditions douces de lumière et de chaleur pour éviter le plus petit stress parasite, toutes ses capacités sensorielles sont mises en jeu. L'interlocuteur lui parle d'une voix paisible, le caresse, le regarde dans les yeux, fait bouger ses jambes, tient fermement son ventre, choisissant les gestes qui lui sont agréables, sans jamais relâcher même un instant le contrôle des muscles du cou et de la tête. Pendant plusieurs minutes, il sollicite ainsi l'interaction, suggérant au bébé un dialogue par sa présence attentive. L'enfant interpellé regarde l'examinateur, mais, dans un premier temps, laisse flotter son attention et fait mine de s'endormir. Puis, si la voix et les caresses se font insistantes, l'intérêt du bébé s'éveille. Il regarde fixement l'adulte qui lui parle, le suit des yeux. Il semble écouter, immobile, avec une grande attention, les propos qui lui sont tenus.

Ce qui se passe alors est à peine croyable. Bien sûr, on ne le voit que rarement le jour de sa naissance, mais on pourra le découvrir d'autant plus fréquemment que les jours passent. L'enfant arrive à un niveau de vigilance exceptionnel. Il fixe son attention avec une acuité intense sur son interlocuteur, ne le quitte plus du regard. Son visage devient parfaitement expressif, il cherche à sourire. De toute évidence, il entre lui aussi activement dans le jeu de la communication. Il est capable d'imiter une mimique, de tirer la langue ou de déformer sa bouche exactement comme le lui montre l'examinateur, comme s'il savait déjà qu'il a, lui aussi, une langue ou une bouche, pour répondre au jeu proposé.

Nous nous souvenons avoir vu, au cours de l'émission « Le bébé est une personne », un pédiatre américain entrer ainsi en relation avec un nouveau-né, et ces images ont soulevé l'enthousiasme des téléspectateurs. Brazelton est devenu, en une soirée, la coqueluche des médias pour avoir participé à une telle émission. Pourtant la séquence filmée était à mon sens terriblement partielle et déformée. Partielle parce qu'elle ne montrait qu'une infime partie des compétences d'un nouveau-né. Déformée parce qu'elle avait pour but de faire découvrir à la mère, pour la plus grande gloire du pédiatre ici présent, des choses sur son enfant qu'elle n'aurait – semble-t-il au cours de l'émission – pas pu découvrir seule. Or c'est faux. Mille fois faux.

Toutes les mères ont, à un moment ou à un autre, une telle relation avec leur tout-petit. La tétée, le calme moment qui suit lorsque l'enfant ne s'est pas endormi, sont, par exemple, des instants de grande intensité où l'enfant cherche le contact et interpelle sa mère. L'échange qui s'institue alors entre eux est exactement ce que je viens de décrire.

Une véritable communication s'établit

Poursuivons l'examen. Lorsque l'enfant est parvenu à ce niveau de communication, et qu'il est enfin libéré des réflexes qui gênaient sa motricité, il est possible de **lui proposer de véritables « jeux »**. Assis devant une table, tête bien tenue, il relâche ses mains et ses bras qui s'ouvrent détendus et il peut, avec des mouvements lents, coordonnés, parfaitement harmonieux, essayer de saisir un objet que l'on place à proximité, objet qu'il n'a jamais vu ni touché auparavant.

Dans le même temps, et alors que la tenue de sa tête par l'examinateur reste strictement la même, l'enfant redresse activement son dos. Jusque-là, il se tenait le dos arrondi, plié sous le faible tonus des muscles de l'axe vertébral. Il se redresse alors volontairement et se tient « comme un grand », dos vertical. Il peut jouer de ses mains librement. Le réflexe de *grasping*, lui aussi aboli, ne l'oblige plus à refermer ses doigts au plus léger contact et il peut palper, sans les agripper, les objets qui lui sont proposés.

Tous ces signes normaux pour un nourrisson de deux ou trois mois sont tout à fait extraordinaires à regarder chez un nouveau-né. On découvre un bébé libre, **libre de communiquer et libre d'agir**. Ce niveau de communication s'appelle « l'état libéré ». Dans une telle situation, le niveau d'éveil de l'enfant et ses capacités motrices et relationnelles sont, de toute évidence, très au-dessus de ceux habituellement décrits pour l'âge donné.

Si l'observateur essaie d'induire **un certain nombre d'épreuves motrices complexes** (et c'est là qu'intervient l'intérêt médical diagnostique) l'enfant peut réaliser des mouvements extrêmement élaborés dont, là encore, on ne le croyait pas capable, et qui attestent du parfait état de son cerveau. On lui propose des réalisations motrices qu'un nourrisson infirme moteur cérébral ne pourra jamais effectuer correctement, même âgé de plusieurs mois. On peut les résumer en deux groupes :

– **les épreuves de redressement latéral** (se redresser lorsqu'il est couché sur le côté, en prenant appui sur sa main et éventuellement dans cette position aller jusqu'à s'asseoir), ce que l'on peut observer dès la fin du premier mois, et des épreuves d'équilibre latéral, un peu plus tardives ;

– **les épreuves de retournement du corps**, guidées soit par la tête, soit par les pieds, et où l'enfant poursuit activement et volontairement le mouvement proposé.

> **Donc, si l'enfant les réussit, avec une participation intentionnelle évidente, on peut être définitivement sûr qu'il n'a pas et n'aura pas de lésions cérébrales liées à sa naissance. Seul un cerveau n'ayant subi aucun dommage peut réaliser de tels exploits. Et redisons-le encore une fois, l'enfant qui ne le réussit pas n'avait sans doute pas envie de le vivre à ce moment-là, et c'est tout !**

J'ai bien conscience que cette partie de l'examen, pour des personnes qui ne l'ont jamais vu, a quelque chose de magique, de trop beau pour être vrai, de créations totalement imaginaires, inventées par des médecins romantiques. Je le vis avec les nouveau-nés que j'examine, s'ils me paraissent « disponibles » à un tel effort. J'ai vu une petite fille de deux jours me tirer la langue, plusieurs fois, à la vitesse où je lui montrais le mouvement. J'ai vu un enfant de cinq jours réussir un magnifique sourire en regardant bien en face, les yeux fascinés, sa mère qui lui parlait. J'ai vu plusieurs bébés, au cours du premier mois, se retourner seuls sur la table de l'examen ou se redresser volontairement en prenant appui sur leurs bras pour passer de la position allongée sur le côté à une position assise. J'ai vu beaucoup d'enfants de six jours, confortablement tenus, essayer d'attraper un jouet rouge en plastique léger posé devant eux. J'ai vu des nouveau-nés imiter des grimaces... Je l'écris dans le calme car je suis sûre de ce que j'ai observé.

Les leçons de cet examen

La première chose, me semble-t-il, c'est que **le développement du cerveau d'un tout-petit est toujours en avance sur ce que l'on voit et sur ce que l'on décrit.** C'est vrai à la naissance où l'enfant que l'on croyait « larvaire » est capable de s'intéresser, de jouer et de communiquer. C'est vrai quelques mois plus tard, où l'enfant que l'on croyait immobile montre tout à coup qu'il est capable de se retourner et de tomber de la table à langer à un moment où les parents ne font pas encore (!) attention. C'est vrai des mots dits devant lui dans la première année et qu'il ressort plus tard, montrant qu'il avait enregistré ce qui se disait de lui, et peut être même compris. C'est vrai d'une multitude de jeux d'imitation et de mimes, où l'enfant, avec un humour fabuleux, se moque des manies et des habitudes des adultes autour de lui. Regardez attentivement les enfants de moins de deux ans, laissez-les s'exprimer librement sans vous esclaffer, ni en redemander, ni vous moquer d'eux. Vous serez surpris des compétences des petits d'homme.

L'examen tel qu'il est décrit dans les pages précédentes **permet à l'enfant d'anticiper sur ses capacités spontanées.** Il illustre le meilleur du développement cérébral, en court-circuitant les réactions primaires du cerveau profond, celles qui, pendant de longs mois, gênent l'expression intentionnelle du cortex. Nous reviendrons longuement sur ces notions. Si un enfant de 6 mois manipule un jouet d'un mouvement volontaire très précis, c'est normal. Tout le monde le sait. Si un nouveau-né de quelques jours, dans des conditions exceptionnelles d'attention et de stimulation, fait un geste similaire, c'est que l'examinateur lui a donné les moyens d'anticiper sur ces fonctions, profondément inscrites en lui, mais encore parasitées et inhibées.

> « Il est important de souligner que les nouveau-nés et les jeunes nourrissons disposent normalement d'un répertoire moteur très riche. Ils sont capables d'exécuter des mouvements identiques à ceux qu'exécuterait un grand enfant ou un adulte placé dans la même situation, comme si, dès la naissance, les programmes moteurs étaient déjà inscrits. Une seule condition est que l'examinateur amorce le début de la réponse et soutienne l'enfant jusqu'à la fin de l'exercice. »
>
> Claudine Amiel Tison et Albert Grenier,
> in *La Surveillance neurologique de l'enfant au cours de la première année de vie*, Masson 1985, p. 96

Attention, cet examen n'est pas un jeu de société pour faire jouer à nos bébés le rôle de singe savant de laboratoire. Il ne saurait être répété, imposé par des médecins ou des parents curieux et exhibitionnistes. Participer à une telle rencontre est pour l'enfant **un effort immense**, qui le fatigue vite. Souvent, après un tel éveil attentif (qui ne dure jamais plus de quelques courtes minutes), il s'endort profondément et dort pendant longtemps. Multiplier régulièrement de telles sollicitations serait envahir l'espace intérieur du bébé, casser ses rythmes profonds, le pousser aux limites de lui-même et risquer de compromettre gravement son équilibre ultérieur.

Le respect d'un enfant commence par celui de ses rythmes spontanés et par l'écoute de ce qu'il est, avant toute chose. Son éveil, son éducation viendront de lui, de sa demande à lui, car l'enfant heureux, libre, paisible, a toujours envie de connaître et d'évoluer.

Si, comme l'a dit Piaget, « comprendre c'est inventer », faisons-lui confiance... Il n'a pas fini de découvrir, de vous étonner et n'a aucun besoin d'être « poussé » pour s'éveiller.

Tout ce que je viens de décrire est, à mon sens, mille fois plus démonstratif des compétences des nouveau-nés que tout ce que l'on met habituellement sous ce mot. C'est vrai qu'il entend, qu'il voit, qu'il réagit aux caresses, qu'il reconnaît sa mère puis, très vite, son père et son entourage, c'est vrai qu'il est sensible aux paroles, aux voix, c'est vrai qu'il cherche le regard et le fixe. C'est vrai qu'il se console quand on le berce et lui parle. C'est vrai qu'il s'habitue et apprend à modeler ses comportements devant la même stimulation répétée. Il est donc capable d'apprentissage. C'est vrai qu'il a un comportement moteur réflexe primaire très complexe. Mais tout cela ne prouve pas les compétences de son cerveau supérieur, de son cortex cérébral. Les grands prématurés ou les enfants ayant souffert ont exactement les mêmes sensibilités et, en dehors des moments de grande souffrance cérébrale comateuse, ont les mêmes capacités. Il a même été démontré que les enfants ayant une dramatique malformation cérébrale que l'on nomme anencéphalie, malformation où le cerveau est pratiquement inexistant, non formé, sont capables, pendant les quelques heures de leur survie, de consolabilité et d'habituation.

> **Être capable d'anticiper sur son propre développement, être capable de montrer un cerveau potentiellement actif et agissant, être capable, dès la naissance, de communication sociale, profonde et de choix est, à mon sens, la plus réelle compétence de nos petits.**

Les examens systématiques de dépistage

Il me reste à citer les quelques examens de dépistage auxquels sont soumis nos bébés pendant la première semaine de vie. Un lecteur pourrait me rétorquer que c'est hors sujet, qu'il ne s'agit pas d'une compétence. C'est vrai mais, pour deux de ces examens, il s'agit de préserver la bonne construction cérébrale, d'empêcher la dégradation du cerveau au cours de la première année, par des maladies qui pourraient le détruire. Il existe de nombreuses maladies pouvant ainsi altérer cette construction. Celles que l'on recherche de façon systématique chez tous les nouveau-nés sont celles que l'on sait traiter.

Le test de Guthrie, mis au point en 1963, mais complété plus récemment, consiste à doser, dans le sang de l'enfant (sur cinq gouttes de sang prélevées sur un papier buvard et après trois jours d'alimentation), plusieurs paramètres biologiques, pour dépister des maladies enzymatiques :

• Le dépistage de **la phénylcétonurie.** On dose un acide nommé phénylalanine. Ce taux est anormalement élevé chez les enfants porteurs de déficit en l'un des trois enzymes utiles dans la transformation de l'acide aminé. Les enfants atteints de ce déficit (1 pour 12 000 naissances environ) ne peuvent transformer et utiliser la phénylalanine, apporté par l'alimentation. Elle s'accumule alors dans le cerveau qu'elle détruit en quelques mois. Il suffit de faire suivre, aux enfants atteints, un régime strict, n'apportant pas de phénylalanine pendant les premières années de vie, pour permettre un éveil et un développement parfait. Ce test sauve chaque année en France le cerveau de plus de 60 bébés.

• Le dépistage de **l'hypothyroïdie.** Sur les cinq mêmes gouttes de sang, on dose soit une hormone thyroïdienne (T4), soit la TSH, hormone hypophysaire stimulant la sécrétion hormonale thyroïdienne. Si ces taux sont anormaux et qu'un bilan complémentaire établit de façon formelle le non-fonctionnement

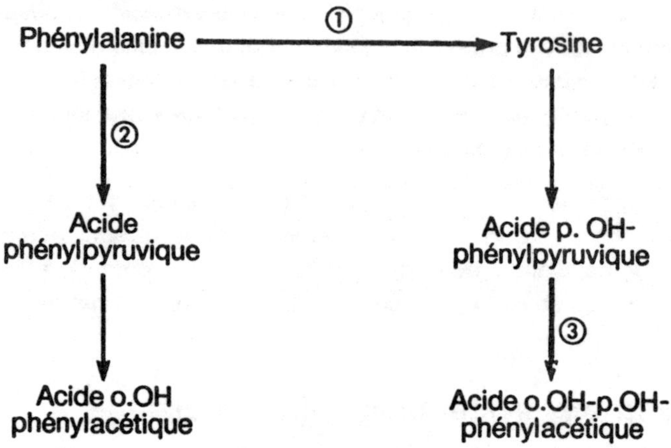

Trois types d'anomalies enzymatiques
1. Déficit en phénylalanine hydroxylase
2. Déficit en phénylalanine transaminase
3. Anomalies des systèmes d'oxydation de la tyrosine

Métabolisme de la phénylalanine

thyroïdien, il suffit d'apporter à l'enfant un traitement substitutif pour empêcher sa dégradation cérébrale. En effet, l'hypothyroïdie chronique entraîne en quelques mois un retard mental majeur définitif. L'apport quotidien de quelques gouttes d'extraits thyroïdiens pour compenser ce déficit conditionne un développement parfait de l'enfant. La fréquence de cette affection étant d'environ 1 pour 6 000 naissances, ce dépistage, et la correction hormonale qui en découle, permet d'éviter chaque année en France près de 140 arriérations mentales. Cela en vaut la peine.

• Beaucoup plus rare, **l'hyperplasie congénitale des surrénales** est le troisième volet du test de Guthrie. Une hyperplasie surrénalienne se traduit par un déséquilibre hydroélectrolytique brutal, majeur, conduisant, vers le huitième jour de vie, à une détresse vitale, gravissime, imprévisible, évoluant en quelques heures. Lorsque le diagnostic est fait à temps, cette évolution tragique peut être évitée.

• Depuis janvier 2002, se met en place également, toujours sur les mêmes cinq gouttes de sang, le dépistage de **la mucoviscidose**. Cette affection, où pour une raison inconnue les sécrétions glandulaires sont trop épaisses et bouchent les canaux, est la plus fréquente des maladies métaboliques héréditaires et touche près d'un enfant sur 1 500, soit plus de 500 en France chaque année. Elle se caractérise par des difficultés digestives et des infections respiratoires à répétition qui s'aggravent lentement et peuvent, en l'absence de traitement, compromettre la vie de l'enfant en trois ou quatre ans. Par contre, une surveillance précoce améliorant les performances digestives et évitant les infections pulmonaires donnera à l'enfant une vie normale.

D'autres maladies métaboliques viendront sans soute bientôt s'ajouter à cette liste.

En conclusion, il me faut simplement rappeler l'importance du rôle d'écoute du pédiatre tout au long de l'examen médical.

Toutes les angoisses, toutes les craintes, tous les regrets, toute l'agressivité parfois, tous les vieux fantasmes mal enfouis venus du fin fond de l'enfance, et puis aussi la confiance, la joie, les rêves doux, l'envie de vivre, de créer et de transmettre s'entremêlent au-dessus des berceaux. Dans le chahut des premiers jours surgissent des mots de bonheur et des mots de plainte, toute l'éternelle ambivalence des humains, majorée, magnifiée, exacerbée par l'intensité de ces instants. Il ne s'agit jamais de jouer à l'apprenti sorcier, à l'apprenti psychiatre et de tenter de dénouer des imbroglios socio-psychologiques inextricables. Mais, au contraire, sans grandes connaissances spécifiques, le pédiatre peut être le regard neutre, attentif, celui qui sait écouter parce qu'il a – à ce moment-là – du recul, sorte de miroir calme où les jeunes parents bousculés retrouvent une belle image de ce qu'ils sont et deviendront.

Pour ma part, j'aime passionnément ce rôle où, au-delà des gestes techniques de l'examen, se crée une relation faite de tendresse objective et de sagesse. Ce que j'appelle depuis toujours mon « rôle de grand-mère ».

Chapitre 6

L'ÉVEIL ET L'ÉVOLUTION

Maître cerveau sur son homme perché...

Paul Valéry

Rien ne va plus vite que les découvertes des petits après leur naissance, petits animaux ou petits humains. La naissance n'est qu'un instantané. La construction d'un être humain dure de longues années, mais il est bien évident que les temps les plus « accélérés » de la maturation sont les tout premiers. Il est facile au simple coup d'œil de faire la différence entre un enfant nouveau-né à terme « du jour » et celui de deux ou trois semaines. Tout change d'un jour à l'autre. Le poids, l'aspect de la peau, la qualité du regard, la puissance d'attention, la modulation des cris, la précision de la recherche de nourriture ou la profondeur du sommeil.

Ces transformations quotidiennes ne sont pas l'apanage des temps après la naissance. L'enfant non né évolue tout aussi vite. Les différences entre un bébé qui naît à huit mois et celui qui arrive au terme sont là pour nous le raconter. Elles portent autant sur les possibilités motrices ou sensorielles que sur des caractéristiques physiques. Des tableaux de signes permettent, à partir de ces simples données, d'établir l'âge gestationnel d'un enfant à sa naissance, donc de mieux repérer les enfants prématurés de ceux de même faible poids, mais à terme. L'analyse porte sur la texture de la peau, sa couleur, sa transparence, la profondeur des plis plantaires, l'abondance du duvet sur le dos, la forme et la consistance de l'oreille, la taille et l'allure des organes génitaux.

Bien qu'il n'en existe pas de tableaux parallèles, puisque tout le monde connaît la date de naissance d'un enfant, les mêmes signes pourraient être décrits pour l'enfant déjà né. Là encore, l'évolution de tout son corps est d'une grande précision et d'une extrême rapidité.

Une des anecdotes qui m'amuse en maternité, c'est de regarder le bonheur des soignantes, habituées à ne s'occuper que d'enfants de moins de huit jours, lorsqu'elles ont dans les mains un bébé de trois ou quatre semaines. Bien sûr, c'est une éventualité rare, dans quelques cas exceptionnels de

Signe	0	1	2	3	4
Œdème	Les mains et les pieds ont des signes évidents d'œdème. Signe du godet sur le tibia.	Pas d'œdème évident aux mains et aux pieds. Signe du godet sur le tibia.	Pas d'œdème		
Texture de la peau	Très fine, gélatineuse	Fine et lisse	Lisse. D'épaisseur intermédiaire. Desquamation superficielle ou éruption.	Épaississement modéré, fissures superficielles et desquamation surtout aux mains et aux pieds	Épaisse et parcheminée, fissures superficielles ou profondes
Couleur de la peau	Rouge vif	Uniformément rose	Rose pâle, avec des variations sur le corps	Pâle, rose sur les oreilles, les lèvres, les paumes des mains et plantes de pieds	
Transparence de la peau (tronc)	Nombreuses veines et veinules bien visibles surtout sur l'abdomen	Veines et vaisseaux affluents visibles	Quelques gros vaisseaux bien visibles sur l'abdomen	Quelques gros vaisseaux difficilement visibles sur l'abdomen	Pas de vaisseaux visibles
Lanugo (sur le dos)	Absent	Abondant. Long et épais sur tout le dos	Clairsemé surtout sur le bas du dos	Peu abondant. Des plaques dénudées	La moitié du dos au moins dépourvue de poils
Stries plantaires	Absence de stries plantaires	Des marques rouges mal distinctes transversales sur la moitié antérieure de la plante	Des marques rouges bien définies dépassant la moitié antérieure. Sillon sur moins du tiers antérieur	Des sillons sur plus du tiers antérieur	Des sillons profonds dépassant le tiers antérieur
Formation du mamelon	Mamelon à peine visible. Pas d'aréole	Mamelon bien défini. Aréole lisse et plate Diam. < 0,75 cm	Aréole grenue, les bords non surélevés Diam. > 0,75 cm	Aréole grenue. Bords surélevés Diam. > 0,75 cm	
Taille des seins	Pas de tissu mammaire palpable	Tissu mammaire d'un côté ou des deux Diam. < 0,5 cm	Tissu mammaire des deux côtés Diam. = 0,5-1 cm	Tissu mammaire des deux côtés Diam. > 1 cm	
Forme de l'oreille	Lobe plat et sans forme, bord peu ou pas incurvé	Bord du lobe en partie ourlé	Partie supérieure du lobe partiellement ourlée	Partie supérieure du lobe totalement et bien ourlée	
Consistance de l'oreille	Lobe mou. Facilement pliable, ne reprend pas sa forme	Lobe mou. Facilement pliable, reprend lentement sa position	Cartilage présent au bord du lobe, mais mou par endroits, reprend sa position facilement	Lobe ferme. Cartilage présent au bord. Reprend sa position instantanément	
Organes génitaux masculins	Testicules non présents dans le scrotum	Un testicule au moins haut placé dans le scrotum	Un testicule au moins en place		
Féminins (hanches en semi-abduction)	Grandes lèvres bien séparées, petites lèvres dépassant	Les grandes lèvres recouvrent presque les petites lèvres	Les grandes lèvres recouvrent complètement les petites lèvres		

Évaluation morphologique de l'âge gestationnel score de Dubowitz maladie ayant obligé la mère à un séjour hospitalier prolongé ou à une nouvelle hospitalisation vers la fin du premier mois. Dans ces cas, croyez-moi, le « grand » bébé devient instantanément la mascotte du service, et chacun de s'extasier avec emphase devant son regard, son appétit ou ses premiers sourires. Comme si l'on oubliait cette rapidité d'évolution des petits d'homme à force de ne voir que des enfants des premiers jours...

Or, dans cette évolution, là encore, tout est intriqué : la croissance du corps, la construction du cerveau, l'éveil à la communication, le besoin de tendresse et l'acquisition des grands équilibres, tout est intimement lié. Je serai à nouveau amenée à séparer ces différents chapitres pour la clarté de l'exposé et pour mieux détailler les processus d'apprentissage. À travers les pages qui vont suivre, il vous faudra garder en tête cette donnée essentielle. Le bébé est une personne, un tout. Il a besoin de tendresse pour se nourrir ; il a besoin de se nourrir bien pour trouver son équilibre de sommeil ; il a besoin de sommeil paisible pour avoir envie de sourire et d'entrer en contact ; il a besoin d'entrer en contact pour découvrir le rire et le jeu ; il a besoin de rire et de jeux pour comprendre la tendresse... Nous pourrions reprendre ces phrases dans tous les sens. Elles seraient toujours vraies !

La croissance du corps

Je serai très brève sur ce chapitre. Une simple table des courbes moyennes de poids et taille des enfants pendant les premières années sera plus parlante que toutes les explications. Il me paraît pourtant utile de rappeler quatre éléments importants dans la compréhension des tout-petits.

Le nouveau-né grandit et grossit très vite

Tout comme il venait de le faire dans l'utérus de sa mère : près de 30 g par jour, soit presque un kilo chaque mois. En moyenne, 10 cm supplémentaires en taille, pendant le premier trimestre. Cette colossale vitesse de croissance dure presque 4 mois entre le début du 9e mois de grossesse et l'âge de 3 mois. C'est le seul moment de la vie où une telle croissance peut être réalisée.

Si l'on compare cette augmentation de poids à celui de la naissance, c'est une majoration de **1 % par jour** que l'enfant arrive à atteindre. Essayez d'imaginer l'équivalent chez l'adulte : une femme de cinquante kilos qui prendrait 500 grammes par jour pendant 4 mois. À la fin des 4 mois, elle pèserait 110 kg ! Impossible. Seul un nouveau-né peut réaliser de pareils scores.

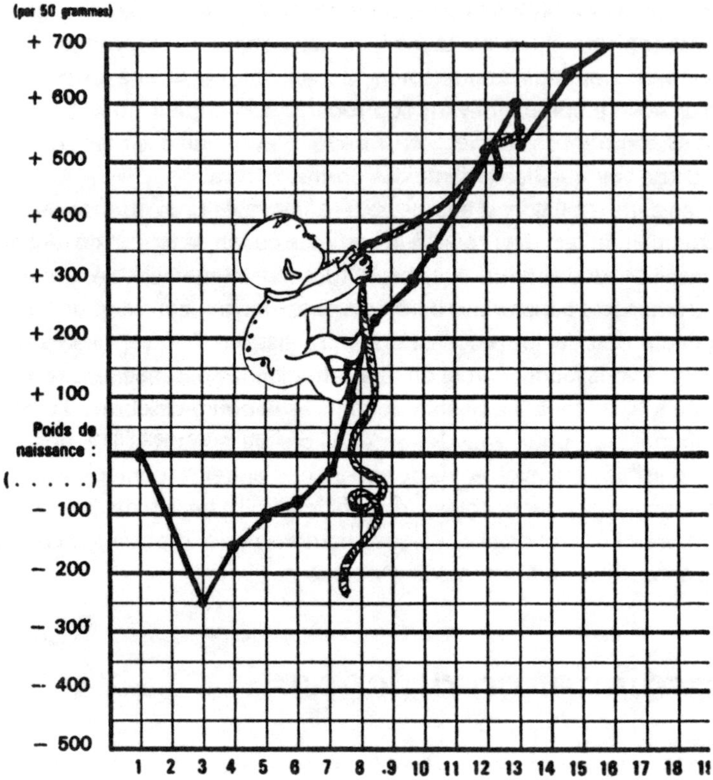

Courbe de poids du 1er mois

Après la perte de poids des premiers jours

Pourtant, en arrivant au jour, il commence par perdre du poids. Cette fameuse perte des trois ou quatre premiers jours qui inquiète toujours les parents. En moyenne, un bébé peut perdre de 5 à 10 % du poids de naissance. Contrairement aux craintes souvent exprimées, l'enfant ne maigrit pas parce qu'il ne mange pas assez. Son poids baisse tandis que ses organes augmentent car il doit s'adapter à un nouvel équilibre et ce que décrit la courbe est le témoin de plusieurs facteurs associés :

La perte d'eau

L'enfant vivait dans un milieu aquatique et son corps renfermait une importante proportion d'eau. L'eau représente 94 % du poids du corps chez le fœtus de trois mois, 80 % pour un prématuré de 32 semaines, 78 % pour le nouveau-né à terme et seulement 65 % chez le grand enfant et l'adulte.

Les premiers jours de vie vont représenter un véritable temps d'« essorage-séchage ». L'enfant perd de l'eau de plusieurs manières :

– **par évaporation**, à travers une peau fine moins efficace contre le dessèchement que celle de l'adulte. Cette évaporation est d'autant plus intense que l'enfant est avant terme, qu'il a trop chaud, et que l'air ambiant est pauvre en humidité. La première question à se poser devant un nouveau-né qui perd beaucoup de poids, devrait toujours être : « N'est-il pas trop couvert, ne fait-il pas trop chaud, trop sec dans sa chambre ? » ;

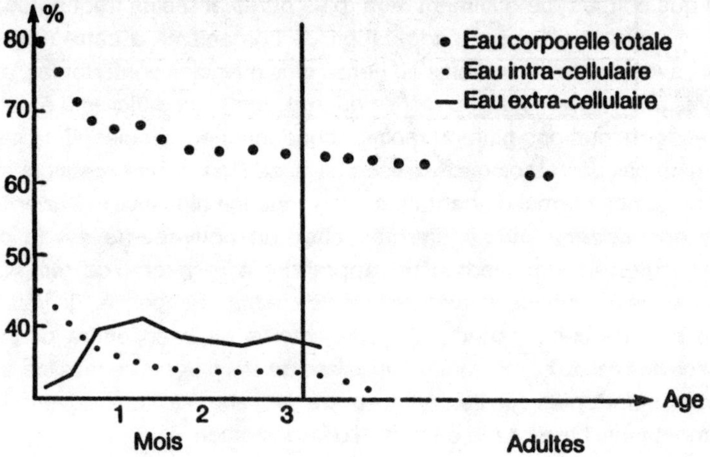

Les compartiments hydriques évoluent avec l'âge

– **à cause de l'immaturité de ses reins.** À la naissance et pendant les premières semaines, les reins ne peuvent concentrer les urines. La capacité rénale de concentration du nouveau-né est limitée à 800 mOsm/l, alors qu'elle est de 1 200 mOsm/l, chez l'adulte dans les mêmes conditions. Cela signifie que, pour éliminer la même quantité de déchets osmotiques, il faudra au nouveau-né presque 50 % d'eau en plus que l'adulte. C'est aussi pourquoi les urines des bébés sont très claires, très diluées. Ce « gaspillage » d'eau est bien compensé dans les conditions normales, mais sa régulation est très étroite. La moindre anomalie, et en particulier une surcharge osmotique, peut être très dangereuse, car le nouveau-né se déshydrate alors très vite. Le cas le plus classique est l'apport d'un lait trop concentré. Si, au lieu de préparer les biberons selon le strict mode d'emploi, c'est-à-dire une mesure de poudre de lait pour 30 g d'eau, on essaye de doubler cette dose, les conséquences sur le nouveau-né sont instantanées : perte de poids majeure, troubles digestifs sévères avec vomissements, puis insuffisance rénale. Un geste donc à ne jamais faire ;

– **à cause de l'immaturité de son intestin.** Le tube digestif est, à la naissance, encore immature. L'absorption est faible et une part des aliments et de l'eau apportés par le lait ne sont pas absorbés, ne passent pas dans le sang et ne font que transiter dans l'intestin avant d'être éliminés dans les selles. Cela explique la fréquence et l'aspect liquidien des selles pendant les premières semaines. Au-delà de trois ou quatre semaines, la maturité du tube digestif évolue, l'absorption s'améliore. Les selles deviendront spontanément, et quel que soit le type d'alimentation, plus dures et moins fréquentes. Là encore, il y aura un temps d'adaptation de l'organisme à cette nouvelle fonction, avec des petits troubles du transit plus ou moins confortables, avec des selles alternativement trop molles ou trop dures, ou difficiles à émettre, avec des fermentations plus ou moins abondantes et pénibles. Il ne s'agit absolument pas de pathologie (elle est à ce niveau tout à fait exceptionnelle), mais d'un temps normal d'adaptation à la « fonction digestive ». **Parler trop vite de constipation ou de diarrhée chez un nouveau-né est la plus fréquente des erreurs médicales.** Apprendre à respecter ce temps de maturation, ne pas intervenir avec des médicaments intempestifs, devrait être la règle d'or de cette période. En effet, moins on interviendra dans ce processus normal du corps, moins l'angoisse de ses parents se focalisera sur ce petit inconfort, plus vite l'enfant trouvera seul son équilibre digestif. Il en a la compétence. Laissons-le en faire la démonstration.

La perte de poids des premiers jours est aussi liée à l'élimination du premier méconium

Pendant toute la vie intra-utérine, les cellules de la muqueuse intestinale se sont renouvelées à un rythme rapide, et les déchets de ce perpétuel changement se sont accumulés dans l'intestin, formant cet abondant magma gluant, noirâtre, collant, que l'on nomme méconium. On peut estimer à 200 g environ la quantité totale de méconium dans l'intestin. Une large part est émise dans les premières 24 heures, le reste étant progressivement éliminé avec les premières « selles alimentaires », ce qui explique l'aspect verdâtre puis brun et, enfin, jaune des selles de la première semaine. Donc, dans la perte de poids des premiers jours, le méconium représente à lui seul près de 150 à 200 g.

Pour prendre du recul avec l'incontournable pesée quotidienne des maternités, il suffit de comprendre que nos courbes ont bien peu de valeur. Le bébé qui a éliminé son méconium avant de naître ou au moment de l'accouchement est bien plus en risque – à perte de grammes égale –, que celui pour lequel ces chiffres représentent l'élimination entre deux pesées. Si l'on ne tient pas compte de ce paramètre essentiel, les courbes sont fausses de plus de 50 %. À quoi sert de surveiller une perte quotidienne de trois à cinq pour cent si les chiffres ont une telle marge d'erreur ? Pourquoi se compliquer la vie par des angoisses inutiles sur des chiffres de poids qui ne traduisent pas du tout ce que l'on imagine ?

Les combustions cellulaires énergétiques ne pèsent rien sur la balance

Nous l'avons vu au chapitre 2, trois changements radicaux de la naissance sont sources de grande activité énergétique : la lutte contre le froid, le travail mécanique de la respiration et le travail du tube digestif. La perte d'énergie liée à cette activité intense est compensée par l'alimentation.

Dans les conditions normales, la perte de poids liée à ce mécanisme est infime ou nulle par rapport à ceux que j'ai décrits. Le glycogène hépatique représente au mieux 5 % du poids du foie, donc moins de 10 grammes au total chez le bébé. Ses variations après une tétée, quand il est plein, ou à distance du repas, quand il est partiellement consommé, ne peuvent en aucun cas être enregistrées sur une balance. D'ailleurs les balances de maternités n'ont pas une précision à 10 g près ! Le même raisonnement s'applique, bien sûr, au tissu adipeux brun.

Le nouveau-né en bonne santé n'a aucune envie de se laisser dépérir. Il n'aime pas du tout avoir faim. Si, donc, on le laisse manger à sa guise, sans le rationner et sans lui imposer des horaires draconiens, il compense de lui-même ses besoins énergétiques et n'a aucune raison d'aller puiser dans ses réserves. Non seulement il ne maigrit pas, mais souvent la courbe de poids est plus rapidement ascendante que chez l'enfant que l'on « contrôle ». En plus, comme il ne risque rien, en tout cas sûrement pas de se dilater l'estomac, comme le racontent encore parfois de vieilles femmes, s'il mange beaucoup, au pire il aura un peu plus de selles, des selles un peu plus molles, peut-être franchement liquides, et des urines un peu plus abondantes. Et ce sera normal. Une diarrhée pathologique n'a rien à voir avec cette réalité toute simple.

Là encore, l'équilibre à trouver entre sa ration alimentaire, les besoins de son fonctionnement et les conditions de son environnement ne dépend que de lui. Il en a aussi la compétence.

Une des preuves absolues pour moi de son aptitude à trouver cet équilibre, c'est que **l'enfant en alimentation libre**, ce que nous appelons l'alimentation à la demande, **a souvent dans la première semaine de vie une courbe de**

poids ascendante d'emblée, sans la classique perte de poids dont nous venons de décrire les causes. Non seulement il trouve une juste compensation à ses nouvelles activités métaboliques, mais en plus il a eu les moyens de lutter efficacement contre la perte d'eau de son organisme. Son intestin, vidé de son méconium, sera vite rempli de bon lait, bien adapté à ses nouveaux besoins. Il a su s'adapter sans « recul » à sa nouvelle alimentation, et cela étonne tout l'entourage... Ces notions essentielles ont tellement disparu de nos mentalités que la première réaction devant une courbe de poids « verticale ascendante » est souvent de culpabiliser la mère en lui prédisant un enfant obèse (ce qui est mille fois faux, nous le verrons plus loin dans ce chapitre), alors que l'on devrait féliciter le bébé d'avoir si bien réussi ! Encore une vérité physiologique toute simple à redécouvrir.

La croissance de l'enfant est sous la dépendance d'un réseau hormonal hautement complexe

Nous savons encore très peu de choses sur la régulation endocrinienne des premiers mois, en particulier sur les hormones qui conditionnent la vitesse exceptionnelle de croissance de cette période.

• **La thyroïde** joue un rôle, mais modéré, puisque les signes d'insuffisance hormonale ne sont que tardifs et que la croissance staturale n'est réellement ralentie qu'après les premiers mois.

• **L'hormone de croissance hypophysaire** ne joue normalement qu'un rôle minime, et ses manifestations sont encore plus tardives, après les deux ou trois premières années de vie.

• **L'hormone de croissance placentaire** (HSC ou hormone somatotrope chorionique) est très abondante à l'approche du terme, plus qu'à n'importe quel autre moment de la grossesse. Elle joue sûrement un rôle dans l'accélération de la croissance fœtale pendant le dernier mois. Mais après, qu'est-ce qui permet la poursuite d'une telle accélération pendant les mois suivants ? Nous en sommes encore aux interrogations, il faudra des années de recherche avant de pouvoir parler en connaissance de cause de « compétence hormonale » des nouveau-nés.

Un temps de croissance qui ne se reproduira plus

Le dernier élément à comprendre sur la croissance du corps est la notion de moment exceptionnel où tout retard important sera irrécupérable. J'ai dit, plus haut, que seuls le fœtus au cours du dernier mois de grossesse et le nouveau-né pendant le premier trimestre de vie sont capables d'un gain pondéral aussi rapide et que le score de 1 % du poids du corps par jour et de trois centimètres par mois était un véritable exploit. Cela signifie, en contrepartie, que ce moment est unique, qu'une prise de poids médiocre de cette période demandera de longs mois pour être réellement compensée et qu'un retard majeur ne le sera jamais totalement. C'est vrai de la taille et du poids, c'est vrai de la croissance cérébrale que nous allons analyser au paragraphe suivant.

C'est pourquoi **la « qualité de vie » du dernier mois de vie fœtale et l'équilibre de l'alimentation pendant les premiers mois sont si importants.** Il sera parfois préférable de faire naître un peu avant terme un fœtus dont les échanges placentaires avec sa mère sont médiocres ou compromis que de le laisser dans l'utérus prendre du retard dans sa croissance et sa maturation corporelle et cérébrale. Quant à l'alimentation des premiers mois, elle est de toute première importance et le choix se doit donc d'être longuement réfléchi, avant même la naissance, pour enrayer des dérapages ou des retards évitables.

Croissance et maturation cérébrales

Ce qui fait la plus grande différence au moment de la naissance entre le bébé humain et le petit de n'importe quel autre mammifère, c'est l'immaturité de son cerveau. Le petit veau ou le poulain se mettent sur leurs pattes et se promènent autour du pré dix minutes après leur naissance, le petit d'homme mettra entre 9 et 18 mois pour en faire autant... Le chaton de 15 jours joue habilement avec une ficelle que le bébé ne lui disputera guère avant six ou huit mois, et encore, de façon bizarre et maladroite.

Une première question vient immédiatement à l'esprit : **pourquoi le bébé humain naît-il si tôt?** Pourquoi n'améliore-t-il pas ses acquisitions et ses capacités d'autonomie avant d'arriver au jour ?

De multiples hypothèses ont tenté de répondre à cette interrogation. Dans l'histoire de l'évolution des espèces, l'autonomie précoce des petits est indiscutablement une des conditions de leur survie. Plus un petit est immature, plus les risques de l'environnement sont grands, et plus il dépend de sa mère pour exister.

Le deuxième exemple, dans la nature, d'une telle immaturité au moment de la naissance est celui des marsupiaux, dont, connu de tous, celui des kangourous. Les petits naissent très prématurément, inaptes à une survie autonome et, pendant plusieurs mois, ils bénéficient d'une « deuxième grossesse » externe, dans la poche ventrale de leur mère, tétant sans relâche. Ils n'en sortiront qu'après avoir acquis une bien meilleure autonomie.

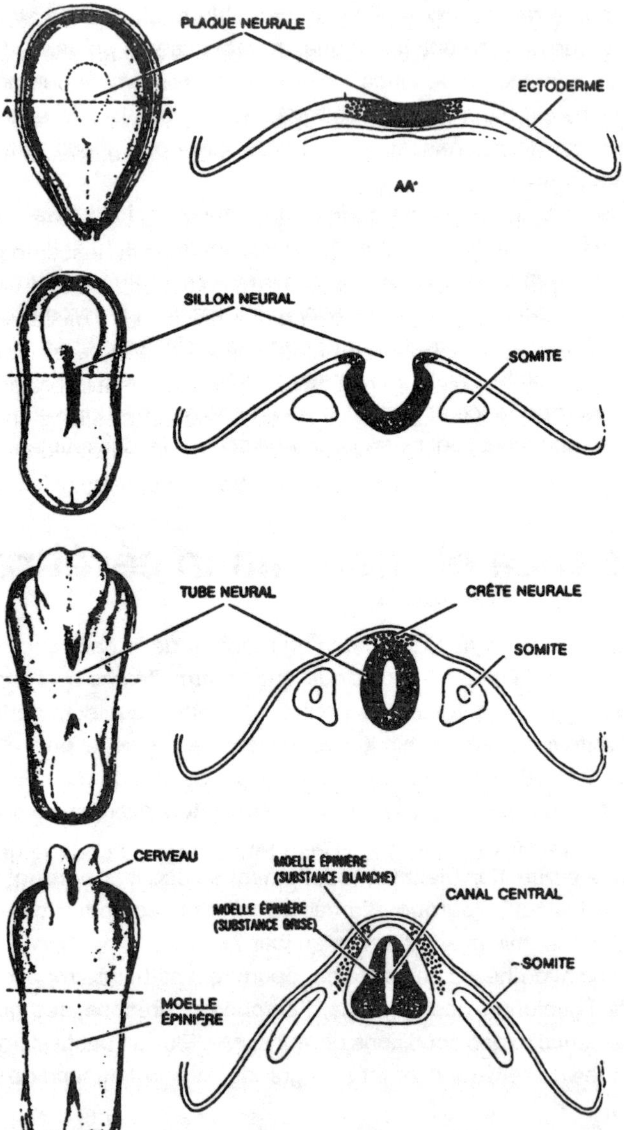

Pour la science. N° 25, novembre 1979

Le cerveau humain, premiers stades de formation

Le point commun entre la femelle des kangourous et la femme, c'est la position verticale, donc la déformation du bassin liée à la marche et la station debout.

• Si les petits kangourous naissaient plus tard, plus gros, il ne pourraient passer dans le solide et épais bassin de leur mère prévu pour le saut et la puissance des membres inférieurs.

• Si les petits humains naissaient plus tard, leur grosse tête contenant l'énorme cerveau humain se bloquerait elle aussi dans la descente génitale. La survie de l'espèce est donc dépendante de cette curieuse adaptation.

L'immaturité est la condition absolue d'une naissance « mécaniquement possible ». Du coup, les petits, complètement dépendants et immatures, devront bénéficier d'une prise en charge exceptionnelle et très prolongée. Ce sera la poche ventrale des mères-kangourous, ce seront les bras chaleureux d'adultes nourriciers pour le petit humain. Ce temps de **deuxième œuf** est absolument indispensable à l'un comme à l'autre pour construire leur cerveau.

La construction cérébrale est un processus architectural continu

Débutées dès le 17e jour de vie utérine, les grandes transformations vont durer de façon super-active pendant toute la vie fœtale et les deux premières années. Les « finitions » se poursuivront ensuite pendant près de 15 ans. Il n'est pas possible de décrire des temps spécifiques d'avant la naissance ou d'après. Toutes les grandes phases de construction sont intimement liées. Les compétences des nouveau-nés sont fonction de cette construction et la réussite de cette construction dépend tout autant du codage génétique que des stimulations de l'environnement utérin, puis néonatal. Nous y reviendrons.

Dans les tout premiers jours de l'embryogenèse, le système nerveux s'ébauche à partir d'une couche cellulaire aplatie, nommée plaque neurale, située sur la face dorsale de l'embryon. Ce tissu se creuse en gouttière dont les bords se soudent pour former le tube neural. La partie terminale de ce tube neural sera à l'origine de la moelle épinière, la partie céphalique deviendra le cerveau. Très rapidement vont y apparaître trois renflements qui préfigurent les trois grandes divisions du cerveau primitif.

La charpente du cerveau, son organisation en deux hémisphères cérébraux, réunis ensemble par des ponts qui permettent le passage des informations d'une zone à l'autre, est reconnaissable dès la fin du 3e mois de vie utérine. Puis, à l'intérieur de cette charpente, vont se jouer les grandes étapes internes d'organisation.

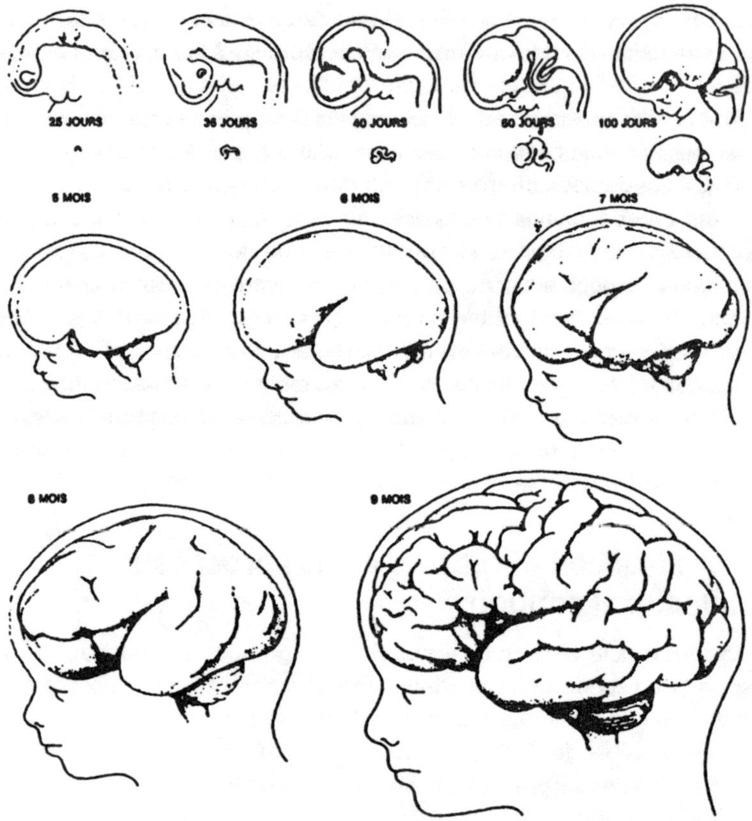

Pour la science. N° 25, novembre 1979

Le développement du cerveau pendant la vie fœtale

• À la naissance, seule est achevée la partie interne, le **cerveau** dit **profond.** Il permet la vie inconsciente du corps, la programmation automatique de la respiration, de la circulation du sang, de la régulation de la température. Il contrôle également les émotions, les sensations primaires : la faim, la soif, la colère, le plaisir, la peur, les odeurs et les sons. Un nouveau-né est donc capable de ressentir tout un registre d'émotions et de sensations qu'il manifestera clairement par des pleurs ou, au contraire, par un bien-être paisible.

• Le **cortex cérébral**, cerveau supérieur, cerveau de la pensée consciente et volontaire, cerveau qui réfléchit, analyse et décide, est à peine ébauché chez l'enfant à terme et ne se construit qu'après la naissance. Localisé dans la partie externe des deux hémisphères cérébraux, il représentera à lui seul 70 % de tous les neurones du système nerveux central. C'est lui dont la construction extrêmement active pendant les deux premières années explique l'évolution du bébé et l'augmentation de taille du périmètre crânien.

• Vers l'âge de deux ou trois ans, **les deux hémisphères cérébraux**, droit et gauche, vont également se différencier l'un de l'autre. Ils se partagent, à responsabilités identiques, la commande motrice du corps et le tri des informations sensorielles, mais, en plus, chacun assurera des fonctions mentales particulières. Le cerveau droit, qui commande la partie gauche du corps, est le cerveau dit **émotionnel**. Il est le siège de la compréhension des mots, des formes, de l'espace, celui de la pensée sans langage, de l'imagination, de la création picturale ou musicale. C'est notre « cerveau-artiste ». Le cerveau gauche au contraire (celui qui commande les réactions du corps droit) est notre **cerveau rationnel**, celui de la logique, du calcul mathématique, du raisonnement, de la parole et de l'écriture. Cette différenciation tardive des deux hémisphères explique que, pendant les deux ou trois premières années de vie, tous les enfants sont ambidextres. La différenciation entre gauchers et droitiers se fait nettement plus tard.

• Dernière construction, encore plus tardive, celle du ***cervelet***, région cérébrale responsable de l'équilibre, de la coordination ou de l'harmonie des gestes, de la précision des mouvements. Il est indispensable à la réalisation de gestes complexes comme le mouvement de pédalage, le dessin fin ou les mouvements de doigts rapides d'un violoniste. Le cervelet, lui, n'est achevé que vers l'âge de six ans.

Toutes ces phases de construction « architecturale » du cerveau comportent les mêmes étapes de fabrication cellulaire, étapes progressives de fabrication et de fixation, essentielles pour comprendre et expliquer la malléabilité du cerveau, la non-réparation tardive ou les périodes sensibles.

Les étapes du développement de la matière grise

On peut reconnaître schématiquement six grandes étapes dans le développement des constituants cellulaires du cerveau. C'est la construction de ce que l'on appelle la matière grise.

• L'étape la plus connue, la plus anciennement décrite est celle de la **multiplication cellulaire**. Dans certaines régions spécifiques de l'ébauche cérébrale, les cellules nerveuses primitives, précurseurs des neurones et que l'on appelle neuroblastes, prolifèrent. (Petite précision : dans l'étude des tissus, le mot « blaste » signifie toujours cellule « jeune », immature.) La multiplication de ces cellules nerveuses « nobles » s'accompagne de celle d'autres cellules, dites gliales (glioblastes), qui, en se différenciant les unes des autres, sont les ouvriers de la construction : architectes, systèmes de transport ou de soutien, nourrices, éboueurs... La vitesse de multiplication des neuroblastes est extrême, 250 000 à la minute entre trois mois de vie fœtale et la naissance. Le bébé à terme a acquis son stock maximum de quelques dix milliards de neurones.

• Les cellules ne se contentent pas de se multiplier. Elles vont ensuite **migrer de leur lieu de fabrication vers leur emplacement définitif**. Elles se déplacent et se rangent, chacune selon une place assignée d'avance, attirée par un signal chimique (neurotransmetteur) encore mal élucidé. Cette migration ne se produit pas au hasard. Elle emprunte des axes, constitués par les prolongements d'un type particulier de cellules, appelées astrocytes, qui, pendant toute la période de migration, réalisent des séries de câbles parallèles sur lesquels glissent les neuroblastes.

• Les cellules neuronales vont ensuite **se regrouper, s'agréger** entre elles, pour former des ensembles identifiables dans le cerveau, ébauchant ainsi les premières unités fonctionnelles de perception et de commande. Celle de la vision, de l'audition, de l'odorat, de la commande motrice des muscles...

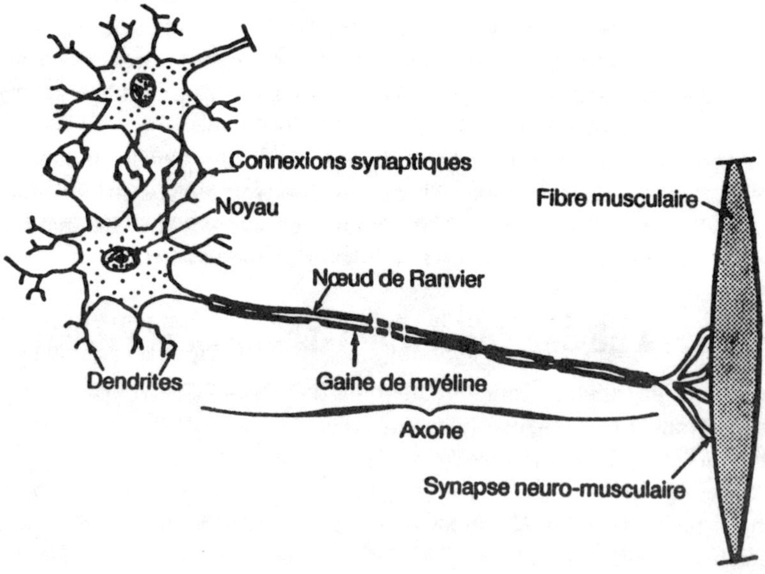

Neurone

• Les cellules neuronales primitives vont alors, dans leur site définitif, subir une **maturation**, une **différenciation**, devenir des neurones « adultes », aptes à une activité sélective, par exemple, vision, mouvement, etc. Avant cette maturation, les neurones malencontreusement détruits – par une lésion mécanique ou virale, par exemple – peuvent être facilement remplacés par d'autres qui transiteront dans cette zone. Après la maturation sélective, la compensation est faible et limitée, voire plus tardivement impossible.

• Une des étapes capitales est **l'établissement des connexions**: connexions que l'on appelle synapses et qui relient les neurones aux organes effecteurs ou les neurones entre eux. À partir de chaque cellule vont apparaître de multiples ramifications tissant un circuit nerveux entre les neurones.

La première ramification « active » est l'axone, la plus longue des ramifications neuronales pouvant atteindre deux mètres. Il n'y a qu'un seul axone par cellule nerveuse. L'axone, en se joignant à d'autres axones identiques, est à l'origine des nerfs. Ceux-ci relient le cerveau aux différents organes (muscle, œil, oreille, etc.) que le cerveau est chargé de commander et dont il recueille les informations. La jonction entre la terminaison d'un axone et un muscle est ce que l'on appelle la synapse neuro-musculaire.

Les ramifications secondaires, ou dendritiques, sont, elles, multiples. Elles créent des relations étroites entre les différents neurones, tissant un prodigieux réseau constitué de milliards de circuits. Un seul neurone peut avoir jusqu'à 20 000 contacts dendritiques, certains avec les neurones proches et identiques de son groupe, pour une action commune organisée, d'autres avec des neurones de groupes différents, pour coordonner et harmoniser les actions. Les contacts sont tellement étroits, tellement entremêlés, qu'il n'est pas possible de concevoir le cerveau comme un appareil électrique où certains éléments, et eux seuls, seraient responsables de fonctions spécifiques. Il existe effectivement des unités de fonctionnement, mais l'activité de chacune d'elle est contrôlée en permanence par l'ensemble du cerveau.

• Viennent ensuite les étapes de « **nettoyage**» et de « **rangement**». Dans toutes les régions du cerveau, le nombre de neurones formés à l'origine est beaucoup plus important que le nombre de ceux qui survivront à la fin de la phase de développement cérébral.

Il se produit donc une phase de **mort sélective des neurones** pendant laquelle le nombre de cellules fonctionnelles s'ajuste aux besoins du tissu cible. Si l'innervation de ce tissu est faible, le nombre final de neurones sera considérablement réduit. Au contraire, les zones de forte innervation gardent un potentiel neuronal plus important. Suivant les régions, cette mort neuronale peut représenter de 15 à 85 % de la population initiale. Par exemple, l'œil est un tissu cible d'une énorme complexité. Les informations qu'il transmet sont d'une importance primordiale pour l'individu. L'aire cérébrale de tri de ces informations est dont très étendue et très riche en neurones. De même, l'aire de représentation corticale de la main et des doigts. Par contre, la peau du crâne ou du ventre, qui n'ont guère d'activité et n'apportent qu'un minimum d'informations au cerveau, ne seront qu'à peine représentées.

Au même moment, se joue **un double processus de tri et d'organisation : l'élimination d'un certain nombre de connexions** établies initialement et **la stabilisation, le renforcement des autres circuits** définitivement sélectionnés. L'élimination est, là encore, très importante. 40 % des connexions initialement établies régressent et disparaissent. Elles sont supprimées par des milliers de globules blancs qui déblaient le cerveau de tous les « déchets de l'apprentissage ». La sélection semble directement liée aux stimulations fournies par l'environnement. Le cerveau se construit selon les informations qu'il reçoit du monde extérieur. Si les stimulations sont riches et variées, le câblage final sera abondant, fin et précis. Si les stimulations sont faibles ou absentes, les connexions neuronales peu utilisées seront éliminées et la fonction disparaîtra. C'est pour cela qu'un chaton à qui l'on a fermé les yeux pendant les premières semaines de vie devient définitivement aveugle. C'est pour cela que les bébés survivants de l'expérience de Frédéric de Prusse ne parlèrent jamais... On peut donc dire que, si la synaptogenèse est sous la dépendance d'un programme génétique, l'ajustement précis terminal est, lui, conditionné par les interactions de l'environnement.

L'importance de la chronologie

Tout ce schéma de construction se déroule dans le temps selon une chronologie précise qui permet de mieux comprendre ce que peut vivre ou comprendre un enfant avant et après sa naissance.

Il est bien évident qu'avant la maturation des neurones, dans les premières périodes de multiplication cellulaire et de migration, il ne peut y avoir aucune activité spécifique. Un fœtus de deux mois n'entend sûrement pas, puisque l'aire auditive n'est pas construite. Un fœtus de six mois peut gigoter dans l'utérus, mais le contrôle moteur volontaire réel n'existera pas avant l'âge d'un an puisque la construction du cortex cérébral ne commence qu'après la naissance. Vouloir faire marcher un enfant de quatre mois, c'est lui demander une réalisation strictement impossible, puisque la zone motrice de son cerveau n'existe pas encore.

À l'inverse, une fonction non stimulée peut être éliminée lors des phases de nettoyage. C'est l'une des explications des périodes sensibles et c'est aussi, en médecine d'enfants, la raison impérative d'un dépistage précoce de tout déficit sensoriel ou moteur. Si l'on dépiste un déficit, une surdité par exemple, on peut envisager une rééducation active, cherchant à stimuler la zone cérébrale concernée, pour en maintenir les capacités avant de tenter une correction éventuelle par appareillage. Beaucoup de recherches vont dans ce sens.

Une chimie extrêmement complexe

Analyser la construction du cerveau oblige également à décrire une machinerie chimique extrêmement complexe, domaine de pointe de toutes les recherches actuelles sur ce sujet.

Chacune des étapes cellulaires que nous venons de détailler **est sous la dépendance de facteurs chimiques.** Nous savons, par exemple, que la migration d'un neurone depuis son site natal jusqu'à sa destination finale, guidée par des cellules gliales servant de véritable système-transporteur, est régie par des médiateurs chimiques présents dans le cerveau de l'embryon dès les premières semaines. La transmission des influx nerveux, cela tout le monde le sait, est également un processus chimique, lié à la libération de substances telles que l'adrénaline, la nor-adrénaline, la sérotonine, l'histamine, etc. On connaît, à l'heure actuelle, plus de vingt familles de neuro-médiateurs différents, ayant, suivant les zones cérébrales ou les synapses considérées, un rôle d'activation ou d'inhibition des mécanismes cérébraux.

Il n'est pas question de détailler ici la complexité des mécanismes biochimiques découverts dans le cerveau. Un point absolument capital doit pourtant être explicité. Tous **les médicaments actifs sur le cerveau** et, en particulier les sédatifs neuroleptiques, produits de « grande consommation courante » dans nos sociétés angoissées et excitées, sont des produits agissant en interaction (compétition, substitution ou inhibition) avec les neuromédiateurs chimiques du fonctionnement cérébral. En clair, cela veut dire que **l'administration de telles substances à une femme enceinte, ou à un petit enfant,** pendant tout le temps de la construction **cérébrale active pourrait modifier profondément l'activité spontanée normale du cerveau.** Il n'est pas possible, à l'heure actuelle, de faire le point exact des risques induits par de tels médicaments. Il est fort probable que, d'ici dix ou vingt ans, nous saurons beaucoup plus de choses sur ce sujet. En attendant, la solution de sécurité évidente devrait être de limiter la prescription de tels médicaments à des situations pathologiques absolument exceptionnelles. Donner un somnifère à un bébé pour que ses parents ait la paix pour dormir peut l'empêcher de réussir sa construction cérébrale.

L'exemple actuel le plus connu d'un tel risque est celui des médicaments antihistaminiques. L'histamine est un neuromédiateur important, jouant un rôle dans la régulation du sommeil et dans les processus allergiques. Les médicaments antihistaminiques sont utilisés comme sédatifs et comme anti-allergiques. Depuis fort longtemps, ils ont été prescrits même chez le petit nourrisson, dans les troubles du sommeil ou les réactions allergiques, et ils sont en vente libre, sans prescription médicale, dans les pharmacies. Or, des études récentes extrêmement sérieuses ont montré que ces antihistaminiques freinent la migration de certains groupements de neurones au cours de la première année de vie, les empêchant de rejoindre à temps leur site définitif. Ce retard de migration pourrait expliquer certains arrêts respiratoires spontanés au cours du sommeil chez le tout petit enfant, ce qui est l'une des causes (hypothétiques) de la mort subite inexpliquée du nourrisson. Bien qu'il existe encore de multiples inconnues dans tous ces mécanismes, n'est-il pas disproportionné de prendre un tel risque pour quelques nuits de sommeil ?

> **Tant que la recherche fondamentale sur la biochimie du cerveau et de sa construction n'aura pas fait des progrès considérables, il n'est pas raisonnable de donner à de très jeunes enfants ou à leur mère, pendant la grossesse et l'allaitement, des substances pouvant entraver la pleine réussite d'une organisation cérébrale aussi complexe que vulnérable. Le sommeil est l'un des grands équilibres spontanés de la vie. Nos bébés ont la compétence de le trouver seuls, tout comme ils ont celle de construire leur cerveau, si les adultes qui les entourent savent respecter leur rythme propre et leur fonctionnement.**

La myélogenèse, phase terminale de la maturation cérébrale

Les fibres nerveuses, aussi bien celles des axones que celles des prolongements dendritiques, se recouvrent d'une enveloppe graisseuse, la myéline, qui réalise une véritable « gaine isolante », tout à fait comparable à celle des câbles électriques. Cette isolation se produit pendant le dernier trimestre de vie fœtale et les deux premières années après la naissance. Elle est très abondante puisqu'elle représentera, après deux ans, un tiers du poids du cerveau.

La présence de myéline est indispensable à certaines fonctions, par exemple, à la marche. Les animaux qui marchent dès la naissance sont ceux dont le cerveau est myélinisé pendant la vie fœtale et qui naissent avec leur stock définitif de myéline. **Chez l'enfant, la myélinisation est à peine amorcée à la naissance, et l'âge de la marche sera fonction du degré et de la rapidité**

de myélinisation de son système nerveux. Cette vitesse de myélinisation est, de toute évidence, conditionnée par des facteurs génétiques (dans certaines familles, tous les bébés marchent à dix mois, dans d'autres ce sera plutôt seize ou dix-sept), mais aussi par des facteurs de l'environnement, en particulier l'alimentation de la femme enceinte et du petit nourrisson.

Cette gaine est sécrétée par des cellules spécialisées, nommées oligodendrocytes, qui, alignées les unes à côté des autres sur la fibre, se plaquent contre elle et y enroulent une spirale de membrane pouvant atteindre plusieurs dizaines de tours. La gaine est ainsi formée de segments successifs (correspondant chacun au travail d'un seul oligodendrocyte), séparés par de courts espaces, les nœuds de Ranvier, où la fibre nue est directement en contact avec le milieu environnant. Cette isolation des fibres se fait à la période terminale de développement du système nerveux, après la sélection et l'élimination des connections surnuméraires. Elle ne touchera donc que les fibres définitivement sélectionnées. Suivant les régions cérébrales, ce processus sera plus ou moins tardif dans la première enfance.

La myéline joue deux rôles essentiels dans le fonctionnement cérébral :

– elle est une **protection contre le vieillissement** et la dégénérescence des fibres nerveuses. Non protégées, les fibres dégénèrent et meurent en moins de deux ans. Au contraire, sous leur bouclier de myéline, les fibres vont pouvoir affronter la longue vie des humains sur plusieurs vingtaines d'années. On sait, de plus, que la qualité de la gaine de myéline et son épaisseur sont liées à la qualité des apports alimentaires pendant le temps de sa fabrication, donc les deux premières années. La myéline est presque totalement composée de protéines et de graisses. Un régime carencé en protéines et en lipides, surtout en acides gras insaturés, est préjudiciable à cette myélinisation et compromet sans doute à très long terme le fonctionnement cérébral de nos futurs vieillards !

– elle accélère la transmission de l'influx nerveux. Avant l'isolation des fibres, la propagation de l'influx se fait de point en point, tout au long de la fibre. Quand la myélinisation est terminée, l'influx se déplace en sautant d'un nœud de Ranvier à un autre. C'est ce que l'on appelle une conduction saltatoire. La transmission devient alors dix fois plus rapide qu'auparavant. Ce phénomène explique la lenteur des réactions à la douleur ou à un stimulus désagréable chez les très jeunes enfants, et l'amélioration considérable de leurs performances vers la fin de la deuxième année. Si un bébé touche un poêle incandescent, il a le temps de se brûler sévèrement avant que son organisme ne capte l'information et ne renvoie l'ordre d'évitement. Par contre, quelques mois plus tard, sa réaction de retrait sera presque immédiate. Un point à bien connaître pour qui a la charge de jeunes enfants.

La charpente du système nerveux étant construite, les différentes étapes cellulaires franchies et la myélinisation terminée ne suffisent pas à expliquer tout le fonctionnement du cerveau. La pensée, l'imagination, le contrôle volontaire, ne sont pas des fonctions comme les autres. Elles se jouent au jour le jour, au prix d'un apprentissage, d'une évolution permanente qui sont des caractéristiques de « fonctions supérieures ». Je vais donc essayer de décrire brièvement quels sont les principaux processus d'apprentissage auxquels le nouveau-né va être astreint et confronté.

Les processus d'apprentissage

Il ne me paraît pas utile de détailler ici les acquis d'un tout-petit, de raconter quand et comment il apprend à sourire ou à parler ou, plus tard, à grimper aux arbres. D'abord, les vitesses d'apprentissage et l'ordre des diverses acquisitions sont éminemment variables d'un enfant à l'autre. Les bébés sont tous différents et il vaut mieux regarder vivre les siens sans aucun *a priori*. Ensuite, parce que, trop souvent, dans nos têtes, « acquisitions précoces » est directement synonyme d'intelligence, ce qui est mille fois faux. Rappelez-vous qu'Einstein ne parlait pas à quatre ans et qu'il fit figure de cancre pendant toutes ses études ! Enfin, parce que le film romancé de l'éveil « normal » traîne depuis vingt ans dans tous les livres de puériculture et qu'il vous suffit de vous y référer, si vous pensiez y trouver quelque intérêt.

Par contre, j'aimerais revenir sur des notions moins connues, sur les **mécanismes fondamentaux** de l'éveil et de l'évolution. Ce sont des données encore très partielles, les recherches sont récentes et difficiles. Je vais toutefois tenter d'en faire un bref raccourci.

Pour qu'il y ait apprentissage, schématiquement, il y a au moins quatre étapes : connaître, mémoriser, reconnaître, s'habituer. Revenons sur ces différents éléments.

Les connaissances innées du nouveau-né

Le nouveau-né perçoit et ressent. Nous l'avons vu au chapitre 4. Il vient au monde avec tous ses canaux sensoriels déjà en fonction ou prêts à démarrer. Il a déjà appris à reconnaître les saveurs (le sucré, le salé, l'acide et l'amer), les goûts de l'alimentation de sa mère, transmises par le plasma sanguin et le liquide amniotique, les bruits de l'environnement de ses parents et leurs voix. Il a appris la caresse, il sait sucer son pouce et il est prêt à regarder.

De tout cela, nous sommes sûrs. Ce n'est pas un rêve romantico-écologiste. L'observation objective attentive de jeunes bébés arrive obligatoirement à ces conclusions. D'ailleurs, les chercheurs nous en ont donné deux preuves irréfutables.

• La première démarche consiste à enregistrer l'activité électrique cérébrale de certaines zones spécifiques, au moment de stimulations. Cela s'appelle l'étude des potentiels évoqués.

Par exemple, si l'aire cérébrale auditive émet une activité électrique à la réception d'un signal sonore, cela signifie que le bébé a entendu et que son cerveau a réagi. Si l'on envoie une série de signaux sonores parfaitement rythmés, l'enregistrement de l'activité cérébrale auditive va dessiner un schéma rythmé tout à fait superposable à celui des signaux initiaux. Donc le cerveau du nouveau-né perçoit les sons.

De même, lorsque l'enfant regarde attentivement, l'aire visuelle cérébrale est la source d'une activité électrique enregistrable. Si aucune activité n'est enregistrée, cela signifie que l'enfant ne voit rien.

Ce mode d'expérimentation est utilisé en clinique humaine pour dépister précocement les enfants ayant un handicap sensoriel : surdité ou cécité.

• La deuxième expérience consiste à enregistrer le comportement d'un enfant soumis, tel un cobaye, à diverses stimulations. L'enregistrement classique porte sur le **rythme cardiaque, le rythme respiratoire et l'intensité de la succion.**

Par exemple, si l'on envoie dans sa bouche, à travers la sucette, un liquide sucré, le comportement du bébé se modifie : il tète plus vite et plus vigoureusement, son cœur s'accélère.

Si l'on envoie dans la sucette un liquide amer, la succion diminue franchement, le rythme respiratoire s'intensifie, comme si le nouveau-né se préparait à pleurer.

De même, à l'audition d'une musique calme ou en entendant la voix de sa mère qui lui parle, le bébé modifie son comportement, écoute attentivement, suce vigoureusement, accélère ses battements cardiaques. Des bruits forts, grinçants, entraîneront plutôt un comportement de pleurs et de repli.

Des expériences similaires ont été tentées pour les différents paramètres sensoriels. Les résultats sont les mêmes. De toute évidence, l'enfant réagit aux stimulations et il sélectionne celles qui sont agréables et celles qui ne le sont pas. Il est donc capable de discrimination, avec **deux grandes réactions types : le plaisir et le déplaisir**, la réaction positive ou la réaction négative. Soit il aime la stimulation à laquelle il est soumis, et il va essayer de l'intensifier, d'y « prêter attention » de mieux la capter ; soit elle lui déplaît, il va alors tenter de l'éviter et ne tardera pas à manifester son désagrément. C'est ce que l'on appelle les démarches d'**approche et d'évitement.**

L'enfant perçoit, donc connaît, et peut moduler sa réponse en fonction du plaisir qu'il a ou non à la stimulation. Ceci, c'est la composante innée, profonde, initiale, du comportement. Tout se passe comme si le bébé était précâblé, branché pour assurer sa survie, en tâtonnant par approche et évitement. Par exemple, tout ce qui le rapproche de la découverte de nourriture entraîne, s'il a faim, une recherche positive. Toute douleur entraîne instantanément une réaction de rejet ou des pleurs intenses. Ce sont des comportements adaptatifs primaires.

L'acquis

La suite de l'apprentissage va venir de l'environnement. Le comportement inné va se modifier en fonction de tout ce que l'enfant perçoit du monde extérieur en même temps que la stimulation initiale, de l'utilisation qu'il en fait. En fonction des réponses agréables ou non de son entourage. Nous pouvons en donner plusieurs illustrations.

- Si on souffle sur les paupières d'un bébé en lui montrant chaque fois une lumière colorée, au bout de quelques séances, il ferme les yeux dès l'apparition de la lumière, même si personne ne lui souffle dessus. C'est un comportement acquis au terme d'un apprentissage.
- Si un bébé a faim, les parents alertés par ses cris le prennent dans les bras pour le nourrir. Au bout de très peu de jours, le bébé est capable d'associer le mouvement des bras avec l'apaisement lié à la nourriture. Il s'arrête de pleurer dès qu'il est porté, même si l'alimentation n'est pas immédiate. Ce n'est pas consciemment de la patience, c'est un comportement acquis, en interaction au comportement habituel de ses parents quand il a faim.
- Lorsqu'un bébé est soumis à une douleur ou à une sensation très désagréable, il se met à hurler ; c'est le comportement inné. Les cris – pénibles à supporter – vont provoquer chez les adultes présents l'envie immédiate de calmer et d'apaiser le bébé. Ils vont se précipiter, le réconforter, le câliner et trouver la cause de sa souffrance. Quelques semaines plus tard, l'enfant a parfaitement appris que ses cris amènent ses parents à s'occuper de lui. Il va alors essayer de tester où et comment il peut les faire intervenir à sa demande. Il crie « pour voir ce qui se passe », pour tester la justesse de ses impressions concernant les suites de ses cris. Si les parents entrent dans son jeu, lui répondent en modulant leur comportement, l'enfant entrera, et avec bonheur, dans une nouvelle phase d'apprentissage et de relation. Il pourra, par exemple, chercher quels sont les comportements autres que les hurlements susceptibles de faire apparaître ses parents. Il entrera dans une phase encore plus active d'évolution et d'apprentissage. Si les parents ne

comprennent pas la raison des cris, s'ils s'affolent systématiquement ou, au contraire, manifestent un agacement trop agressif, l'enfant ne peut plus évoluer dans sa recherche. Il va avoir peur et ne pourra plus que continuer, sans but, des pleurs dont il a lui-même oublié la cause ou, au contraire, n'osera plus crier pour fuir des réactions parentales perçues comme trop désagréables pour lui. C'est aussi un apprentissage, mais beaucoup plus négatif et limité que celui du scénario précédent.

De la tendresse au désir

Si l'on réfléchit à chacun de ces exemples en termes de câblage neuronal, de construction cérébrale et de sélection des informations, il est évident que plus une expérience sera chaleureuse, agréable, vivante, « humaine » pourrait-on dire, plus l'enfant branchera dans son cerveau des données essentielles à la « qualité » de sa vie future. Dans cette optique, une éducation rigide, imposée de l'extérieur, ne peut être qu'un facteur limitant des apprentissages.

Qu'apprend un nouveau-né qui a faim, donc qui souffre et que l'on fait attendre parce que ce n'est pas l'heure ? Il n'apprend sûrement pas à faire disparaître la faim, ni à calmer sa souffrance. Il n'apprend pas que ses parents sont là pour sa sécurité et pour répondre à ses besoins. Il n'apprend pas non plus ce que c'est qu'un horaire. Il n'apprend que la peur, le manque, le désespoir. Faut-il vraiment imposer cela à un nouveau-né comme premier apprentissage relationnel ?

Une véritable éducation ne peut se faire qu'en interaction mutuelle, chaleureuse, entre enfants et parents. L'enfant teste ses parents, leur montre clairement où il en est de ses découvertes et de sa compréhension du monde extérieur. Ses parents réagissent, « parlent » les découvertes, les nomment, les décodent, renvoyant à l'enfant une nouvelle interprétation, un nouveau désir de réagir, de comprendre et d'évoluer.

> **Il est des temps pour la sécurité et d'autres pour la patience, des temps pour jouer et d'autres pour dormir ou pour découvrir l'univers, des temps pour communiquer et des temps pour se retrouver soi-même. C'est tout cela que les parents vont enseigner au bébé, calmement, progressivement, au rythme de ses acquisitions à lui. Et chaque fois l'enfant apaisé, sécurisé, aura envie d'aller plus loin.**

La mémoire du nouveau-né

Qui dit apprentissage dit mémoire. Tous les exemples du paragraphe ci-dessus sont éloquents. Si l'enfant ferme les yeux en apercevant la lumière colorée, c'est qu'il se souvient, même inconsciemment, peu importe, de la sensation de l'air sur ses yeux. Si le bébé se calme quand on le prend dans les bras, c'est qu'il se souvient que la succession logique des événements amène, sous peu, la satisfaction de la faim. Si l'enfant à peine plus grand peut tester la réaction de ses parents aux cris, c'est parce qu'il a, en mémoire, le comportement habituel de son entourage quand il crie.

La mémoire du tout-petit, comme celle de l'adulte, est une réalité d'expérience. Il n'y a pas de potentiel évoqué de la mémoire permettant de l'enregistrer. La pensée, l'imagination et la mémoire sont des fonctions cérébrales impossibles à mesurer.

Toutefois, des équipes de recherche ont pu montrer que les enfants sont capables de se souvenir, dès les premières semaines de vie, et que la vitesse d'acquisition est directement liée, une fois encore, à l'intensité « utilitaire » ou émotionnelle provoquée par la stimulation à mémoriser. De nombreuses études en neuropsychologie ont permis de déterminer les principales caractéristiques de la mémoire des tout-petits.

La mémoire existe dès la naissance

Les nouveau-nés enregistrent des données de leurs premières minutes de vie aérienne. Avant, il est très probable que cela existe aussi, mais aucune expérience n'a pu le démontrer. Les suppositions sur la mémoire du fœtus sont uniquement liées à des éléments empiriques d'observation.

La mémoire des nouveau-nés est directement sélective

Ils mémorisent ce qui va être immédiatement utile pour leur survie, ce qui peut leur apporter une satisfaction intense ou, au contraire, leur éviter un fort désagrément. Là encore, les bébés réagissent selon les deux grands types de réponse, en approche ou évitement. Si le bébé a une « raison » de se souvenir, lorsqu'un événement entraîne la satisfaction d'un besoin fondamental, il se le rappelle parfaitement et retrouve instantanément la réponse appropriée. Par exemple, un nouveau-né qui a pu téter dès sa naissance, découvrant le lien avec sa mère et la satisfaction de sa première faim, avant toute angoisse de solitude ou d'hypoglycémie, se rappelle parfaitement comment téter, et retrouve sans délai les différents mouvements indispensables pour réaccéder à ce « premier bonheur ». Il l'a vécu une fois, il a compris combien c'était important pour lui, il s'en souvient et s'en souviendra pour les jours à venir. Par contre, il ne gardera aucune mémoire à long terme de ce qui ne lui est d'aucune utilité, le décor de la salle d'accouchement ou le visage de la sage-femme par exemple.

Les souvenirs des nourrissons sont durables

Des études ont montré qu'un nouveau-né de 45 heures peut se souvenir d'une réponse conditionnée, 10 heures plus tard. Qu'un nourrisson de 20 jours se souvient d'une stimulation 10 jours après. Qu'un bébé de 11 semaines peut reconnaître un signal et y répondre de façon adaptée, un mois après la stimulation initiale.

La mémoire est globale

Le souvenir sera d'autant plus précis et la réponse appropriée d'autant plus rapide que le contexte dans lequel il est requis ressemble plus à celui de l'expérience initiale. Par exemple, l'enfant peut associer le mouvement d'être pris dans les bras et la satisfaction de sa faim, d'autant mieux qu'il reconnaîtra d'autres éléments de sa mère : son odeur, sa voix, son visage. Si une autre personne le prend dans ses bras ou si sa mère se parfume violemment, par exemple, il se calme moins vite que dans la situation classique – bien connue de lui et dont il se souvient – de la « globalité » de la relation avec sa mère au cours de la tétée.

La mémoire est d'autant plus intense que la stimulation est répétée

Une expérience vécue une seule fois par un bébé a peu de chance d'être enregistrée. Une stimulation qui se répète régulièrement va, au contraire, devenir, à chaque stimulation, plus précise et le bébé pourra adapter progressivement son comportement. Il se souvient des expériences antérieures, il modifie son comportement pour répondre plus efficacement à la demande de son environnement. Tout ceci modifiera progressivement le souvenir initial. C'est l'une des bases de l'évolution.

L'habituation

S'habituer est la dernière condition absolue de l'apprentissage. Cela permet de sélectionner les informations, de choisir presque inconsciemment celles qui sont importantes, d'éliminer les stimulations parasites ou déjà engrangées.

Par exemple, si vous habitez au-dessus d'un carrefour bruyant, les premiers jours vont être insupportables. Chaque voiture qui passe, chaque coup de klaxon, chaque ronflement de camion va attirer votre attention et vous empêcher de vous concentrer sur une autre activité. Au bout de quelques semaines, l'appartement vous paraîtra presque silencieux et les différents bruits de l'extérieur ne suffiront plus à vous distraire de votre lecture. Vous vous serez habitués.

Le bébé va vivre exactement les mêmes étapes de découverte et d'habituation. Les premières tétées, par exemple, vont nécessiter toute son énergie. Il ferme les yeux, se concentre pour trouver le mamelon, tète avec application, en un effort immense de bien réussir à se nourrir. Et cet effort est tellement grand, la satisfaction de son impérieux besoin de faim tellement apaisante que, souvent, il s'endort au milieu, ne pouvant fixer plus longtemps son attention. Au bout de quelques semaines, la tétée n'a plus rien de commun. L'enfant cherche volontairement le mamelon sans angoisse, tète sans effort et choisit justement ce moment où il n'a plus besoin de faire attention pour entrer en contact avec sa mère. Il a l'esprit libre. Il peut la caresser avec ses mains, la provoquer en lâchant ou reprenant le sein, écouter ce qu'elle lui dit, esquisser, tout en mangeant, quelques sourires ou divers gazouillis. Il est habitué à se nourrir.

Le bébé est capable d'habituation dès sa naissance

Les équipes de recherche en neuropsychologie du comportement ont démontré que le bébé est capable d'habituation dès sa naissance. Si on le soumet à des stimulations répétées, entraînant de sa part un comportement réactionnel, on peut affirmer que, passé la première phase de perception, sa réaction « d'habitude » va modifier son comportement. Par exemple, on fait entendre un bruit un peu violent à un nouveau-né en train de téter. Les premières fois, il va s'arrêter de sucer et tourner la tête. Si la stimulation est répétée un certain nombre de fois, le comportement de l'enfant ne va montrer qu'une pause très brève, voire, à la longue, une véritable indifférence au bruit. Il s'est habitué et ne se dérange plus pour si peu...

Ce facteur d'habituation est un élément fondamental des apprentissages. Savoir sélectionner les informations, filtrer celles qui sont essentielles à sa survie, puis à son plaisir, est une des grandes compétences de nos bébés.

Il me semble que la description de ces processus de connaissances et d'apprentissage, avec leur évolution dans le temps et l'amélioration progressive des performances de l'enfant, en réaction à la qualité des réponses de son environnement, est la meilleure façon de penser, d'aborder les notions de puériculture. **Les relations vraies n'ont pas de mode d'emploi.** Trop de livres se sont contentés de recettes sommaires sur les horaires et les rations. Le respect de chaque enfant, de votre enfant, ne passe pas derrière des banalités, des généralités décrites pour tous.

Élever un bébé, c'est bien plus complexe et bien plus simple que toutes ces directives. Apprendre à écouter et à regarder un petit d'homme qui s'organise à la vie, admirer ses compétences, assurer ses besoins, l'aider à définir les limites et les composantes de sa relation avec son entourage, définir les siennes propres en tant que parents, ne pas le laisser envahir tout l'espace familial, mais l'aider à trouver sa place au sein de la famille, lui donner envie de grandir et d'évoluer, c'est tout cela l'aimer. C'est tout cela l'élever.

Le but, le seul but de tout cela, c'est d'**amener à l'équilibre** l'homme ou la femme de demain.

> **Ce n'est pas parce qu'il est compétent qu'il faut rêver l'enfant comme superdoué, superperformant.**

Vu la multiplicité des acquisitions qu'il a à faire pendant des années, toute stimulation excessive sur un point précis nuira à l'équilibre des autres. Et toute performance acquise sans amour n'est jamais que du dressage d'animal savant. À quoi servirait de savoir lire à 18 mois à un enfant qui ne sait plus s'endormir ? À quoi servirait de savoir parler à 8 mois, si l'enfant ne sait plus ce que c'est que d'avoir faim ou soif, ne contrôle plus son propre corps ?

L'enfant peut trouver spontanément son équilibre, ses équilibres de vie, si l'entourage, attentif et aimant lui en donne la possibilité. Dans son **implacable obstination à connaître**, l'enfant ne sélectionne pas les activités selon les mêmes paramètres que les adultes qui ont pour lui une ambition plus ou moins perverse. L'enfant, lui, cherche à vivre bien, à vivre en équilibre avec lui-même et avec son environnement.

Chapitre 7

L'ACQUISITION DES GRANDS ÉQUILIBRES

L'enfant n'a pas tous les droits, mais il n'a que des droits. Les parents n'ont sur sa personne aucun droit, ils n'ont que des devoirs.

F. Dolto, *La Cause des enfants*

J'aurais envie de commencer ce chapitre en disant : « N'y touchez pas ; laissez faire votre bébé et il va se débrouiller tout seul, beaucoup mieux que si vous vous en mêlez, vous adultes qui avez tout oublié de votre enfance, vous soignants qui ne savez rien de cet enfant-là et presque rien de ses parents. »

Bien sûr, ce n'est pas tout à fait vrai. L'enfant dans tout son développement a besoin d'être soutenu, encouragé, orienté, guidé. Le vrai problème est de trouver le juste milieu, le juste langage, entre la sécurité apportée par l'entourage, indispensable à son évolution, et la liberté de le laisser trouver lui-même ses propres équilibres. C'est aussi de trouver le juste moment où l'enfant peut et veut évoluer.

L'éducation traditionnelle rigide est trop souvent un facteur de déformations et de déséquilibre, car l'enfant n'a que peu d'espace pour exprimer sa réalité. Les éducations libérales dérapent trop souvent sur un envahissement de toute la famille par un enfant-tyran. L'enfant, non encadré et sans limites, n'a pas su, pas pu trouver une communication vraie avec ses parents qui, dans leur désir de bien faire, s'étaient effacés devant lui, lui ôtant du même coup tout espace de dialogue.

Si l'on pense en termes d'enfant, de besoins fondamentaux, compétences, santé, insertion sociale et avenir propres, quelles sont les grandes étapes de développement qu'il aura à franchir ? Dominer les grandes réactions de son corps, apprendre l'autonomie et apprendre à communiquer avec les autres humains. L'équilibre de tous ces paramètres est le gage de la qualité de vie qu'il se construira. Ne peut-on concevoir la puériculture en ces termes et non pas selon les dates « idéales » de la marche, du premier sourire ou de la parole ?

L'appétit et la satiété, l'équilibre alimentaire

Savoir se nourrir, équilibrer au jour le jour la quantité ingérée en fonction des besoins, besoins de croissance et besoins liés à l'environnement, faire des prises alimentaires un moment de plaisir et de relation intense, c'est tout cela s'alimenter.

Le nouveau-né a la compétence de se nourrir, mais son immaturité le rend dépendant, totalement dépendant des adultes nourriciers. Entre eux vont s'établir des interactions complexes où vont s'entremêler, violemment et inconsciemment, des niveaux de relation et de demandes fort différents. L'envie de manger ou de nourrir, l'envie de tendresse, l'envie de reconnaissance extérieure du « bon-parent », l'envie d'être tout pour l'enfant et en même temps de ne pas se laisser envahir, l'idée plus ou moins consciente que c'est plus simple de traduire tous les pleurs d'un tout-petit en termes de faim.

Il y a tellement de lieux d'intrication, le comportement des parents est régi par de tels fantasmes archaïques venus du fin fond de leur enfance et de leur première alimentation, qu'il n'est en aucun cas possible de se faire une idée neutre, objective, sur les moyens de nourrir son propre bébé. Tout au plus est-il possible de comprendre un peu les mécanismes profonds qui conditionnent le comportement des parents, et surtout la régulation spontanée des nouveau-nés.

Les besoins nutritionnels d'un nouveau-né évoluent

Ils évoluent d'un jour à l'autre, d'un bébé à l'autre, d'une tétée à l'autre. Il est rigoureusement impossible, en termes de physiologie, de décrire une ration alimentaire standard, applicable à tous les nouveau-nés. Ce qui a pu être dit il y a une cinquantaine d'années sur les rations à donner est une aberration sans aucun fondement scientifique.

Est-il raisonnable de donner à tous les bébés de trois jours six fois 30 g de lait quand un enfant pèse 2 700 g et l'autre 4 100 ? Est-il plausible que le bébé qui naît le 27 décembre, en pleine chute de neige et verglas, ait les mêmes besoins énergétiques que celui qui est né le 12 juillet, en pleine chaleur ? Est-il imaginable que l'enfant né avec un poids très faible, n'ayant pu constituer la moindre réserve alimentaire, soit parce qu'il est né prématurément, soit parce que son placenta fonctionnait mal les derniers jours, ait la même demande que le bébé dodu, repu, parfaitement prêt à naître ? Est-il pensable que le bébé qui peut se nourrir librement chaque fois qu'il en a envie, se soumette à des horaires et des rations proches de celles imaginées au milieu du siècle par des pédiatres qui ne connaissaient que le lait de vache et les enfants gravement malades ?

Je me demande combien de générations seront nécessaires pour éliminer des mentalités ces chiffres clés de la (fausse) diététique infantile qui sont appliqués encore de façon rigide dans près de la moitié des maternités de France, et que vous retrouvez sur les biberons, les boîtes de lait et tous les manuels de puériculture qui traînent dans les pharmacies ou les salles d'attente. S'ils peuvent avoir une vague signification d'orientation pour les bébés de plus de trois mois qui sauront exprimer leurs besoins, ils sont aberrants et dangereux pour le nouveau-né. Le tout-petit a la compétence de se nourrir, et on le somme d'obéir, de subir, au mépris de son équilibre profond, une ration qu'il ne choisit pas. Lui seul pourtant sent l'évolution de ses besoins.

Les besoins des premiers jours, des premières semaines, sont d'abord fonction des besoins en eau

Plus l'enfant risque de perdre de l'eau, plus il a besoin de compenser, et plus il va chercher à téter. Il perd de l'eau, nous l'avons vu, du fait de l'immaturité de sa peau, de ses reins, de son tube digestif. Il en perd aussi du fait de la chaleur excessive. Il en perd encore d'autant plus que son alimentation ne lui apporte pas les éléments osmotiques qui permettent de retenir l'eau dans l'organisme et, à ce niveau, les bébés nourris au biberon sont désavantagés par rapport à leurs collègues qui reçoivent le colostrum de leur mère. On en arrive au paradoxe que les bébés nourris au biberon devraient bénéficier d'une alimentation beaucoup plus libre que ceux allaités par leur mère. Merveille d'ironie, ne peut-on supprimer les graduations des biberons, pour mieux ignorer les volumes pris, et graduer les seins ?

Les besoins alimentaires des bébés sont fonction des dépenses énergétiques

Tout comme ceux des adultes. Un nouveau-né qui pleure, remue, s'agite, aura plus faim que celui qui dort toute la journée sans aucune activité musculaire. De même, celui qui a froid, qui lutte pour se réchauffer, enfournant dans sa chaudière interne (voir page 59) toutes ses réserves de graisse, aura besoin d'une plus grande ration, pour compenser cette consommation calorique, que celui qui est à l'abri de toute sensation de fraîcheur. Enfin, un nouveau-né qui a un travail musculaire exceptionnel à fournir, par exemple celui qui peine un peu à établir son rythme respiratoire et lutte pour équilibrer son apport en oxygène consommera très vite une grande part de ses réserves énergétiques qu'il aura ensuite envie de compenser en tétant abondamment.

Les besoins sont différents selon l'état nutritionnel de l'enfant à la naissance

Les bébés maigres luttent moins bien contre le froid, donc consomment plus d'énergie et, en plus, envisagent de rattraper le poids de leurs copains du même âge. Ils ont donc souvent fort bon appétit (en pourcentage de ration alimentaire par rapport à leur poids). À l'inverse, les très gros bébés de plus de quatre kilos à la naissance, très bien nourris pendant la vie fœtale, ont une activité insulinique pancréatique intense. Leur corps est déjà habitué à fonctionner à un haut niveau d'apport et d'utilisation du glucose. Leurs besoins sont importants, et ils perdent plus facilement du poids que les autres. Si la ration est insuffisante, comme la sécrétion d'insuline est forte, ils risquent de se mettre en hypoglycémie. Là encore, ils peuvent adapter leurs besoins si on leur propose une alimentation fréquente et libre.

Les besoins alimentaires des tout-petits sont fonction des aliments qui leur sont proposés

Fonction du goût d'abord : les bébés refusent une part de leur alimentation si elle est amère ou salée ; par contre, ils ont tendance à augmenter leur ration si l'apport de sucre est majoré. Par ailleurs, il existe un merveilleux mécanisme de régulation centrale qui permet à l'enfant de multiplier ses prises alimentaires, jusqu'à ce qu'il trouve l'élément dont il a besoin. Par exemple, un enfant qui a utilisé pour se réchauffer une large réserve de son tissu adipeux brun, recherchera des graisses dans son alimentation. Si on lui présente de l'eau sucrée, il redemandera à se nourrir tous les quarts d'heure ; s'il reçoit un lait riche en graisse, il se calmera pour de longues heures.

Les besoins alimentaires sont aussi fonction du rythme des repas

L'expérimentation chez le jeune animal nous apprend que la limitation à quelques repas au lieu de laisser un libre accès à la nourriture est un facteur de surcharge pondérale. Un petit rat que l'on nourrit en limitant ses apports à quelques repas bien séparés dans la journée grossit plus que celui qui mange à volonté. C'est paradoxal, mais c'est comme ça. Il grossit trop vite pour des raisons que l'on pourrait qualifier de psychologiques : il a peur de manquer et augmente largement ses rations pour s'assurer d'un apport suffisant. Ce faisant, il modifie son métabolisme, et cela entraîne des réactions biochimiques qui augmentent la prise de poids : les très grosses rations alimentaires entraînent une forte sécrétion d'insuline. Sous l'effet de l'hyperinsulinisme, l'organisme transforme en graisses les hydrates de carbone apportés par l'alimentation, graisses qui se déposent dans les tissus. Le taux de glucose sanguin baisse et l'individu a de nouveau faim. Si l'on veut maigrir, il est bien établi qu'il vaut mieux manger souvent, très régulièrement et en petites quantités, pour éviter toute sensation de faim et toute sécrétion inappropriée d'insuline.

Les bébés nourris réellement à la demande par une mère très paisible ne font pas de surcharge pondérale à long terme. Ils sont peut-être plus dodus pendant les premiers mois que leurs collègues rationnés, parce qu'ils ont bien compensé leur perte en eau, puis bien constitué leur manteau graisseux sous-cutané. Au-delà de trois mois, ils freinent spontanément le rythme de leur apport alimentaire et sont réellement minces. Les enfants nourris à la demande régulent parfaitement leur poids avant la fin de la première année.

Les besoins alimentaires sont fonction du rythme de sommeil

Plus un bébé dort calmement, bien au chaud, mais pas trop, pour ne pas perdre d'eau, moins il aura faim. Il y a de grandes variations individuelles, des bébés gros dormeurs à petit appétit, des gros mangeurs/gros dormeurs, des affamés toujours éveillés... Seul chaque enfant pourra définir ses besoins alimentaires en fonction de son besoin de sommeil.

Les besoins alimentaires sont aussi fonction du nombre de selles

Il existe des différences évidentes de nombre et de volume des selles selon l'âge de l'enfant, donc sa maturité digestive, mais aussi selon des facteurs peut-être génétiques mal connus. Il y a, sans aucune pathologie sous-jacente, des familles où tous les enfants ont des selles normales, mais rares, une ou deux fois par semaine, et d'autres où tous les enfants ont plusieurs selles par jour pendant plusieurs années.

Là encore, la pédiatrie classique a faussé les réflexes fondamentaux des mères. L'équilibre des selles d'un tout-petit dépend de lui et de lui seul. Les diarrhées pathologiques sont beaucoup plus rares qu'on ne le croit. Les constipations authentiques sont exceptionnelles, je n'en ai vu pour ma part qu'une seule en vingt ans ! Vouloir obtenir à tout prix une selle par jour, si possible à heure fixe, et sans crainte d'utiliser à cet effet un suppositoire laxatif ou un thermomètre est une aberration aussi grave que de vouloir nourrir tous les bébés aux mêmes heures et avec les mêmes rations.

Un câblage cérébral, mais le bon

L'important à comprendre dans cette histoire de fréquence des selles, c'est que, pendant les premiers mois, le nouveau-né construit son cerveau. **Si ses parents ou son entourage lui imposent une selle par jour par des moyens artificiels, l'enfant va câbler dans ses neurones cérébraux qu'une selle survient après une stimulation de son anus par quelque chose qui vient « du dehors ».** Il en oublie du coup de câbler les sensations « internes », celles fournies par la distension de son rectum quand il est réellement plein de selles. Il ne connaît pas, ne connaît plus ce mécanisme essentiel du fonctionnement de son tube digestif et devient incapable de selles normales, régulières, sans aide extérieure. On a ainsi fabriqué de toutes pièces un constipé chronique, définitif, puisque le câblage cérébral de sa fonction d'élimination est faussé. Lorsqu'un bébé est vraiment constipé et qu'il en souffre, le plus simple est d'augmenter sa ration en eau. Il faut proscrire absolument tout autre moyen. Proscrire aussi les eaux minérales soit disant laxatives souvent préconisées. Leur teneur en sels est massive, 16 fois plus que dans l'eau de source classique et cette surcharge en sels peut entraîner chez le très jeune enfant des déshydratations dangereuses.

La fréquence des selles, la qualité d'alimentation que reçoit l'enfant et la maturation progressive de son tube digestif sont liées

Un bébé allaité par sa mère peut avoir six à huit selles par jour pendant les deux ou trois premières semaines, parce qu'il boit beaucoup pour compenser sa perte d'eau et que son tube digestif immature n'absorbe encore qu'une faible part de sa ration. Au bout d'un mois ou un mois et demi, ce même bébé peut n'avoir qu'une selle par semaine... voire deux par mois. Ce n'est absolument pas pathologique. Simplement, son tube digestif plus mature absorbe tout le lait, il n'y a aucun résidu dans l'intestin et donc les selles sont très rares. Un peu plus tard, la diversification de l'alimentation apportera des légumes et de la viande, donc des fibres qui laisseront des résidus dans l'intestin et, à ce moment-là et, de façon très naturelle, les selles redeviendront plus fréquentes.

Il y a là tout un processus de régulation spontanée qu'il ne faut détruire en aucun cas par des interventions ou des angoisses inappropriées. Le nombre de selles dépend de l'enfant et de lui seul. La pathologie vraie est exceptionnelle et, en plus, facile à reconnaître. Laissons donc nos petits trouver leur équilibre sans se soucier pour eux de problèmes qui n'existent pas.

Les besoins alimentaires évoluent aussi en fonction de la vitesse de croissance

Ils sont donc très importants, surtout les trois premiers mois de vie où la ration ingérée par rapport au poids total est très grande. Ensuite, lorsque les nourrissons grossissent et grandissent moins vite, ils diminuent d'eux-mêmes leur ration. C'est un phénomène constant ou presque qui inquiète souvent les parents, étonnés de voir que, entre quatre et sept mois, la ration n'évolue guère, étonnés encore plus de la petite quantité d'aliments mangés naturellement, et sans aucun retard de croissance, pendant la deuxième année. Tous les pédiatres ont, chaque semaine, des consultations pour des enfants « qui ne mangent rien » et qui sont au premier coup d'œil des bambins magnifiques et dodus. Tout simplement, ils mangent moins que ce que les parents présentent dans leur assiette. Ils savent ce dont ils ont besoin et savent s'arrêter lorsqu'ils sont nourris.

L'appétit est régulé par le cerveau

Il existe un central de commande, situé au niveau de l'hypothalamus, qui permet de régler les comportements de faim et de satiété. L'hypothalamus latéral commande la faim, l'hypothalamus médian ou central l'inhibe, donc induit la satiété. Ils jouent un rôle dans les comportements quotidiens habituels de faim et de satiété, mais aussi règlent à long terme le poids d'un individu. Ils agissent en véritable « pondérostat », empêchant ensuite chez l'adulte les modifications importantes du poids.

Là encore, les neuromédiateurs chimiques cérébraux jouent un rôle essentiel. Il existe toute une très fine interaction entre différentes substances activatrices ou inhibitrices des comportements de faim : les bétaendorphines, les neuropeptides, les monoamines. Tout ce système complexe se met probablement en place au moment de la naissance, et la régulation des différents paramètres s'affine pendant les premières années. Si un enfant est nourri tout à fait à la demande, il va mettre en place, seul, la régulation de son équilibre alimentaire. Si, au contraire, il est gavé ou privé de nourriture, il va se créer un autre équilibre, moins naturel, mais conditionné par son environnement. L'hypothalamus d'un bébé trop nourri va intégrer comme normal le trop nourri et en prendre l'habitude. Il va régler la commande sur cette alimentation. L'enfant et le futur adulte auront toujours faim, connaîtront mal la satiété, seront donc de gros mangeurs, plus exposés à une obésité secondaire que les enfants laissés en alimentation libre. La commande hypothalamique est profonde, inconsciente, involontaire, et il sera très difficile de la modifier. Ceci explique l'échec habituel des régimes ou des décisions volontaires rationnelles sur les comportements profonds. Dans ce domaine des apprentissages, mieux vaut réussir d'emblée les meilleurs réglages, les câblages les plus utiles.

> **Il est logique de penser que moins on intervient sur les sensations de faim et de satiété d'un tout-petit, plus vite et mieux il trouvera lui-même son équilibre. Donnons lui en la possibilité.**

Le corps de la mère, en allaitement maternel, permet au nouveau-né de découvrir la satiété

Dans les merveilleuses régulations et interactions « mère-enfant » de la naissance, c'est le lait maternel qui permet au bébé de découvrir la sensation de plénitude. Tous les bébés découvrent la faim dès le premier jour. La satiété est une sensation beaucoup plus difficile à découvrir, plus fragile aussi, car toute intervention extérieure, forçant un petit à plus manger ou à moins manger, va fausser sa perception de son corps.

Spontanément, la nature a donné aux nouveau-nés un moyen de sentir quand ils sont rassasiés. C'est un mécanisme biochimique bien classique, même en diététique d'adulte, mais créé spontanément par le corps de la mère. Essayons de le décrire en détail.

Lorsqu'un cuisinier, dans un restaurant, veut limiter la quantité de ce que vous allez manger pour faire des économies sur les rations sans que vous vous en aperceviez, il présente au début du repas un plat riche en graisse : pâté, salade très arrosée d'huile, charcuteries très variées, etc. Sans le savoir, vous aurez tout de suite beaucoup moins faim et ne mangerez que des quantités limitées des plats qui suivront. Au contraire, si vous commencez le repas par des légumes ou des fruits frais, vous aurez encore très faim quand arriveront le plat de viande, puis les fromages. Les lipides sont des « coupe-faim ».

Le lait humain a une composition qui évolue du début à la fin de la tétée

Au début le lait est presque uniquement composé d'eau, de sucre et de protéines. Le bébé apaise d'abord sa soif, compense ses pertes d'eau et reçoit les nutriments de la construction cellulaire. Puis, au fur et à mesure de la tétée, se concentrent les graisses, d'autant plus abondantes que la tétée dure plus longtemps. 4 % en début de tétée, 12 % à la fin du flux de lait. Cet apport massif de lipides en fin de repas permet au tout-petit de se sentir enfin rassasié et donc d'arrêter de téter.

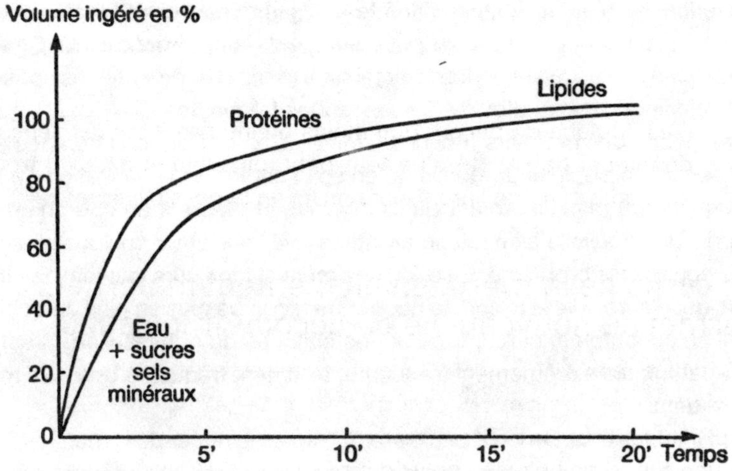

Évolution de la composition du lait au cours de la tétée

Seul le lait humain permet cette régulation, et c'est pourquoi les rations ingérées par les bébés se régleront plus vite. Réglées en quantité, mais aussi en qualité. Un bébé qui a surtout soif tétera fort, mais pas très longtemps, pour avoir de l'eau sucrée. Un bébé qui a besoin de graisses pour sa lutte contre le froid tétera très longtemps, pour obtenir une bonne ration lipidique. Un bébé qui n'a aucun problème particulier tétera un temps moyen, pour acquérir la ration protidique indispensable à une croissance équilibrée. Et cela pourra se modifier, se régler d'une tétée à l'autre, d'un jour à l'autre, avec une adaptation très fine aux besoins de l'enfant. Bien sûr, cela n'est vrai qu'au bout de quelques semaines, pas le lendemain de la naissance. Le bébé cherche des repères, teste ses propres réactions, les mémorise, se conditionne progressivement à l'équilibre (ou au déséquilibre !).

Par contre, les enfants nourris au biberon tètent un lait qui a exactement la même composition du début à la fin de leur repas

Ils n'arrivent pas toujours à ressentir la satiété et sont amenés à des rations excessives par le simple fait qu'ils ne savent pas quand et comment s'arrêter. Ce phénomène a été accentué avec les laits diététiques du premier âge moins rassasiants que les laits de vache non transformés.

Les coliques du nouveau-né

Les trois premiers mois, presque tous les enfants ont mal au ventre et souffrent de fermentations. Plusieurs facteurs expliquent cet inconfort :

l'absence de résidus fibreux dans le lait, l'immaturité enzymatique de la digestion et, surtout, le très gros pourcentage de lactose dans le lait. Ce sucre a la propriété d'accélérer le transit intestinal (donc d'augmenter les spasmes) et d'acidifier l'intestin, d'où les fesses rouges fréquentes.

Les bébés des premiers mois sont incapables de faire la différence entre une sensation de douleur, quelle qu'en soit l'origine, et la sensation de faim. Dès qu'ils ont mal, ils croient qu'ils ont faim et pleurent en cherchant à se nourrir. Une nouvelle alimentation « inutile » va les calmer quelques instants, mais aggraver le problème. En effet, une mère est toujours inquiète devant un bébé qui pleure. Elle le prend, le nourrit, de façon de plus en plus anarchique. Ainsi se constitue le cercle vicieux des coliques du nouveau-né. C'est une mini-pathologie extrêmement fréquente, tellement fréquente que cela mérite d'être détaillé.

Les troubles commencent peu de temps après le retour de la maternité, vers le dixième jour de vie. Après les repas, l'enfant qui s'était endormi se réveille brutalement en pleurant et en se tortillant. Il semble avoir mal, avoir faim, hurle très fort et mord ses poings pour téter. Si, à ce moment-là, on lui propose un petit supplément d'alimentation, il se calme, ce qui fait croire à la mère qu'il avait réellement faim. Mais l'accalmie est de courte durée et les pleurs se renouvellent quelques minutes plus tard. Les signes sont majorés en fin de journée. Les petits nourrissons sont alors sujets à des crises de larmes inconsolables, durant parfois plusieurs heures et, même en restant au sein sans arrêt, l'apaisement n'est que relatif. Les selles sont souvent considérées comme diarrhéiques alors que ce ne sont que les selles molles fréquentes, banales des tout-petits. Le ventre est souvent gonflé, plein d'air. Le bébé pleure, semble souffrir, les parents affolés le nourrissent à contretemps, et le cercle vicieux est en piste... Résister fermement au désir de proposer à nouveau à manger et rester calme en berçant l'enfant pour l'aider à passer cette période difficile est le seul moyen de l'aider.

Il y a ainsi tout un équilibre à trouver dans les premières semaines, entre les vrais besoins alimentaires des petits et les pleurs exprimant d'autres besoins : besoin d'être câliné, d'être changé de position, d'être lavé, d'être consolé, d'être bercé... Si, devant tous les pleurs, les parents répondent nourriture, les bébés, là encore, n'arrivent plus au bout de quelque temps à faire la part de ce qui est besoin de nourriture et de ce qui est un autre désir, une autre sensation... et donc ne pourront découvrir la satiété.

Son appétit est lié à la régulation relationnelle avec ses parents

En effet, pour découvrir leur équilibre alimentaire, les nouveau-nés doivent se découvrir une régulation relationnelle avec leurs parents. Pour nourrir un tout-petit, il faut de la tendresse, si possible très peu d'angoisse, beaucoup de patience et un brin de fermeté. Et ce n'est pas évident. Les chahuts de la naissance rendent souvent les mères plus vulnérables. Elles y gagnent en écoute de leur bébé, mais risquent d'être angoissées, fatiguées, épuisées à la moindre difficulté. Le bébé ne comprend pas la source de cette angoisse, pleure, ce qui affole encore plus la mère qui croit ne plus savoir comment s'en occuper.

En réalité, nourrir un tout-petit est très simple si l'on sait éviter quelques pièges. Je vais essayer de les décrire.

Premier piège : nourrir n'est pas consoler

Du nouveau-né que l'on met au sein chaque fois qu'il pleure à l'enfant à qui l'on tend un bonbon parce qu'il s'est écorché le genou, il existe toute une gamme de « déviations » de l'acte de nourrir. Ce sont des gestes tendres tellement courants, banals, que plus personne n'analyse ce que cela signifie profondément. Est-il vraiment logique de laisser un tout-petit câbler dans son cerveau, dans ses fantasmes, que toute difficulté peut se régler par un « petit quelque chose à manger » ? Que, chaque fois qu'il est triste, la solution de son problème viendra de l'extérieur, ses parents, les gens qui l'aiment lui offrant une « petite compensation » à sa douleur ou à son chagrin ? Combien d'adultes de nos générations vivent leurs difficultés sur ce mode régressif, se précipitant sur des gâteaux, du saucisson ou une cigarette à la moindre angoisse... Donner à nos enfants un équilibre personnel vrai ne peut se concevoir dans ce cadre. Il me paraît plus essentiel de leur apprendre à trouver une sécurité, une réassurance en eux-mêmes, pour leur donner les moyens de devenir un jour autonomes.

Deuxième piège : nourrir n'est pas preuve d'amour

Pour de nombreuses jeunes mères, il existe une confusion entre leur rôle nourricier et le rôle parental maternel. Une bonne mère serait celle qui nourrit bien, celle qui nourrit beaucoup, celle dont l'enfant ne laisse aucun fond dans son biberon, puis dans son assiette, celle que l'on félicite d'avoir un enfant idéal. C'est vrai que cela a quelque chose de rassurant, mais c'est une situation à risque puisque la quantité d'aliments proposée a été choisie par la mère et non par l'enfant.

Aimer, c'est reconnaître la liberté de l'enfant, ses besoins, mais c'est donc parfois lui interdire de manger parce que ce n'est pas ce dont il a vraiment besoin. Aimer, c'est aider l'enfant à reconnaître ses besoins réels et à les traduire, même s'il doit pleurer ou souffrir un peu. Si un nourrisson a mal au ventre, comme je l'ai décrit tout à l'heure, la patience tendre de la mère sera de le bercer, de le câliner pour l'apaiser, pas de le nourrir.

Troisième piège : nourrir n'est pas entrer en conflit

Se nourrir est l'un des grands plaisirs des vivants. Vouloir imposer par la force des conditions qui ne conviennent pas à l'enfant, c'est entrer dans un processus de négation de ses vrais besoins, donc l'empêcher de les découvrir par lui-même et de les réguler. Refuser un biberon de nuit à un nouveau-né qui n'a aucune réserve, lui imposer ensuite des horaires draconiens pour ses biberons, l'obliger à manger proprement sans salir la cuisine dès qu'il va diversifier son alimentation, ne pas le laisser goûter librement ce qui se trouve sur la table familiale, le jour où il en exprimera le désir, sont autant de sources de troubles ultérieurs. L'enfant va découvrir que les repas sont des épreuves de force et il va répondre à la violence qui lui est faite par sa violence à lui. Selon son tempérament, il s'opposera à toute alimentation, refusera de se nourrir chez ses parents en mangeant parfaitement chez sa gardienne, réclamera des gâteaux à longueur de journée, redemandera exclusivement des biberons de lait...

Je connais une famille où la violence entre l'enfant et sa mère (celle-ci soutenue fortement par sa propre mère qui disait qu'elle avait fait pareil...!) est telle qu'avant chaque repas l'enfant reçoit une énorme dose de sédatif. Quand il est visiblement groggy, les deux femmes le gavent de force. Aucun dialogue n'a pu les faire renoncer à cette pratique monstrueuse.

Rappelons-nous, toute attitude trop rigide de la première alimentation peut entraîner une réaction de l'enfant et c'est bien dommage, puisque là encore, dans toute cette bagarre, que devient l'équilibre spontané de faim et de satiété qu'il doit atteindre ?

Les parents sont responsables de cet équilibre

Dans la relation avec ses parents, avec les adultes chargés de le nourrir, l'enfant doit trouver un équilibre : l'équilibre physiologique de son corps, un équilibre dans l'échange. **L'enfant a la compétence de se nourrir, mais la sagesse du corps n'est pas infaillible.** Il a besoin d'être reconnu dans cette ambivalence. Tant qu'il n'est pas capable de traduire ses sensations, ses parents sont responsables de son équilibre. Plus leur intervention sera tendre, calme, sans angoisse et sans excès, plus vite l'enfant atteindra un équilibre d'appétit et un authentique plaisir de se nourrir.

En dernier ressort, et pour toute sa vie, l'acte de manger dépendra de lui, de lui seul. Plus il sera en paix avec lui-même sur cette sécurité fondamentale, et plus il sera apte à une relation chaude, vivante, ouverte avec tout son environnement. Cela en vaut la peine !

La motricité, l'équilibre corporel

Il y a peu de choses à dire sur ce chapitre. L'équilibre moteur d'un tout-petit ne pose le plus souvent aucun problème. Au fur et à mesure que le câblage neuronal se réalise dans son cerveau, l'enfant devient capable de performances de plus en plus sophistiquées, de plus en plus impressionnantes pour les parents. Il va s'asseoir, marcher à quatre pattes, se redresser, grimper partout, faire du vélo, empiler des cubes, enfiler des perles et dessiner, tout cela en moins de deux ans. Il va passer, en un temps très court, d'une motricité rare et désordonnée à des comportements parfaitement efficaces et coordonnés.

◇ Pour tout cela, il n'a guère besoin d'être stimulé. **L'envie de vivre et l'envie de connaître sont, à cet âge, presque synonymes.** Dès son éveil, un enfant part littéralement « en exploration » de l'univers qui l'environne et, jusqu'au moment de se rendormir, il n'a guère de répit. Il regarde, il touche, il écoute, il tripote, il appuie sur les boutons, il se promène, il goûte... et, en même temps, il n'a aucune conscience des dangers. Il a besoin de toute cette variété de découvertes et de sensations pour se constituer un univers riche et varié. Il ne saurait être question de limiter ses découvertes de façon unilatérale. C'est l'une des conditions de son envie de vivre.

> **Il a besoin de goûter et toucher son univers, et que cet univers s'élargisse au fur et à mesure qu'il grandit. Il a besoin d'un univers réel, celui dans lequel vivent ses parents, ses frères et sœurs, pas d'une cage dorée, remplie de jouets et de compagnons en peluche, mais fermée.**

L'équilibre moteur lui-même ne nécessite de la part des parents aucune surveillance, aucune précaution particulière. Au cours des consultations des premiers mois, le médecin vérifiera systématiquement que tout évolue bien, mais il n'est pas utile de lui en demander des comptes à chaque examen. L'enfant a la compétence de grandir et de se mouvoir, d'acquérir une autonomie motrice tout à fait équilibrée. La pathologie est exceptionnelle.

Il existe, à l'heure actuelle, un fantastique marché de jouets et activités dits « éducatifs » pour les tout-petits. Éducatif est un bien grand mot. Ce sont plutôt, à mon sens, des « palliatifs » pour des enfants des villes enfermés dans des appartements étroits sans grandes stimulations extérieures, où les contacts avec des animaux et d'autres humains sont dramatiquement limités. Si les contacts vivants sont multiples et sereins, quel est l'intérêt de jouets artificiels ? Mieux vaut apprendre la réalité de la vie « sur le terrain »... Mais, quand cela n'est pas possible, affiner des mouvements avec des jeux colorés, gais, toniques qui donnent envie de découvrir, pourquoi pas ? Parfois les jouets commerciaux classiques seront très aimés, mais toutes les mamans le savent, une pile de catalogues ou un sac de vieilles bobines font aussi merveille.

◇ Un problème pour les parents est de **reconnaître les potentialités d'évolution des bébés,** et cela aussi vite que l'enfant évolue. Nous sommes tous toujours en retard dans l'interprétation des possibilités des bébés. Cela ne les empêche pas d'évoluer, mais c'est une des sources de danger. Les accidents souvent très graves ne sont pas rares parce que l'enfant fait un geste dont ses parents ou l'entourage ne le croyaient pas encore capables. Je connais beaucoup de nourrissons de deux mois qui sont tombés d'une table à langer en se retournant pendant que les parents avaient le dos tourné pour prendre une couche ou un vêtement. Combien d'enfants ont avalé des médicaments car le flacon bien bouché était soi-disant impossible à ouvrir ? Combien ont avalé des produits toxiques, placés sous un évier, alors que leurs parents ne les avaient jamais vus se déplacer à quatre pattes pour circuler dans l'appartement ? Il y a un énorme travail de prévention à faire dans chaque maison, chaque famille, pour limiter les risques, et la seule façon d'être efficace, c'est de toujours imaginer l'enfant plus en avance que ce que l'on croit. Puisque l'enfant est capable d'anticiper par moments sur son « comportement moyen », le rôle préventif des parents ne peut être que d'anticiper sur les risques.

En même temps et, là encore, il y a un juste milieu à trouver, **anticiper ne doit pas aboutir à une limitation trop grande du champ d'exploration de l'enfant.** Éliminer tous les dangers évitables, les risques toxiques, électriques, les brûlures, les chutes etc., éloigner de sa portée les objets précieux qu'il ne doit pas toucher me paraît bien plus éducatif que de limiter son espace à un parc où il n'apprend rien, ou tout au moins pas longtemps. L'enfant a besoin de voir grandir, s'élargir, semaine après semaine, son univers et ses lieux de libre circulation, sans être sans cesse rappelé à l'ordre par des « non, ne touche pas » impérieux qu'il aura d'autant plus envie de transgresser qu'ils seront nombreux. Moins on refuse de mouvements à un enfant, plus un non catégorique a de la valeur pour lui, et plus il est prêt à l'accepter. À nous de créer l'espace sans danger et sans interdits excessifs où l'enfant découvrira le plaisir de vivre à travers le plaisir de se mouvoir et de découvrir.

L'équilibre du sommeil, la régulation jour-nuit

C'est l'une des questions clés de l'éducation actuelle. Les pédiatres sont tous d'accord. **Il y a chaque année de plus en plus de consultations pour troubles du sommeil.** De nombreux enfants appellent leurs parents toutes les nuits, souvent plusieurs fois par nuit, pendant des années. Je connais des parents « surhumains » qui, avec un nouvel enfant tous les trois ans, n'ont pas dormi une seule nuit complète depuis dix ans ! C'est infernal, personne ne s'y retrouve, ni les parents ni les enfants. L'ambiance familiale en souffre et affecte tout le monde, jour et nuit. Il me semble donc important de décrire ce qu'est le sommeil du tout-petit, comment l'aider à trouver son rythme spontané de sommeil et éviter d'entrer dans ce cycle infernal, tellement difficile à redresser quand il est constitué.

Le sommeil, tout autant que l'appétit, est l'un des grands équilibres de la vie

Savoir s'endormir quand on est fatigué, dormir aussi longtemps que l'organisme en a besoin pour reconstituer ses « réserves », et s'éveiller frais et dispos pour repartir dans une journée nouvelle, des activités nouvelles, est la base de tous les autres équilibres. Le sommeil a une raison d'être, il est d'une extrême importance pour la croissance d'un enfant et pour sa construction cérébrale. Il n'y a aucune exception à cette loi physiologique.

La consommation des hypnotiques en France

Notre société l'a oublié, où les enfants dorment mal, les parents avalent trop souvent des médicaments pour dormir eux-mêmes et sont encore plus souvent tentés d'en faire prendre à leurs enfants pour avoir la paix ! En France, la consommation des hypnotiques et des sédatifs est passée de 95 millions d'unités en 1969 à… 265 millions en 1980 ! Ces chiffres parlent d'eux-mêmes, sans commentaires ! Et les enfants là-dedans ne sont pas les derniers servis. Les résultats d'une enquête INSERM, effectuée en 1978 sur mille enfants du XIVe arrondissement de Paris, étaient déjà, à cet égard, absolument effarants : 70 % des enfants ont déjà avalé des sédatifs ou des somnifères à trois mois, 16 % en prennent régulièrement tous les jours à l'âge de neuf mois, et les médecins participent à cette incroyable intoxication collective, puisque huit fois sur dix il y a eu prescription médicale. Quand on réfléchit en termes d'équilibre naturel et de construction cérébrale, il y a de quoi trembler.

On pourrait d'abord se poser la question, **pourquoi une telle fréquence de troubles du sommeil dans notre civilisation?** Les publications sur ce sujet sont partielles, mais les arguments invoqués sont toujours les mêmes. La vie trépidante, les transports, la fatigue, les rythmes cassés de toute la famille par une vie bousculée, harassante, les parents épuisés, énervés, insomniaques... Tout cela est vrai et guère évitable mais, à mon avis, cela n'explique pas tout. Il me semble que l'on peut rajouter deux éléments.

• **Les parents, pour des raisons archaïques venues du fin fond de leur enfance, n'osent pas souvent intervenir.** La nuit, c'est le noir, la disparition, le symbole de toutes les grandes peurs primitives. Dans l'histoire de l'humanité, le sommeil partagé, serré les uns contre les autres, a sûrement été le seul moyen de résister à la peur, au froid, à la solitude. L'invention du berceau a quelques siècles, celle de la chambre individuelle de l'enfant, moins de 30 ans. Inciter un nourrisson à passer seul ce grand cap de dormir seul paraît excessif, impossible, inhumain. Seule prédomine cette reviviscence des anciennes terreurs et, du coup, de façon régressive, se ravive la peur des parents : la peur de déplaire à l'enfant, la peur de mal le nourrir, la peur d'être de mauvais parents qui laissent pleurer... Tout cela masque totalement l'importance primordiale du sommeil, devenu un « si mauvais moment à passer ». Depuis quelques dizaines d'années, tout un courant de pensée, venu des USA, tente de remettre à l'honneur le partage familial du lit pendant de longs mois.

• **La méconnaissance de l'importance du sommeil, de ses rythmes propres, des particularités du sommeil du tout-petit et de son évolution au cours des premiers mois.** Cet élément est presque aussi important que le précédent. Il me semble que ce sont des notions absolument essentielles dont personne ne parle. Tout le monde discute diététique, petits pots, farines ou laits spéciaux pour enfants ; nul ne s'intéresse au sommeil, sauf pour s'en plaindre quand les troubles sont constitués. Je vais donc longuement exposer les bases de la physiologie du sommeil au paragraphe suivant, car cela me paraît indispensable.

Dormir, bien dormir est l'une des compétences de nos petits, il faut donc la connaître, en cerner toutes les modalités et les évolutions pour guider un enfant dans sa réalisation.

Comment s'organise le sommeil

Le sommeil de l'adulte

Décrivons d'abord ce qu'est le sommeil de l'adulte, pour mieux analyser ensuite les particularités du sommeil du nouveau-né.

Le sommeil se divise en plusieurs phases : quatre phases de sommeil lent et le sommeil paradoxal. Dormir est une succession progressive, répétée, de plusieurs de ces phases.

• Au moment de l'endormissement, qui dure quelques minutes, succèdent les premières phases de **sommeil lent**. D'abord peu profond, puis, peu à peu,

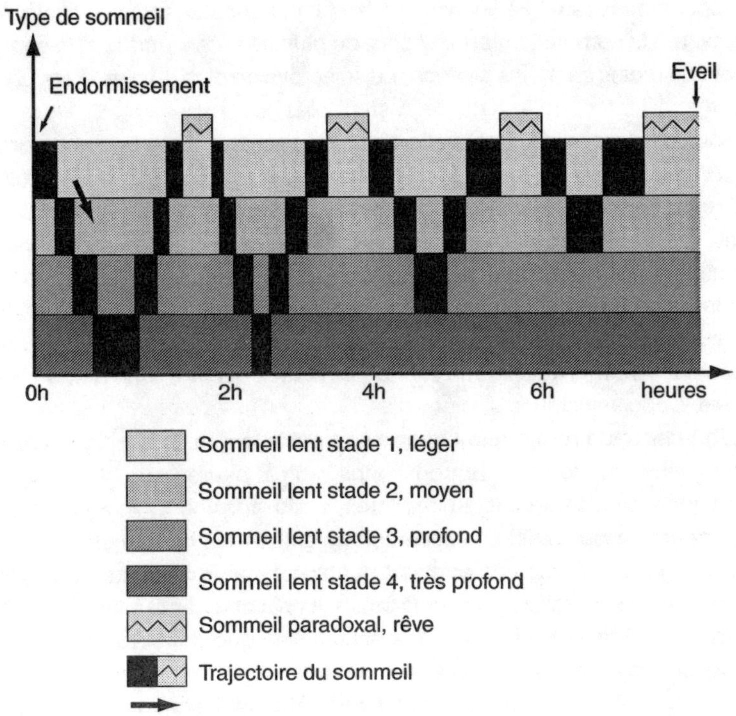

Les cycles de sommeil d'une nuit chez l'adulte

de plus en plus profond (stades 1 à 4). Pendant ces phases, les rythmes cardiaque et respiratoire sont calmes et stables, il existe quelques mouvements lents des yeux et quelques sursauts corporels globaux. Les muscles de l'ensemble du corps sont relativement toniques. Cette période dure en moyenne de 70 à 90 minutes.

• Brusquement, après un sursaut, tout change. Le dormeur entre dans une phase de **sommeil paradoxal ou sommeil de rêve.** Les muscles du corps sont totalement détendus, relâchés, leur tonus est faible ou nul, mais il y a de nombreuses mimiques très expressives au niveau du visage et des mouvements oculaires rapides et variés. Le cœur et la respiration s'accélèrent et, sur un électroencéphalogramme, le tracé recueilli est très proche de celui d'un humain éveillé. On dirait presque que le cerveau est éveillé, mais que le corps, sauf quelques muscles du visage et des yeux, est littéralement « débranché » et ne réagit pas aux stimulations. La première phase de sommeil paradoxal est courte, environ une dizaine de minutes.

• Ensuite, le dormeur retombe dans une série des quatre stades de sommeil lent, pour à nouveau 70 à 90 minutes. Au fur et à mesure que la nuit s'écoule, les phases de sommeil paradoxal sont de plus en plus longues et le sommeil lent est de moins en moins profond. Le sujet rêve de plus en plus et les phases de sommeil lent, de même durée, restent plus superficielles.

• Tous **ces cycles se renouvellent quatre à six fois dans une nuit** normale de huit heures environ, toutes les deux heures en moyenne. Chaque cycle est séparé du suivant par un très court éveil, souvent inconnu du dormeur lui-même, mais qui représente une « zone fragile », où le sujet peut émerger à la conscience pour une minime stimulation. C'est la raison pour laquelle les personnes atteintes d'insomnies se réveillent chaque nuit, plus ou moins à la même heure. Au total, le sommeil paradoxal représente 20 à 25 % du temps de sommeil. Le réveil spontané survient le plus souvent à la fin d'une période de rêve.

• **L'humain est un « animal » diurne** : il veille le jour et dort la nuit. Un adulte dort en moyenne le tiers de son temps, soit 8 heures sur 24. Ce rythme s'applique non seulement au sommeil, mais aussi à la régulation de la température corporelle et à la sécrétion de différentes hormones.

En effet, la température du corps n'est pas constante au cours de la journée et conditionne la qualité de nos performances psychiques et physiques. C'est au moment où la température est la plus élevée que nous sommes les plus efficaces. Les horaires de ces variations changent d'un sujet à l'autre. Les sujets « du matin » sont ceux dont la température s'élève dès la fin de la nuit et est à son maximum dans la matinée. Au contraire, les « couche-tard » n'élèvent leur température qu'en milieu de journée, pour atteindre leur maximum en fin d'après-midi. Il y a donc là une différence physiologique importante à reconnaître, pour mieux vivre ses propres rythmes et apprendre à respecter ceux de nos enfants.

Le sommeil du nouveau-né

Il est, lui aussi, organisé de façon cyclique, avec des phases de sommeil lent (que l'on appelle calme) et des phases de sommeil paradoxal (dit sommeil agité). Cette alternance cyclique apparaît vers la 30e semaine de vie fœtale et peut donc être retrouvée chez le prématuré. Les premières périodes de sommeil agité apparaissent vers la 28e semaine et les périodes de sommeil calme vers la 32e. On sait, par ailleurs, que le sommeil du fœtus est absolument indépendant de celui de sa mère. Combien de femmes paisiblement endormies ont été réveillées par l'activité sportive intense de l'enfant qu'elles portent, à toute heure du jour ou de la nuit.

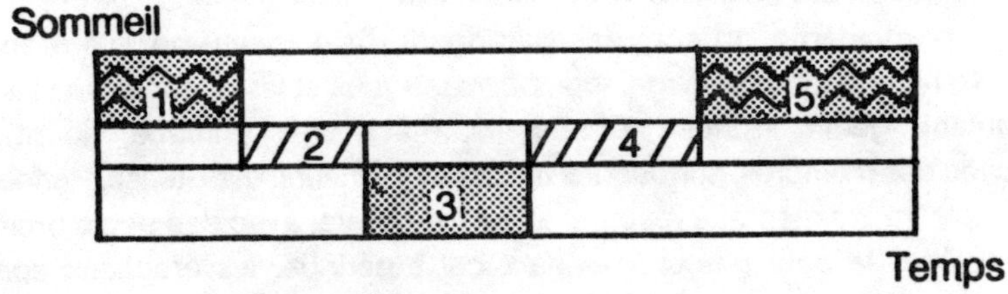

1. Sommeil paradoxal, 10 à 30 minutes
2. Phase de transition
3. Sommeil lent, peu profond, 20 minutes environ
4. Phase de transition
5. Sommeil paradoxal

À la fin du cycle, l'enfant peut soit recommencer un nouveau cycle et se rendormir, soit s'éveiller.

Un cycle de sommeil chez le nouveau-né

Chez le nouveau-né à terme, **le sommeil s'organise en deux grandes périodes,** le sommeil calme, qui représente 55 % environ du temps de sommeil, et le sommeil paradoxal, agité, qui représente 45 % du temps. Entre les phases de sommeil calme et agité existent des périodes de transition, tout à fait spécifiques du très jeune enfant. Le sommeil calme ne comporte pas de stades de sommeil aussi profonds que chez l'adulte. Les stades 3 et 4 du sommeil lent n'apparaîtront qu'après trois mois environ.

• **L'organisation sur la journée est aussi totalement différente.** Pendant les premières semaines de vie, le rythme de sommeil est aussi bien diurne que nocturne, et l'ébauche de répartition entre le jour et la nuit ne se fait guère avant la fin du premier mois. La durée totale du sommeil est de 16 à 20 heures par jour. Le nouveau-né dort par périodes de 2 à 4 heures, interrompues par les moments d'éveil où il organise ses prises alimentaires. Donc un bébé qui se réveille souvent réclame souvent à manger, celui qui dort de longs moments mange moins souvent. Ils peuvent avoir tous deux, avec de telles différences de rythme, une croissance parfaite

L'enfant s'endort toujours directement en phase de sommeil agité (ce qui n'existe plus jamais chez l'adulte en bonne santé qui, lui, commence par les phases de sommeil lent). Au cours de chaque période, le sommeil agité dure 10 à 30 minutes, parfois plus, jusqu'à 40 ou 50 minutes. Ensuite, survient une phase de sommeil lent, calme, de 20 minutes environ. Puis à nouveau une phase de sommeil agité, et ainsi de suite. L'éveil de l'enfant peut survenir à n'importe quel stade de ces différentes phases.

• **Une particularité du sommeil paradoxal du nouveau-né, c'est son caractère agité.** L'enfant bouge, tète, ouvre les yeux et les referme, sursaute violemment, gémit, fronce les sourcils, mâchonne, grimace, sourit... L'agitation des membres, surtout des membres inférieurs, est intense. Parfois, le bébé pleure vraiment. La respiration est irrégulière, avec des petits bruits de nez. Chez le petit garçon, pendant cette période, les érections sont fréquentes. C'est, de toute évidence, un sommeil très léger, entrecoupé de « micro-éveils » et de réendormissements immédiats. **La plus fréquente erreur des parents est de considérer ces périodes agitées comme des périodes d'éveil.** Si on prend l'enfant dans les bras, si on lui parle, si on lui propose de manger parce qu'il s'agite, on l'empêche de retrouver sa phase suivante de sommeil calme. Si ce processus se renouvelle trop souvent au cours des premières semaines, le câblage cérébral de l'alternance entre sommeil agité et sommeil calme ne se fait pas, et l'enfant prend l'habitude de s'éveiller après chaque phase de sommeil agité. Il se réveillera toutes les 30 à 50 minutes pendant les premiers mois, toutes les deux heures au bout d'un an ou deux, mais aura désappris à dormir une nuit entière.

> **Il est donc de la plus extrême importance de ne pas réveiller un enfant parce qu'il est un peu agité, et de ne le sortir de son berceau que lorsqu'il pleure franchement, fermement, manifestant clairement qu'il a faim et qu'il veut se nourrir.**

• **Les rythmes quotidiens** (circadiens) de l'enfant **apparaissent après le premier mois de vie** et ne semblent pas influencés par le mode de vie, alimentation libre ou non, éclairage continu, etc. Le sommeil est un peu plus prolongé la nuit que le jour vers la fin du premier mois. Le rythme circadien de la température apparaît à quatre semaines, celui du rythme cardiaque vers six semaines. Les hormones seront sécrétées à des heures spécifiques de la journée à partir de trois mois, au moment où apparaissent les stades 3 et 4 profonds du sommeil lent.

Quel est le rôle du sommeil, à quoi sert-il ?

Le sommeil lent, ou calme

Il a toujours été considéré comme un temps de repos, un moment où l'organisme « recharge ses batteries », se restaure et répare ses tissus. C'est le moment où le cerveau ralentit, synchronise tous ses rythmes électriques, débranche son activité. Chez l'enfant, le sommeil lent s'accompagne de la sécrétion de l'hormone de croissance (STH ou hormone somatotrope). Il joue donc un rôle dans le développement corporel et la croissance. Mais on ne connaît pas de retards de croissance chez des enfants uniquement parce qu'ils dorment mal. Lorsque le sommeil calme est insuffisant, pour en conserver un maximum, sa proportion augmente, au détriment des phases de sommeil de rêve. La conséquence rapide de ce déséquilibre se manifestera par des troubles du comportement, du caractère, mais pas par un retard de croissance.

Le sommeil paradoxal

C'est un moment où le cerveau fonctionne « à vide », avec une activité électrique intense, mais déconnectée des circuits nerveux périphériques. Chez l'homme et les animaux supérieurs, c'est le sommeil du rêve. La question qui vient alors tout de suite est : mais pourquoi rêvons-nous ?

• Le rêve serait indispensable à la maturation cérébrale, permettant des stimulations du cerveau autres que celles apportées par l'environnement pendant les périodes d'éveil. Il permettrait une sorte de « gymnastique » de certaines fonctions, non encore stimulées par l'activité propre de l'enfant, donc l'organisation équilibrée du système nerveux central.

• Le rêve permettrait de se préparer à se réveiller, à remettre en place nos circuits, pour se réveiller en pleine possession de nos moyens et de nos fonctions de relation.

• Pendant la vie fœtale, entre la 30e et la 41e semaine de vie intra-utérine, le rêve sert sans doute à l'entraînement de certaines fonctions utiles après la naissance. Il a par exemple été démontré sur certains animaux (moutons) que l'entraînement à la respiration, avec les mouvements réguliers et de plus en plus puissants de la cage thoracique, se fait en réalité pendant les phases – très fréquentes en fin de gestation – de sommeil paradoxal.

• D'après Michel Jouvet, le sommeil paradoxal aurait un rôle de programmation génétique. Il permettrait d'entretenir des comportements génétiquement programmés, malgré toutes les perturbations et transformations induites par l'environnement. Le rêve servirait donc à la « mémoire de l'espèce » et à sa réactualisation.

• C'est par ailleurs en fin de nuit et au début de la matinée, aux heures où le sommeil paradoxal est le plus important et au moment du réveil, qu'est sécrété le cortisol, ou hormone glucocorticoïde surrénalienne. Elle joue un rôle essentiel dans le maintien de la température, de la tension artérielle, de la croissance et du poids, dans l'équilibre glycémique. C'est donc l'une des clés de l'équilibre physiologique de tout l'organisme.

• Enfin, le sommeil paradoxal joue un rôle évident dans les processus de mémorisation. Il semble qu'une grande partie du câblage neuronal se produise pendant le sommeil, au moment des phases de rêve. Dans ses moments d'éveil, l'enfant fait des découvertes indispensables à son évolution. En rêvant, il en réalise le branchement cérébral utile, sélectionnant les voies qui ont été stimulées et fixant ainsi dans sa mémoire et dans ses acquis comportementaux ses nouvelles découvertes. Dans certaines études, il semble que la qualité du sommeil de fin de nuit, riche en sommeil paradoxal, conditionne la mémorisation et les apprentissages.

Il est alors facile de comprendre l'importance capitale du sommeil chez l'enfant. Quelle aberration de réveiller un bébé endormi, ou qui s'agite dans son sommeil, sous le prétexte de le nourrir, de le changer, de lui faire dire bonjour à un visiteur ou de partir en voyage ! Il n'a besoin que de tranquillité pour se reposer et pour construire son cerveau. N'est-ce pas mille fois plus essentiel que de lui enfourner de quoi prendre les 20 g quotidiens dont s'inquiètent tous les parents... et presque tous les pédiatres !

L'enfant a spontanément la compétence de trouver ses rythmes de sommeil et d'éveil, il sait quand il a faim. Là encore, c'est la patience tendre et la fermeté douce des adultes qui le prennent en charge qui doivent l'aider au cours des premières semaines à organiser son sommeil et à trouver, en trois mois, les deux rythmes fondamentaux des humains : le sommeil la nuit, et les alternances stables de sommeil profond et de sommeil paradoxal. Cela seul est important.

Quelques principes simples pour favoriser l'équilibre de sommeil d'un tout-petit

Si vous avez compris tout ce que j'ai décrit ci-dessus, les conclusions viennent d'elles-mêmes.

Suivre au plus près le rythme propre de chaque enfant

Pendant les premiers mois, il ne peut dormir toute une nuit, d'abord parce qu'il n'a pas de réserves énergétiques et doit s'alimenter, ensuite parce qu'il ne connaît pas encore ses rythmes de jour et de nuit. Vers deux ou trois mois, on pourra le laisser découvrir plus précisément son rythme circadien en ne le nourrissant la nuit que s'il réclame très fort. Entre 4 et 6 mois, il devient urgent de lui signifier que la nuit est faite pour dormir et qu'il peut, qu'il doit dormir une dizaine d'heures d'affilée. **Si cet apprentissage n'est pas fait à temps, l'enfant s'installe dans un « mauvais câblage » de ses horaires de sommeil et perturbe tout son équilibre.** On pourrait presque dire que sa sonnerie d'éveil est déréglée. C'est le rôle des parents d'aider alors l'enfant à modifier ses apprentissages, même s'il doit pleurer un peu. Être parent, ce n'est pas empêcher un enfant de pleurer ou de souffrir, mais l'aider à passer les périodes difficiles en reconnaissant, avec lui, que c'est dur pour lui-même et qu'il a besoin d'être aidé.

Si, pendant les premiers mois de vie, l'enfant a vécu dans un deuxième œuf de tendresse et de sécurité, les quelques minutes des deux ou trois nuits où il pleurera sans que personne ne réponde à sa demande et où il apprendra à se rendormir ne peuvent être dramatiques. C'est une des expériences de séparation et, donc, le début de l'apprentissage de l'autonomie.

Plus tard, il sera bon de reconnaître le type de sommeil de chaque enfant. À quoi sert de coucher à 7 heures du soir un enfant « couche-tard » qui est en pleine forme jusqu'à 22 heures, sinon à bousculer son rythme et s'assurer des hurlements tous les soirs pendant plusieurs heures ? Ce n'est pas cela trouver un équilibre. À quoi sert d'emmener le soir chez des amis et de faire veiller un enfant qui régulièrement s'endort épuisé en fin d'après-midi ? Là non plus, il ne pourra s'y retrouver. Nos voisins anglais, plus attentifs aux comportements spontanés des enfants, connaissent bien ces variations individuelles. Ils ont baptisé les deux grands types d'enfants dormeurs : les « alouettes » et les « hibous ». D'un côté, les enfants du petit matin et du soleil levant, de l'autre, les enfants du soir et de la nuit. À vous de découvrir l'équilibre intime de chacun de vos petits et d'apprendre à le respecter.

L'équilibre spontané du sommeil survient d'autant plus vite, d'autant mieux que l'on a mieux respecté les premiers cycles de sommeil des premiers jours, des premières semaines

• D'abord, bien sûr, **ne jamais, dans la mesure du possible, réveiller un tout-petit sous quelque prétexte que ce soit.** Il a, en naissant, un rythme à lui d'éveils et de repos ; inutile de lui imposer nos horaires fous d'adultes citadins et, encore plus grave, de lui imposer « pour son bien ! » des horaires arbitraires et draconiens, ceux tant vantés dans la puériculture traditionnelle d'il y a une trentaine d'années...

Je reviens aussi volontairement sur la notion capitale du sommeil agité des premières semaines. Un enfant peut gigoter, pleurer, gémir, avoir l'air de souffrir, sourire ou téter tout en dormant. Toute cette agitation ne signifie pas qu'il est réveillé, ni qu'il se prépare à se réveiller. Il effectue un énorme travail dans son cerveau, il cherche ses rythmes. Laissons-le faire.

• Plus tard, **vers trois mois, si l'enfant pleure au milieu de la nuit, il faut faire l'impossible pour qu'il ne se réveille pas ou le moins longtemps possible.** On peut aller le bercer, lui parler tout doucement, mais sans le prendre dans ses bras, sans allumer la lumière, sans provoquer le moindre remous qui gênerait son réendormissement. Il faut être capable aussi de le laisser pleurer sans se déranger, s'il semble pouvoir se rendormir tout seul. Donnons-lui le temps de faire ses expériences avant d'intervenir, pour le consoler, dans tous les grands apprentissages de la vie.

Si l'enfant ne trouve pas son équilibre vers l'âge de six mois, il vaut mieux ne pas tarder à intervenir

Plus longtemps l'enfant cherche son propre rythme, plus le câblage cérébral de sa « sonnerie interne » est faussé, plus on obtiendra difficilement des nuits correctes. C'est dur pour l'entourage et c'est grave pour lui. L'enfant a besoin de se construire cet équilibre, pour construire son corps et son cerveau de façon équilibrée.

L'aider, cela veut dire **choisir le moment** où les troubles digestifs des trois premiers mois, qui perturbent tant les nouveau-nés, sont terminés. C'est aussi la période où la construction cérébrale est assez avancée pour que l'alternance jour-nuit devienne réellement possible. Il convient alors d'**annoncer gentiment et fermement à l'enfant que la nuit est faite pour dormir**, que ses parents en ont besoin, tout comme lui, et que, pour y arriver, les parents vont fermer la porte de leur chambre et ne viendront pas si l'enfant appelle. Je connais de très nombreux enfants qui ont compris dès la première nuit ce que disaient les parents, qui ont pleuré dix minutes et qui se sont rendormis ; ils n'ont plus jamais pleuré les nuits suivantes.

Ils étaient prêts à le vivre, ils ont à peine pleuré, et tout s'est organisé au mieux.

L'erreur énorme à ne jamais faire, c'est hésiter nuit après nuit sur la conduite à tenir. Les parents qui tâtonnent, qui laissent pleurer l'enfant une demi-heure pour se précipiter ensuite et le consoler ne peuvent l'aider à trouver son équilibre. L'enfant n'apprend rien. Il sent ses parents inquiets, fatigués, culpabilisés de l'avoir laissé pleurer. Il ne sait même pas pourquoi on l'a fait attendre, puisque maintenant que ces parents sont venus le rejoindre, il est pleinement réveillé et il n'imagine pas qu'il aurait pu ou dû se rendormir. C'est pour cela que j'ai prononcé tout à l'heure le mot de fermeté. L'éducation ne se fait pas sans un brin de fermeté. C'est cela être parent. Je conseille donc à tous ceux qui liront ces lignes de n'imposer à leur enfant une nuit de sommeil, sans le rejoindre s'il pleure, que le jour où eux, parents, sont prêts à le vivre sans fléchir, en se rappelant toutefois que plus ils attendront au-delà de six mois pour le décider, plus ce sera difficile pour l'enfant.

Un dernier point, prendre **une telle décision est un acte positif** pour l'enfant. C'est l'aider à gagner une des grandes victoires sur lui-même, à conquérir l'un de ses équilibres fondamentaux. Il ne risque rien. Il n'y a jamais aucun risque à laisser un enfant pleurer un peu la nuit quand, tout au long de la journée, il vit dans un univers de chaleur et de tendresse. **Il faut que les parents enlèvent de leur esprit toute culpabilité.** Ils font cela d'abord pour leur enfant et non pas contre lui, pour se gagner des nuits paisibles. Les accidents qui peuvent survenir pendant le sommeil chez le petit nourrisson surviennent tout autant quand le bébé dort à côté de ses parents. Ils sont imparables, imprévisibles, et n'ont aucun rapport avec l'apprentissage du sommeil. La peur d'un drame atroce, mais inévitable, ne doit pas concourir à fabriquer des générations entières d'insomniaques.

Ne jamais donner de médicaments

La dernière précision sur l'acquisition de cet équilibre, c'est que jamais, au grand jamais, il ne faut donner de médicaments puissants, sédatifs ou hypnotiques, à un nourrisson. L'équilibre des rythmes biologiques doit venir de l'intérieur, au fur et à mesure qu'avance sa construction cérébrale. Tous les somnifères faussent cette construction, perturbent le jeu très fin des neuromédiateurs chimiques, retardent le cheminement des neurones rejoignant leurs sites corticaux définitifs et peuvent être à l'origine d'accidents ou de retards graves. Les Américains l'ont bien compris qui diminuent leur consommation annuelle de somnifères de façon incroyable depuis plusieurs années. Chez nous, cette information de toute première importance n'est pas encore passée. Il y va de l'avenir de nos enfants, de leur construction cérébrale et, donc, au-delà, de celui de toute l'espèce humaine, de ne pas modifier artificiellement et avec des produits toxiques la chimie précise et complexe du fonctionnement de notre cerveau et de ses rythmes.

L'équilibre et la communication

L'humain est un être qui vit en relation. Apprendre à communiquer, apprendre à écouter l'autre et à lui parler, comprendre les lois qui régissent les comportements des humains entre eux et avec leur environnement, savoir réguler en douceur les relations, affectives et sentimentales, c'est tout cela devenir un adulte paisible et responsable. C'est donc tout cela l'objectif final de l'éducation.

L'enfant est dans cette problématique dès sa naissance. Il n'y a pas plusieurs temps dans la vie d'un enfant, un temps où l'on s'occuperait de son corps et de sa santé, un temps pour lui apprendre les autres, un temps pour qu'il se trouve bien dans la relation. Tout cela doit être simultané. Il n'y a pas un temps d'« élevage », où le petit humain ne comprend rien et fonctionne comme une mécanique aux réactions de laquelle les parents doivent se plier, et ensuite un être conscient qu'il faudrait éduquer et dont il faudrait éventuellement redresser des « mauvaises habitudes de sa période-machine ». Toute cette conception repose sur une vision fausse de l'enfant, qui ne tient compte ni de ses compétences, ni de ses rythmes, ni de leur évolution. Réfléchissez, par exemple, aux questions que l'on se pose sur l'alimentation. Dans les méthodes classiques de puériculture, l'enfant n'est-il pas d'abord un être qu'il convient de faire démarrer, puis d'« engraisser » pour avoir une belle courbe de poids, et, un peu plus tard, de le « régler » sur quatre repas par jour. C'est cette vision que je voudrais modifier, qui me paraît nocive pour le bon équilibre de nos petits. Beaucoup de choses, qui se règlent violemment dans les systèmes éducatifs traditionnels, pourraient se vivre en douceur, avec seulement un peu d'écoute et de tendresse, si l'on savait bien regarder l'enfant, et l'aider à évoluer au moment où **lui** est prêt à évoluer.

Considérer un nouveau-né d'emblée comme être de communication, être de langage et de parole, c'est lui permettre d'acquérir sans grand délai un réel équilibre avec les humains qui l'entourent. Il a envie de connaître, il a envie d'évoluer, il a envie de vivre en paix avec son entourage. Mais il a aussi besoin d'être guidé et écouté pour pouvoir le réaliser. Plus la relation des adultes avec l'enfant sera vraie et claire, plus l'enfant entrera en communication avec eux, et plus il pourra découvrir le monde.

En français, le mot communiquer renferme en lui seul toutes les facettes de la relation. **Communiquer c'est d'abord dire, révéler, confier, puis échanger, s'ouvrir et, enfin, transmettre.** C'est tout cela que nous avons la charge de créer chez nos petits.

L'enfant se connaît lui-même par les stimulations apportées par l'entourage

Je vous l'ai dit au premier chapitre, un tout-petit élevé dans la solitude et le silence ne peut que devenir idiot. Il n'a aucun repère, aucun modèle, aucun lieu où confronter ses impressions et ses découvertes. Puisque son cerveau se construit et sélectionne ses acquis en fonction des stimulations apportées par l'environnement, il ne peut y avoir « humanité », au sens le plus fort de ce mot, s'il n'y a d'abord communication.

L'enfant reconnaît son corps au travers des soins dont il est l'objet

Il connaîtra sa peau parce qu'elle sera touchée. Il saura regarder parce qu'il aura vu le regard des autres. Il saura sentir et goûter parce qu'il aura senti et goûté le corps de sa mère, de ses parents pour s'accrocher à la vie dans les premiers jours après la naissance. Il saura entendre, parce que la voix de sa mère et les bruits de son environnement humain l'interpellent pour lui donner envie d'écouter. La manière dont il est caressé, bercé, câliné, langé, tout pour lui est source d'apprentissage. Il découvrira ses mains en s'agrippant à d'autres mains bien avant d'être capable de les regarder. Il sentira son sexe, son ventre sous l'eau tiède qui le lave et la serviette qui le sèche. Il saura qu'il a des épaules au passage des vêtements qui l'emmaillotent. Il aura des pieds, des jambes, parce qu'il sentira les baisers et les caresses tendres sur sa peau.

Tous ses sens vont se développer, s'affirmer au contact des autres humains. Et ce faisant, il élargira peu à peu l'éventail des sensations : la douceur, la souffrance, le plaisir, la douleur, la chaleur, le froid... Et il va les interpréter, les ressentir, en résonance avec les sensations des adultes qui l'élèvent.

Si une sensation physique est source de grande émotion pour sa mère ou son père, elle ne sera jamais vécue simplement par l'enfant. Si la mère n'aime pas toucher, l'enfant aura du mal à percevoir l'unité de son corps. Si les parents marquent un dégoût majeur devant les couches souillées, l'enfant ne pourra guère vivre cette fonction d'élimination comme simple et naturelle. Si la mère parle de l'enfant, devant lui, à des tiers, sans se préoccuper de ce qu'elle transmet ainsi indirectement, l'enfant percevra ces images de lui, bonnes ou mauvaises, que le discours lui renvoie. Ce n'est pas lui, c'est une image déformée de lui qu'il découvrira.

Or l'enfant apprend à se comporter avec les autres humains exactement comme on se comporte à son égard. S'il n'est qu'un objet que l'on manipule, avec lequel on s'amuse, puis que l'on peut rejeter lorsqu'on est fatigué, il créera à son tour des relations d'objets avec son environnement.

L'enfant construit sa personnalité dans le regard de ceux qui l'entourent et se construit à leur ressemblance

C'est vrai aussi de la construction de la personnalité. Il a besoin d'aimer et d'être aimé. Il va chercher les modèles. Il sera paisible sur les fonctions où ses parents sont paisibles, angoissé là où ses parents se posent des questions. L'enfant ressent intensément les variations émotionnelles de son entourage. Il les ressent et il les renvoie. Tous les parents savent que les enfants sont particulièrement insupportables et énervés le jour où ils ont à vivre, eux, parents, un grave souci ou une grosse émotion.

Des parents en paix avec eux-mêmes et calmes avec l'enfant induisent une « vie-réponse » toute tranquille de l'enfant. Des parents toujours agités, « speedés », comme on dit souvent, ne pourront guère demander à leurs enfants un comportement silencieux et ordonné. D'ailleurs, ils le savent bien. Souvent, au cours des consultations, j'entends des parents se plaindre que l'enfant crie, dort mal la nuit, s'agite, ne reste pas en place, parle sans arrêt, a peur de tout... Ensuite, spontanément, l'un ou l'autre ajoute : c'est vrai que je suis nerveux, débordé par mon boulot, je ne dors plus, j'ai des soucis, je suis très émotif. C'est évident, pour eux... et pour moi qui les regarde !

Il y a là tout un héritage dont on ne tient pas assez compte. Héritage génétique, mais surtout héritage émotionnel et comportemental. Le petit enfant baigne dans le même environnement que ses parents et ne peut que leur ressembler. Plus tard, en élargissant son univers, en rencontrant d'autres humains, des enfants, des adultes, il prendra du recul et construira peu à peu sa propre personnalité. À mon avis, cela prend toute la vie de devenir ce que l'on est.

À travers ses parents, l'enfant découvre la relation

Ce ne peut être la relation exclusive de sa mère à lui, et de lui à elle, qui lui apprendra quelque chose. Il y est totalement impliqué et n'a pas les moyens de se regarder lui-même. Il évoluera, il comprendra les modes de relation des vivants en regardant la relation de sa mère, son premier lien d'amour, avec d'autres humains.

La relation entre son père et sa mère est le premier modèle relationnel auquel se raccrocher. Le langage qu'ils emploient entre eux, leur manière d'exprimer désirs, besoins, tendresse, malaise... deviendra la trame de tout son langage affectif à lui, de ses variances émotionnelles. C'est pour cela qu'il est si important de ne pas mélanger les rôles. L'enfant n'a pas besoin d'un papa-maman et d'une maman-papa qui ne savent plus comment se comporter devant lui. Il a besoin d'un père et d'une mère vivant l'un avec l'autre une relation réelle, dont il comprendra les échanges, les joies et les difficultés. C'est ce que Françoise Dolto appelle la « triangulation obligatoire » : « Le couple père-mère représente toujours la médiation de base, la cellule de référence symbolique pour tous les enfants du monde, puisque sa fonction originelle est d'assumer la triangulation. Sans triangulation, le langage symbolique ne peut s'exprimer et accomplir la structuration du sujet[1]. »

Mais la triangulation ne suffit pas au bon développement de l'enfant. Il en a besoin dans les premières semaines de vie, mais il doit, pour se réaliser, élargir son univers. Il cherchera une famille, des frères, des sœurs, des grands-parents, une tribu, un quartier, une crèche, une école, des groupes de copains... Il est avide de relations, avide de voir ses parents en relation avec tout cet environnement, d'apprendre par eux ce qu'est le voisinage, l'amitié, la tendresse familiale ou l'affection, avide de créer lui-même ses propres relations. Tout cela lui viendra en regardant ses parents dans leur environnement, en les écoutant parler, en imitant leurs comportements, en vivant avec eux.

À travers ses parents, l'enfant découvre un cadre de vie

Le mot cadre, pour moi, ne signifie pas du tout décor. Il signifie limites. Dans son obstination à connaître, l'enfant cherche, pour trouver son équilibre, autant ses possibilités que leurs limites. Il y a un temps dans les premiers apprentissages où l'enfant essaie des comportements « pour voir », pour tester les réactions de son entourage. Je l'ai décrit pages 34 et 208 pour la modulation des cris. Je pourrai le décrire pour tous les apprentissages. C'est vrai du sommeil, de l'appétit, des relations, etc.

Un enfant de cinq mois, qui crie la nuit sans raison, peut essayer de voir comment réagissent ses parents. S'ils se lèvent toutes les fois, le bercent, lui parlent amoureusement, il va croire que c'est exactement ce dont ses parents avaient envie. Si, par contre, les parents font comprendre fermement qu'ils ont envie de dormir, d'être seuls tous les deux, de n'être pas dérangés,

---

1. Françoise Dolto, *La Cause des enfants*, Pocket, 1995.

l'enfant pourra apprendre à respecter ce temps de leur relation, relation qui existait avant sa conception, qui existe sans lui. Cela aussi, il a besoin de le savoir.

Un enfant de un an qui mord violemment n'est pas nécessairement méchant ou agressif. Il découvre ses dents et le geste qu'elles peuvent faire. Il va tester ce que cela produit. S'il est brutalement rejeté ou si, au contraire, ses parents lui parlent trop gentiment sans répondre à sa demande de limites, il ne s'y retrouve pas. Il essayera de mordre jusqu'à ce qu'un autre humain lui donne les moyens de comprendre que ce n'est pas un comportement « recommandable », que cela fait mal, que son entourage ne supporte pas d'être mordu et que ce n'est pas un des modes de communication entre humains.

Encore un exemple. Un bébé peut réclamer à manger « pour voir », pour tester la disponibilité de ses parents. Si, à chaque demande, arrive une sucrerie, un gâteau, l'enfant câble dans son cerveau (et il n'a hélas peut-être pas tort !) que ses parents aiment l'approvisionner, que la consommation de nourriture leur plaît, les rassure, les soutient dans leur rôle parental. Il ne découvrira pas la satiété, l'équilibre alimentaire, parce qu'il n'aura pas trouvé les limites relationnelles avec ses parents sur l'apport alimentaire.

J'ai souvent rencontré des parents malheureux, exprimant un profond malaise devant un comportement de leur enfant, devant l'apparente méchanceté, l'étonnante violence de certains gestes. Ils ne savent pas interpréter les périodes d'essai, les gestes expérimentaux de l'enfant et donc ne peuvent y répondre. Du coup, bien sûr, le geste perdure. Alors que ce serait si simple de **dire.** On peut tout dire à un enfant, même tout petit. On doit tout lui dire : quand on est d'accord et quand on ne l'est pas ; pourquoi on n'est pas d'accord ; les conséquences de ses gestes. Il n'est pas question de juger, de le traiter de gourmand ou de méchant pour le culpabiliser, ce qui ne lui apprendrait rien, sauf, peut-être, le désespoir de n'être pas aimé et c'est très grave. **Éduquer un tout petit enfant, c'est lui dire qu'on l'aime, mais aussi s'il peut ou non se comporter de telle ou telle manière. S'il se sait aimé, il est prêt à tout entendre, même un non catégorique, il est prêt à respecter.** Mais pour cela, il a besoin, immensément besoin, que tout soit dit et lui soit dit **à lui.** C'est la base absolue de toute éducation.

Communiquer, c'est entrer dans le langage

Tout ce que je viens de dire se joue, se vit autant à travers les mots qu'à travers les gestes et les comportements. Les parents parlent, se parlent entre eux, parlent à l'enfant, parlent aux personnes qu'ils rencontrent. Ils tissent au-dessus de l'enfant un nuage de mots et de sons. Ils parlent pour communiquer, ils parlent pour accompagner les mouvements, les découvertes, les réactions de l'enfant, pour traduire ses premiers moments et leurs propres émotions. Ils parlent pour l'enraciner dans une histoire familiale ou géographique, pour lui constituer des racines symboliques et des réseaux de communication. Ils parlent du temps qui passe, de leur propre enfance, du rythme des journées. Ils parlent du dedans et du dehors, du réel et de l'imaginaire, des impressions et des certitudes, des joies et des peines. Ils parlent du corps et de la pensée, des rêves et des limites, des conquêtes et des échecs. Ils parlent de l'enfant, des autres et d'eux-mêmes.

Mais, comme en toute chose, l'excès serait une erreur. Nous avons vu ces dernières années des parents ayant pris au premier degré ce que je viens d'expliquer et qui parlent trop. Qui parlent tout le temps en envahissant l'espace intérieur de l'enfant. Qui parlent pour annoncer des choses que l'enfant ne peut encore comprendre. Qui parlent de choses que l'enfant ne veut pas entendre dire à ce moment-là. Ce gavage de paroles est tout aussi préjudiciable que le gavage alimentaire. L'enfant peut y perdre le goût de communiquer et se replier sur lui même. Ce serait dommage !

Le langage, ce n'est pas seulement des mots

Tout le comportement des parents est langage. La tendresse, la violence, la fatigue, l'espoir, l'amour, l'incohérence, les hésitations. Tout est symbole, tout est moyen de communication.

Et tout cela, tous ces mots, ces comportements tissent la trame de l'humain en devenir. L'enfant, dès sa naissance, répond à tout. Il a de nombreuses mimiques, des mouvements, des sursauts qui sont d'authentiques réponses volontaires à ce qui lui est dit. **Les parents attentifs qui regardent et comprennent ces réponses, les décodent en mots pour l'enfant, l'introduisent directement dans le langage.**

Je peux en raconter un épisode tout simple. Il existe, je vous l'affirme, des nouveau-nés qui sourient vraiment, en regardant bien en face leur interlocuteur dès les premiers jours en maternité. Si le sourire passe inaperçu, s'il n'y aucune réaction, l'essai est rarement renouvelé au cours des premières semaines... et, du coup, tout le monde peut croire qu'un nouveau-né ne sourit volontairement qu'à la fin du deuxième mois. Si, par contre, le sourire a interpellé l'un des parents, si celui-ci a réagi en disant à l'enfant combien il est heureux, s'il sourit lui-même, le bébé entre dans la symbolique du sourire et du dialogue qu'il suscite. Le parent parle, l'enfant sourit, ouvre la bouche pour tenter un bruit. Il est déjà dans le langage, il est dans la communication. C'est un acte fascinant auquel j'ai assisté souvent. Mais j'ai aussi assisté, encore plus souvent, à la déformation de cette relation. L'enfant sourit. Les parents le voient, ne peuvent y croire, et interprètent sans le regarder vraiment que ce n'est qu'un sourire « aux anges ». Le nouveau-né n'a donc aucune réponse et le dialogue entamé s'arrête, faute de participants. Eh oui, c'est paradoxal, mais tellement fréquent ! L'enfant est plus souvent au rendez-vous du dialogue que les adultes qui l'entourent...

Être dans le langage, c'est comprendre les paroles et les gestes de ceux qui entourent, bien avant de parler soi-même.

De nombreux parents s'extasient sur les capacités de compréhension d'un enfant d'un an qui ne dit encore aucun mot, mais qui accepte de répondre à un ordre extrêmement complexe du genre : « Va dans la cuisine chercher le coussin jaune qui est sous la table. » L'enfant ne dit pas un mot, ne s'intéressera officiellement aux couleurs que dans plus d'un an. Pourtant, il ne se trompe pas, il sait où est la cuisine et ne rapporte pas un autre objet ni un coussin d'une autre couleur que celle qui lui a été demandée.

Comme pour bien d'autres activités dont j'ai précédemment parlé, l'enfant est beaucoup plus compétent que ce que l'on croit. Il comprend les paroles dès sa naissance, il sait provoquer le dialogue, il sait répondre avec tout son corps à ce qui lui est dit, s'il s'agit de sa mère et de lui. Il anticipe, sans que vous le sachiez, sur le comportement dont vous le croyez capable.

Plus tard viendront les mots, les associations grammaticales, la technique du verbe. Il parlera le (ou les) langage(s) de ses parents parce que c'est celui ou ceux de son apprentissage. Mais, tout cela, c'est le visible, le tardif. Nous avons tout à découvrir de l'immense iceberg totalement inconnu de la compréhension, du langage et de la communication de nos petits. Laissons-leur cette chance et nous apprendrons à les accompagner au plus profond de leurs découvertes et de leurs compétences.

Bibliographie

Les lecteurs intéressés trouveront une bibliographie exhaustive sur les compétences du nouveau-né en consultant le site co-naitre.net

Table

Cet ouvrage, composé
par I.G.S. - Charente Photogravure
à L'Isle-d'Espagnac,
a été achevé d'imprimer sur Roto-Page
par l'Imprimerie Floch à Mayenne,
pour les Éditions Albin Michel
en août 2002.

N° d'édition : 20827
N° d'impression : 54381
Dépôt légal : septembre 2002
Imprimé en France.